20 erlebnisreiche Touren

Familienwanderungen auf der westlichen Schwäbischen Alb

Dieter Buck
Melanie Buck

J. BERG

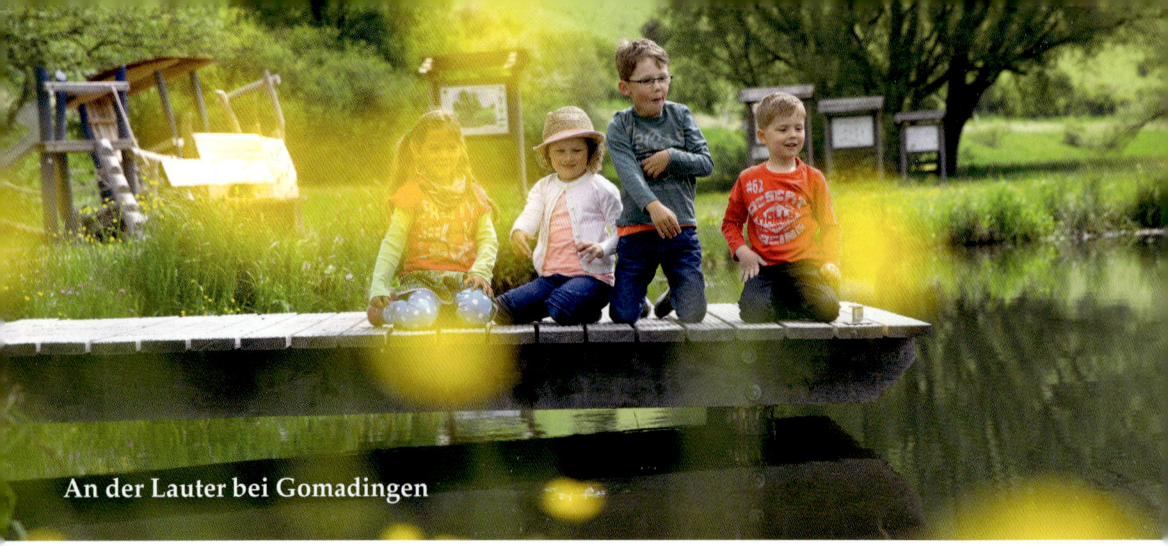

An der Lauter bei Gomadingen

Inhalt

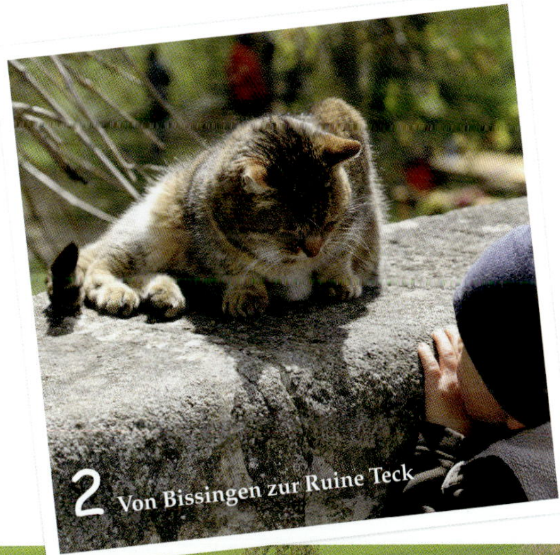
2 Von Bissingen zur Ruine Teck

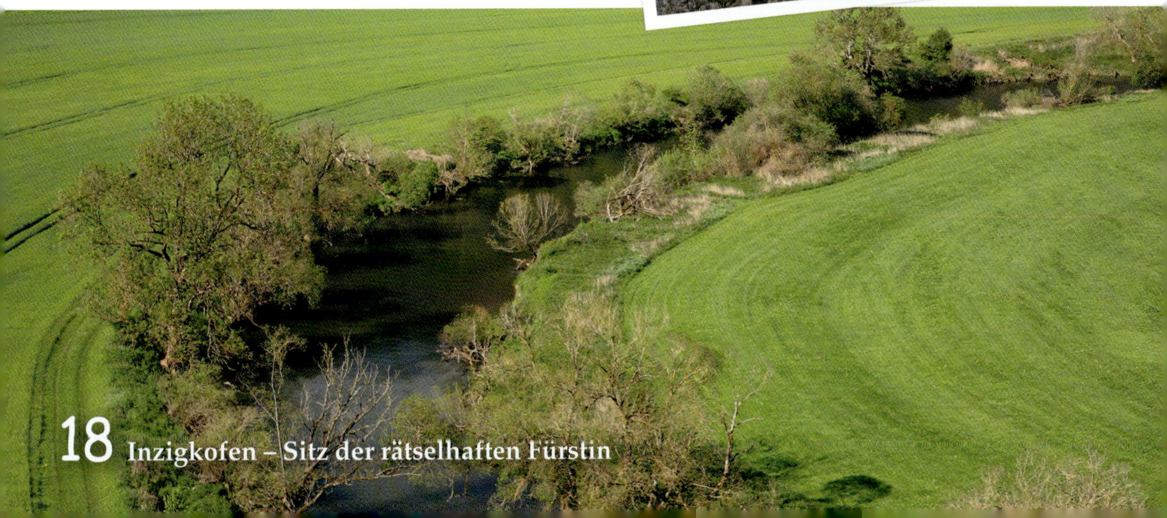
18 Inzigkofen – Sitz der rätselhaften Fürstin

Tourenüberblick

	Tour												
1	Am Bad Boller Sinneswandelpfad	2 km	100 m	1.30 Std.	4–12			●					
2	Von Bissingen zur Ruine Teck	11 km	360 m	4 Std.	6–12	●			●		●		
3	Von Schlattstall zu den beiden Schrecken	9 km	250 m	2.30 Std.	6–12	●							
4	Zur Ruine Hohenneuffen	6,5 km	140 m	2 Std.	6–12	●			●		●	●	●
5	Zur Ruine Reußenstein und zur Höhle	5 km	100 m	1.30 Std.	4–12	●				●	●		
6	Die Höllenlöcher über Bad Urach	8 km	150 m	2.30 Std.	6–12						●	●	●
7	Zum Uracher Wasserfall	6,5 km	170 m	2 Std.	4–12	●			●			●	●
8	Wolfsschlucht und Ruine Hohenwittlingen	4 km	170 m	2 Std.	6–12				●				
9	Wackerstein und Aussichtsturm	7 km	230 m	2 Std.	6–12						●		
10	Entlang der Echaz durch Pfullingen	7 km	90 m	2 Std.	4–12	●						●	●
11	Auf dem Pfullinger Sagenweg	4,5 km	140 m	1.30 Std.	4–12	●			●			●	
12	Zur Burg Derneck	4,5 km	110 m	1.30 Std.	4–12	●			●		●	●	
13	Auf den aussichtsreichen Raichberg	5,5 km	160 m	1.30 Std.	6–12	●					●		
14	Am Traufgängerle Hexenküche	4,1 km	129 m	1.30 Std.	4–12	●	●	●	●		●	●	
15	Die Höhlen von Veringenstadt	6,5 km	190 m	2 Std.	6–12	●			●	●	●	●	
16	Auf dem Historienweg Veringenstadt	4 km	90 m	1.30 Std.	4–12				●			●	
17	Felsruine und Eiszeit – im Donautal	7 km	120 m	2 Std.	6–12						●		
18	Inzigkofen – Sitz der rätselhaften Fürstin	4,5 km	120 m	1.30 Std.	4–12				●	●	●	●	●
19	Am Schaukelweg Laiz – Sigmaringen	4 km	20 m	1 Std.	4–12	●		●				●	●
20	Zur Ruine Hornstein	4 km	100 m	1.30 Std.	4–12				●	●	●	●	●

Vorwort

Liebe Eltern,

machen wir uns nichts vor: Für die meisten Kinder sind Wanderungen ein langweiliges Übel. Autorin und Autor dieses Buchs wissen das aus eigener Erfahrung. Wenn dann noch der Weg zu lang oder zu langweilig ist oder das Ziel nichts Verlockendes zu bieten hat, wird die Tour schnell zur Qual für Groß und Klein.

Doch es geht auch anders: Wanderungen mit Kindern können ein Genuss sein – wenn Weg, Ziel, Länge der Tour und die Ablenkung unterwegs passen, können sie zum bleibenden gemeinsamen Erlebnis werden, von dem die Kinder noch lange schwärmen.

Deshalb sind in diesem Führer 20 Wanderungen zusammengestellt, bei denen – altersgerecht ausgeführt – Kinder nicht überfordert werden, bei denen es ein interessantes und verlockendes Ziel gibt oder bei denen der Weg so viel Interessantes mit sich bringt, dass der Nachwuchs gar nicht merkt, dass er eigentlich laufen »muss«.

Vorausgestellt sind den Touren einige Spiel- und Unterhaltungsmöglichkeiten für unterwegs – einige sind altbekannt und bewährt, andere werden für Sie und Ihre Kinder vielleicht neu sein. Danach folgt ein Kapitel, das sich an die Kinder direkt richtet und ihnen einige Ideen zur Unterhaltung unterwegs bietet.

Mit den Vorschlägen in diesem Buch wünschen wir Ihnen für die ganze Familie schöne Erlebnisse, allzeit gutes Wetter, zahlreiche angenehme Begegnungen und vor allem eines: viel Spaß mit Ihren Kindern unterwegs!

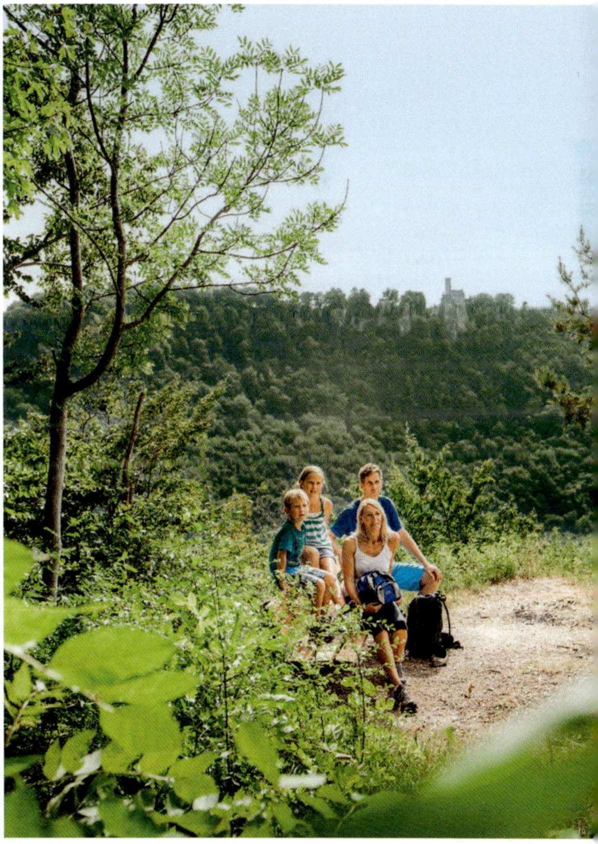

Mit Blick auf Schloss Lichtenstein macht die Rast doppelten Spaß.

Melanie und Dieter Buck

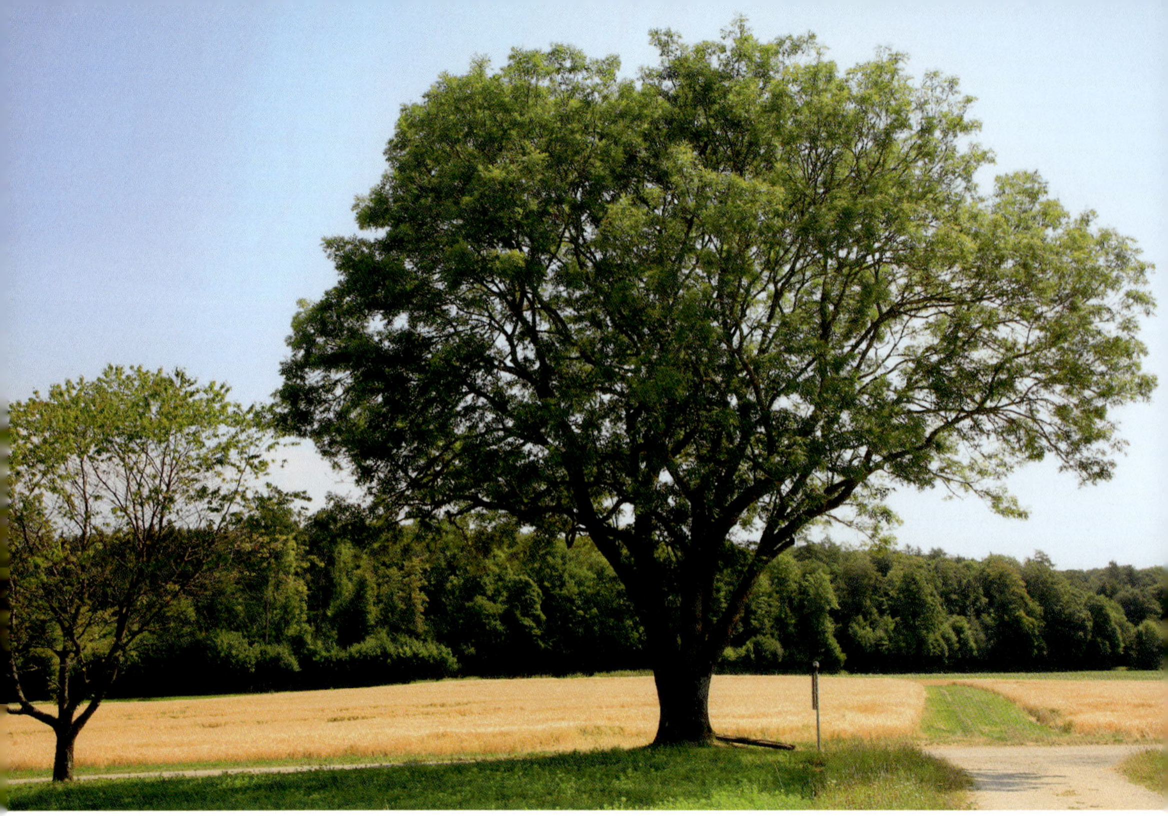

Auch zwischen den Feldern beim Heidengraben wachsen mächtige Bäume.

Über das Wandern mit Kindern

Viele, die als Kinder von ihren Eltern auf die Berge gescheucht oder durchs Flachland getrieben wurden, kehren dem Wandern als junge Erwachsene erst einmal den Rücken. Warum? Was ist hier schiefgelaufen?

Die Freude am Wandern kommt bei den wenigsten Kindern von selbst. Man muss sie fördern, kultivieren und pflegen. Dabei sollten Eltern behutsam vorgehen und die Kinder weder mental noch körperlich überfordern. Ein guter Anfang ist beispielsweise, am Tag vor der Tour gemeinsam mit den Kindern einen Blick auf die Wanderkarte zu werfen und mit den Fingern die Strecke abzufahren. Dabei kann man dem Kind vielleicht schon das eine oder andere vermitteln, was es erwartet.

Kinder wollen Spannung und Abwechslung. Lange Strecken auf gleichförmigen Forststraßen sollten nur Ausnahmen sein, die es durch Ablenkung erträglich zu machen gilt. Was lernen wir in diesem Zusammenhang von Ronja Räubertochter, der beliebten

Gestalt von Astrid Lindgren? Ihr Vater sagte ihr ja, sie solle sich vor dem tiefen Wald, vor dem Fluss und vor dem Höllenschlund hüten. Und was machte Ronja? Zuerst ging sie in den Wald, dann kletterte sie in den Felsen über dem Fluss und sprang über den Höllenschlund. So sollten wir es auch machen – oder zumindest unsere Kinder machen lassen.

Lange und anstrengende Touren mit vielen Höhenmetern, womöglich ohne Schatten in sengender Sonne, scheiden aus. Gefragt sind kürzere Wanderungen, moderate Anstiege und Abwechslung. Längere, eher eintönige Strecken sind höchstens auf dem Rückweg tolerabel, wenn es das Kind ohnehin heimzieht. Dazu noch eine Erfahrung der Autoren: Es geht sich besser in Richtung Heimat bzw. Ausgangspunkt als davon weg.

Was man nicht unbedingt braucht, ist schönes Wetter mit strahlendem Sonnenschein. Kinder sind da weniger empfindlich und anspruchsvoll als Erwachsene. Sind der Weg und das, was man unterwegs erlebt, interessant, dann ist es ihnen auch egal, wenn das Wetter trüb ist oder es vielleicht sogar etwas regnet. Allerdings sollte man darauf achten, dass sie nicht frieren, auch wenn sie nass geworden sind. Trockene Ersatzkleidung im Rucksack ist da sicher nicht der schlechteste Tipp.

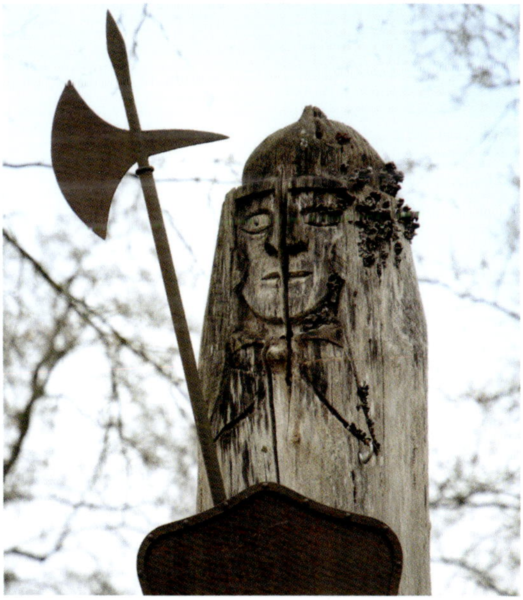

Dieser Ritter bewacht die Ruine Hornstein.

Mit Kindern in die Natur

Besonders schön ist es in der freien Natur mit Kindern und für Kinder. Damit es auch ein bleibend schönes Erlebnis wird, sollten Sie Folgendes beachten:

- Der Weg ist ein **Spielplatz!** Tiere, Blumen, Wurzeln und Steine sind Spielzeuge. Daher an gefährlichen Stellen aufpassen, denn die Kinder selbst vergessen sich.

- Die **Weglänge** auf die Kinder einstellen; je nach Alter sind auch Wanderungen mit vier Stunden machbar.

- Passen Sie an steilen Abhängen besonders auf, wenn das Kind gerade im **Stolperalter** ist.

Machen Sie häufig **Pausen**, und bieten Sie Essen und Trinken an. Ruhig das **Lieblingsessen** oder auch eine **kleine Leckerei** mitnehmen als Belohnung.

Viel zu **trinken** dabeizuhaben, ist besonders wichtig. Nichts ist schlimmer, als wenn das Kind Durst leiden muss. An heißen Sommertagen bei einer mehrstündigen Tour ist ein Liter zu wenig! Außerdem sollte das Getränk nicht zu süß sein und dadurch womöglich noch mehr Durst machen. Säuerlich ist besser (z. B. einen Schuss Grapefruitsaft in ein Apfelschorle o. Ä.).

Sonnenschutz, also Kopfbedeckung und Sonnencreme, und ggf. eine (gute!) Sonnenbrille sind bei Kindern noch wichtiger als bei Erwachsenen.

Kommt man unterwegs an **Wasser** – Bächen, Tümpeln, Seen – vorbei, ist dies besonders schön. Dann muss aber auch Pause gemacht werden! Erfahrene Eltern haben Ersatzkleidung im Rucksack, schwer ist diese ja nicht.

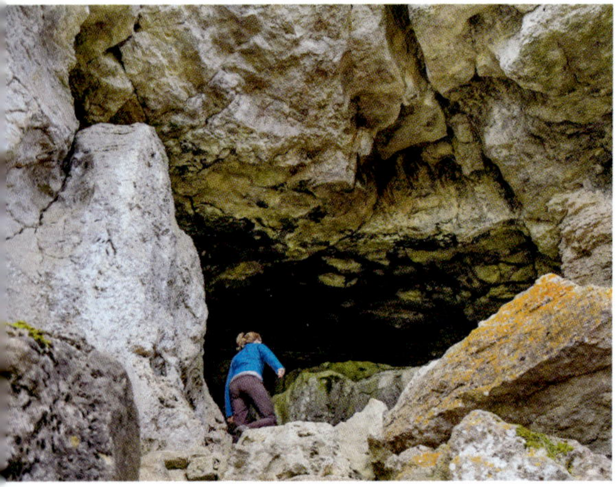

Unterhalb der Ruine Teck liegt die geheimnisvolle Sibyllenhöhle.

Eine kleine **Erste-Hilfe-Ausrüstung**, zumindest ein paar Pflaster, sollten auf jeden Fall dabei sein. Eine Pinzette für einen Spreißel ist auch kein Fehler.

Sehr wichtig sind auch gute **Schuhe**, die nicht zu klein sein dürfen! Hier zu sparen wäre ein Verbrechen am kindlichen Fuß, den das Kind eventuell später büßen muss.

Wichtig für Kinder ist ein **eigener Rucksack**. Da darf dann außer der eigenen Trinkflasche noch rein, was dem Kind wichtig ist: Teddy, Puppe, Spielzeugauto etc. Man sollte nur darauf achten, dass das Kind die Sachen auch selbst (bis zum Schluss!) tragen kann.

Hält man sich an diese Regeln, ist schon viel gewonnen. Trotzdem kann der Weg einmal zu lang, die Sonne zu heiß, der Durst trotz einer Flasche Lieblingsgetränk unstillbar und die Lange-

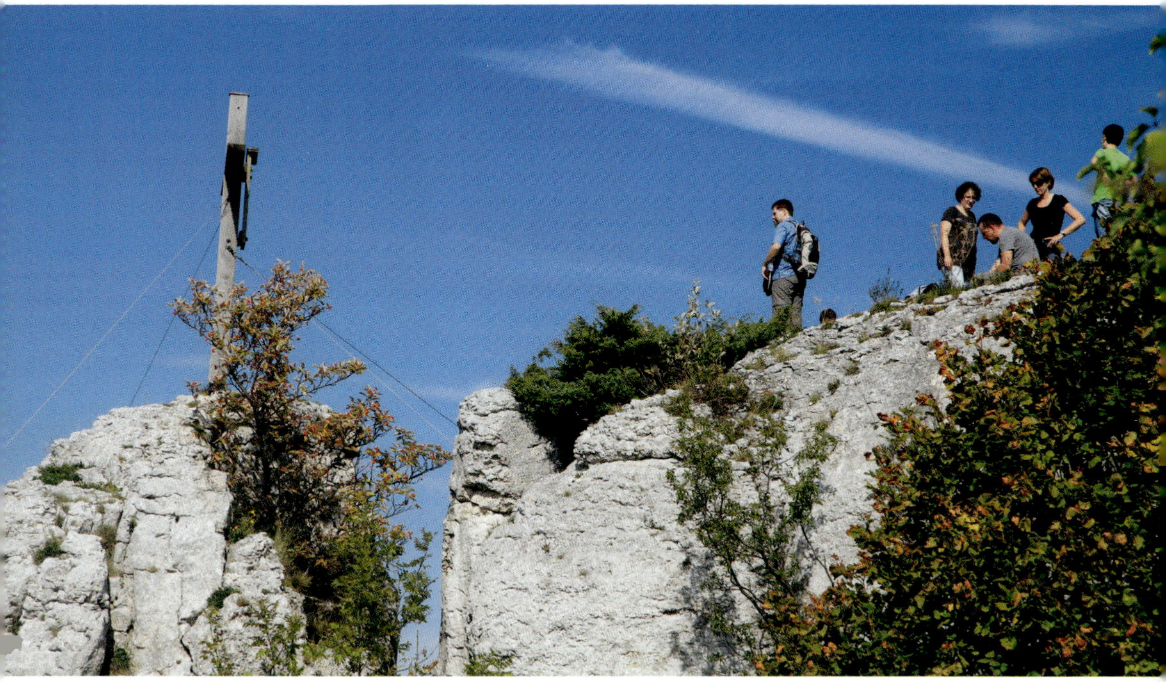

Der Wackerstein trägt als einer der wenigen Felsen der Schwäbischen Alb ein Gipfelkreuz.

weile unsäglich groß sein. Was nun? Dazu nachfolgend ein paar Anregungen, wie man den Nachwuchs beschäftigen kann (und vielleicht findet auch noch ein Bestimmungsbuch für Pflanzen oder Tiere Platz im Rucksack).

Spiele für unterwegs und für Pausen

Der Klassiker: Wer bin ich? Ein Mitspieler überlegt sich jemand aus dem Bekanntenkreis oder je nach Alter eine Märchen- oder Comicfigur oder eine/n Schauspieler/in. Oder man denkt sich ein Tier aus. Die anderen müssen dann raten, wer oder was es ist. Auf die Fragen darf man nur mit Ja oder Nein antworten.

Doppelworte Die Kinder bilden Wortketten aus zusammengesetzten Wörtern. Frühlingssonne – Sonnenblume – Blumenstrauß usw. Einfacher für kleinere Kinder ist es, wenn man nur den letzten Buchstaben eines Worts zur Bildung eines neuen nimmt: Fahrrad – Dackel – Luftballon …

Um die Wette suchen Wer sieht zuerst einen Supermarkt, ein Tier (vielleicht genauer: eine Kuh, einen Hund), einen Bus usw.?

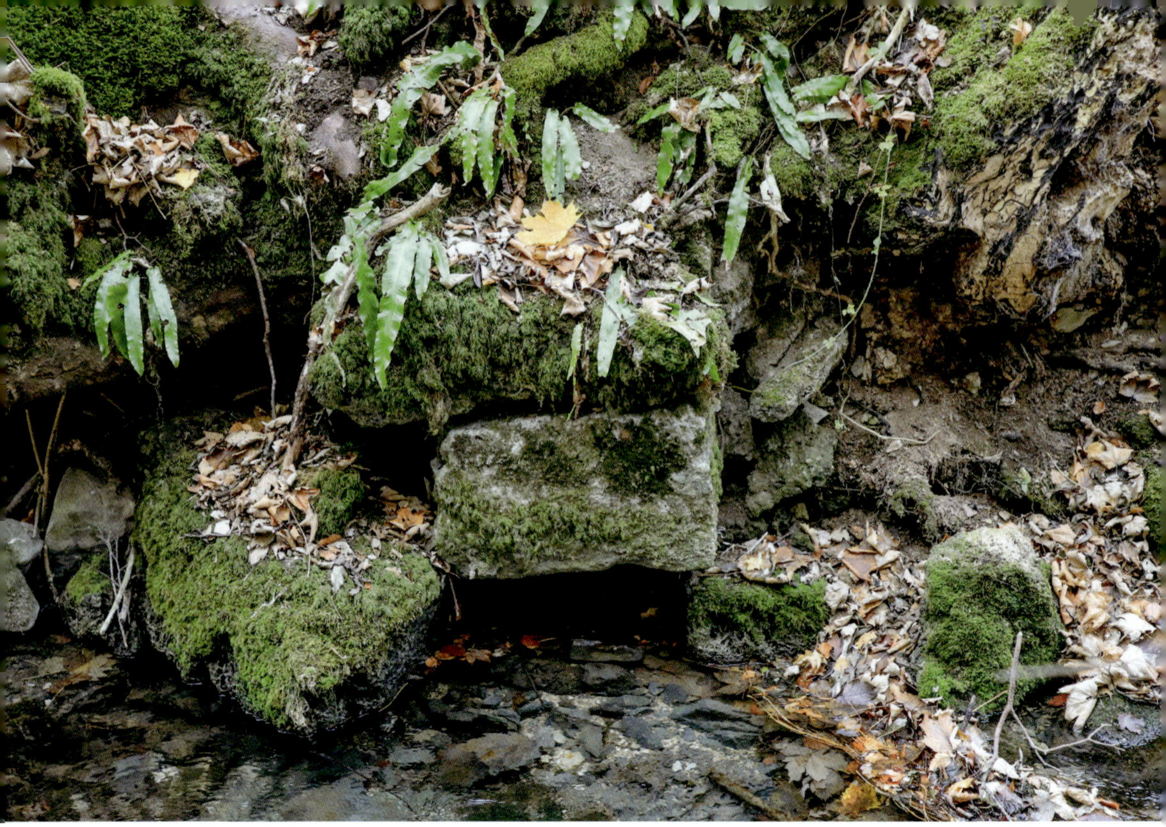

Was lockt Kinder mehr zum Spielen als ein Bach?

Aktionsspiel Wenn man durch einen Tunnel fährt, müssen sich alle die Augen zuhalten. Wenn man unter einer Brücke durchfährt, müssen sich alle ducken. Wenn man an einer Ampel halten muss, müssen alle ihre (imaginären) Mützen ziehen und grüßen.

Reisespiel »Ich packe meinen Rucksack und nehme mit ...«. Kann man noch verfeinern: »… auf eine Reise nach Afrika, in den Wilden Westen, nach Alaska …«.

Farbensuchen Der Spielleiter nennt eine Farbe. Wer zuerst zehn Dinge in dieser Farbe entdeckt hat, gewinnt.

Malen Die Kinder malen etwas aus ihren Erlebnissen des Tages. Für kleinere Kinder kann man auch ein Buch mit Malvorlagen mitnehmen oder sich solche aus dem Internet herunterladen, z. B. unter www.kinder-malvorlagen.com.

Geschichten erfinden Einer fängt an und erzählt den ersten Satz einer Geschichte. Der Nächste macht weiter mit dem zweiten Satz usw. Der folgende Vorschlag ist vielleicht für Erwachsene etwas mühselig, dafür aber gut für das Vorankommen, denn die Kinder vergessen dabei, dass sie ja wandern »müssen«: Man denkt sich eine Geschichte aus, in der ein Junge oder ein Mädchen im Alter des eigenen Kinds allerlei Abenteuer erlebt. Dabei kann man das Kind mit Fragen auch einbeziehen: »Was soll er/es jetzt machen?« oder »Was passiert jetzt?«. Gut einbauen kann man dabei auch Situationen, die das eigene Kind bereits selbst erlebt hat und bei denen es sich wiedererkennt, oder solche, die Geschichten in aktuellen Vorlesebüchern oder Fernsehsendungen widerspiegeln. Gut an diesem Spiel ist, dass man die Geschichte bei der nächsten Wanderung weiterspinnen kann, vielleicht sogar ab der Situation, bei der man aufgehört hat.

Matschgesichter malen Das Spiel für Eltern mit guten Nerven! Es ist geeignet an oder nach feuchten Tagen, an denen man matschiges Erdreich findet. Insbesondere an Bächen ist dies der Fall. Die Kinder suchen sich flache Steine, glatte Rindenstücke o. Ä. Diese werden mit Matsch bemalt oder mit Stöckchen wird ein Muster oder ein Gesicht eingeritzt oder die Kinder können sie mit Stöckchen mit Gesichtern bemalen.

Land-Art oder Kinderbastelei – das ist hier die Frage.

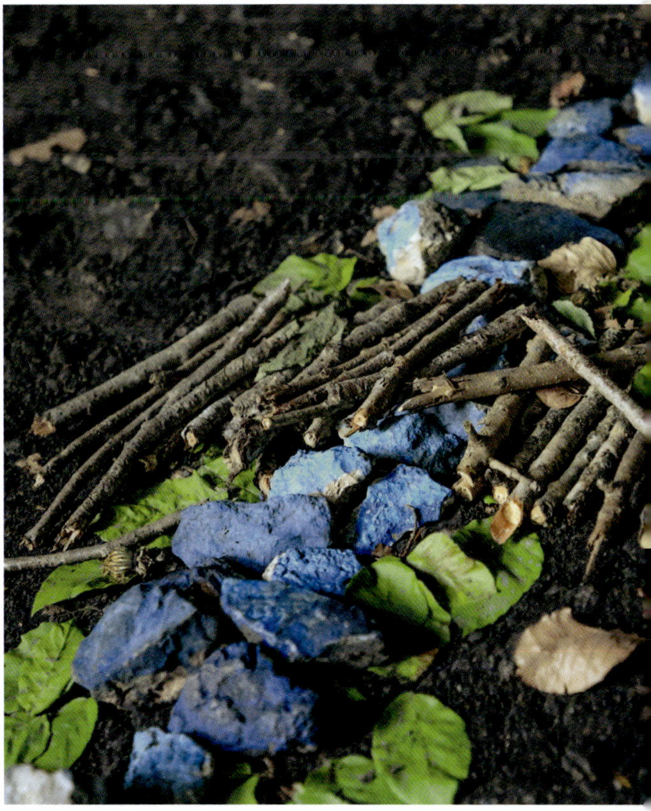

Steinmännchen bauen Meist kennt man Steinmanderl aus den Bergen, wo sie, groß genug aufgeschichtet, auch als Wegzeichen dienen. Aber auch bei uns findet man ab und zu kunstvoll aufgetürmte Steine, oft an Fluss- oder Bachläufen.

Weiterführende Links

- www.kinder-spielzeit.de
- www.stuttgart-tourist.de
- www.familyescapes.de/geniale-ausfluege-mit-kindern-rund-um-stuttgart
- www.lift-online.de/kinder
- www.kinder-kalender.de/Kinderkalender-Stuttgart.html
- www.mitkid.de/ausflugsziele/stuttgart

Wir werden zu Naturforschern!

Sehen

Was seht ihr alles an kleinen Dingen? Blätter, Beeren, Tiere (Käfer, Ameisen, Schnecken, Wassertiere in Pfützen) ... Die Tiere beobachten, ihren Weg verfolgen. Wer entdeckt am meisten?

Riechen

Was riecht ihr alles? Wie riecht es? Feuchte Erde, Laub nach Regen, Blumen, Nadelbäume, Gras … An was erinnert der Duft? Wem fallen die meisten ähnlichen Düfte ein?

Schließt die Augen und lasst euch von euren Eltern, Geschwistern oder Freunden einen Naturgegenstand unter die Nase halten. Erkennt ihr alleine am Geruch, um was es sich handelt?

Hören

Hört mal! Was könnt ihr alles hören, wenn ihr ganz still seid? Vogelstimmen (wer weiß, von welchen Vögeln?), Blätterrauschen, Froschgequake, Grillengezirpe, Gespräche, Glockenläuten oder Verkehrslärm aus dem Tal, Rascheln von Mäusen oder Käfern … Sucht euch einen Platz in der Natur, schließt die Augen und hört einfach nur den Geräuschen zu.

Tasten

Schließt die Augen und fühlt die Oberflächen verschiedener Bäume. Tastet Steine ab oder die Oberfläche eines Blatts, spürt Erde, Sand …

Schließt wieder die Augen und lasst euch von euren Eltern, Geschwistern oder Freunden einen Naturgegenstand in die Handfläche legen. Könnt ihr nur durch Tasten erkennen, was es ist?

Schmecken

Versucht ganz bewusst den Geschmack des Essens unterwegs zu erfahren: Wie schmeckt das Brot, die Wurst, der Apfel? Vielleicht findet ihr Beeren, Bucheckern o. Ä. Was ist sauer, süß, fruchtig, nussig, trocken, feucht …?

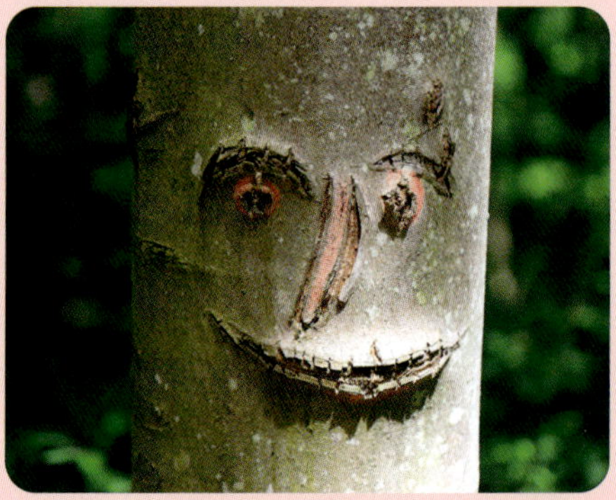

Bitte lächeln: Viele Bäume haben »Gesichter«.

Sammeln

Nehmt (kleine) Dinge mit, die ihr gefunden habt, um daraus ein Bild, ein Mobile oder gar ein Wander- oder Urlaubstagebuch zu gestalten. Blätter, Ästchen, Steinchen, verschiedene Gräser, Blüten (von Blumen, die man pflücken darf!), verschiedenfarbige Erde …

Spielzeug mitnehmen

Eure Lieblingspuppe oder euren Lieblingsteddy habt ihr vielleicht ohnehin im Rucksack, aber nehmt auch kleine Spielfiguren mit (Lego, Playmobil u. Ä.) – es gibt überall Gelegenheiten, mit ihnen Abenteuer zu erleben. Man kann für sie Häuschen bauen, sie im Bach schwimmen lassen, ihnen Rindenboote schnitzen und sich dazu Geschichten ausdenken.

Geschichten erfinden

Lasst ihr euch gern Geschichten erzählen? Bestimmt. Aber erfindet doch auch selbst einmal eine! Jeder, der mitwandert, darf seinen Beitrag dazu leisten. Denkt euch einen Jungen oder ein Mädchen aus, so alt wie ihr, der/das durch den Wald oder die Berge wandert. Was erlebt dieses Kind für Abenteuer mit Zwergen, Tieren oder Ungeheuern? Bezieht alles mit ein, was ihr unterwegs seht: Hütten, Bäume, Felsen, Tiere, andere Wanderer …

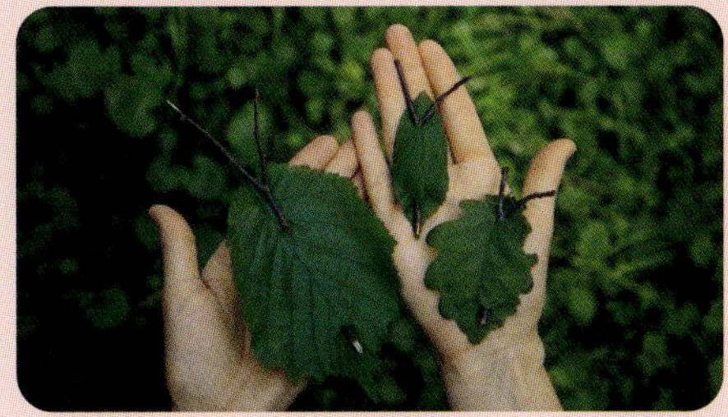

Aus Blättern kann man Schmetterlinge basteln.

Pfadfinder spielen

Lasst euch von euren Eltern die Landkarte geben und führt sie doch einmal. Schaut zuerst, ob ihr findet, wo ihr euch gerade befindet. Könnt ihr die Umgebung bestimmen? Seht ihr auf der Karte die Dörfer, Häuser oder Gipfel, die ihr im Umkreis entdeckt, die nächste Kurve, die nächste Wegkreuzung, den nächsten Felsen, die Hütten unterwegs?

Schatten- und Wolkenspiele

Manchmal zaubert die Sonne ja interessante Schatten auf Hauswände, den Boden oder auf Baumstämme. Das können Zweige mit Blättern sein oder Formen, die an Gesichter oder Tiere erinnern.

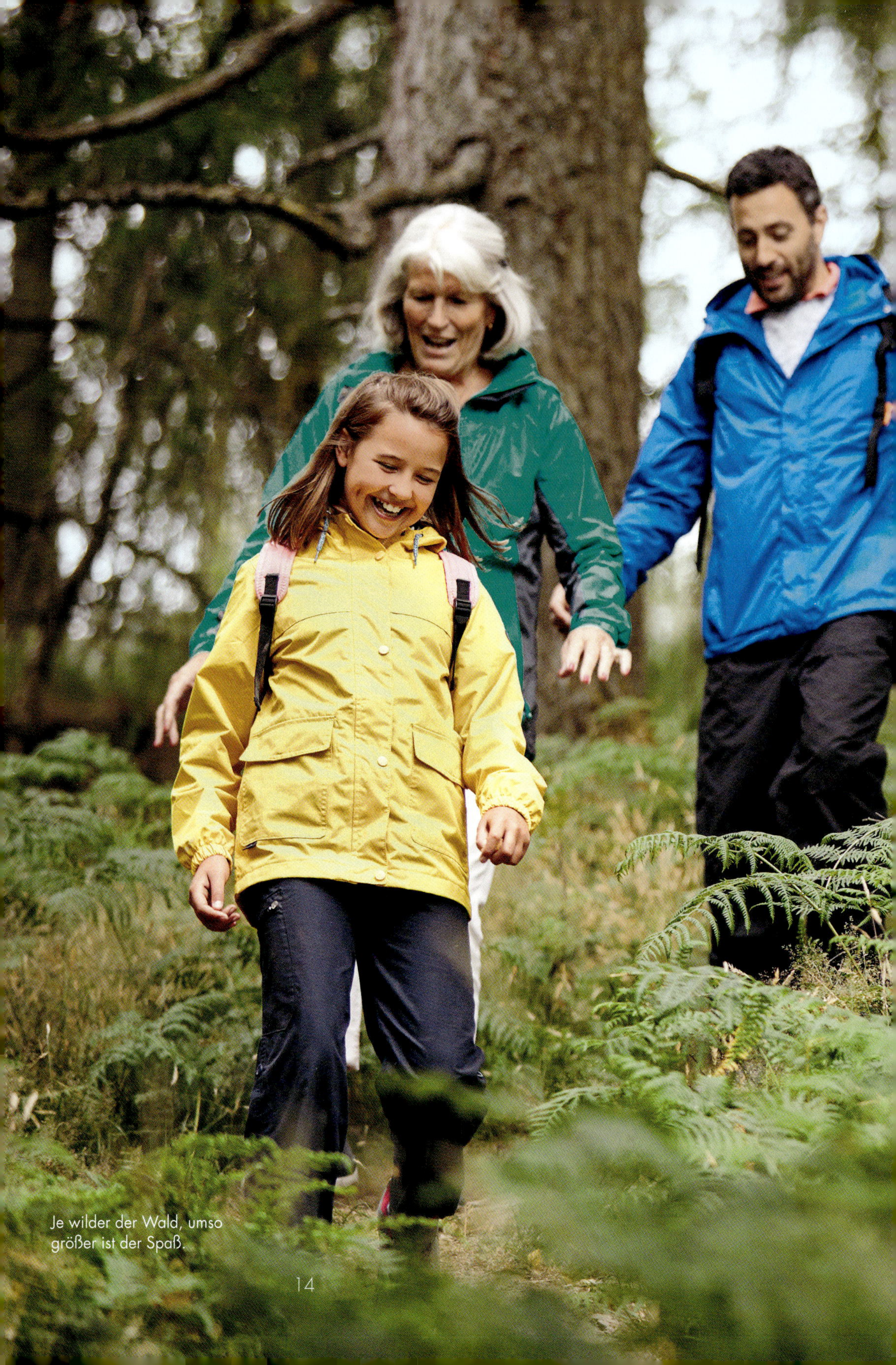

Je wilder der Wald, umso größer ist der Spaß.

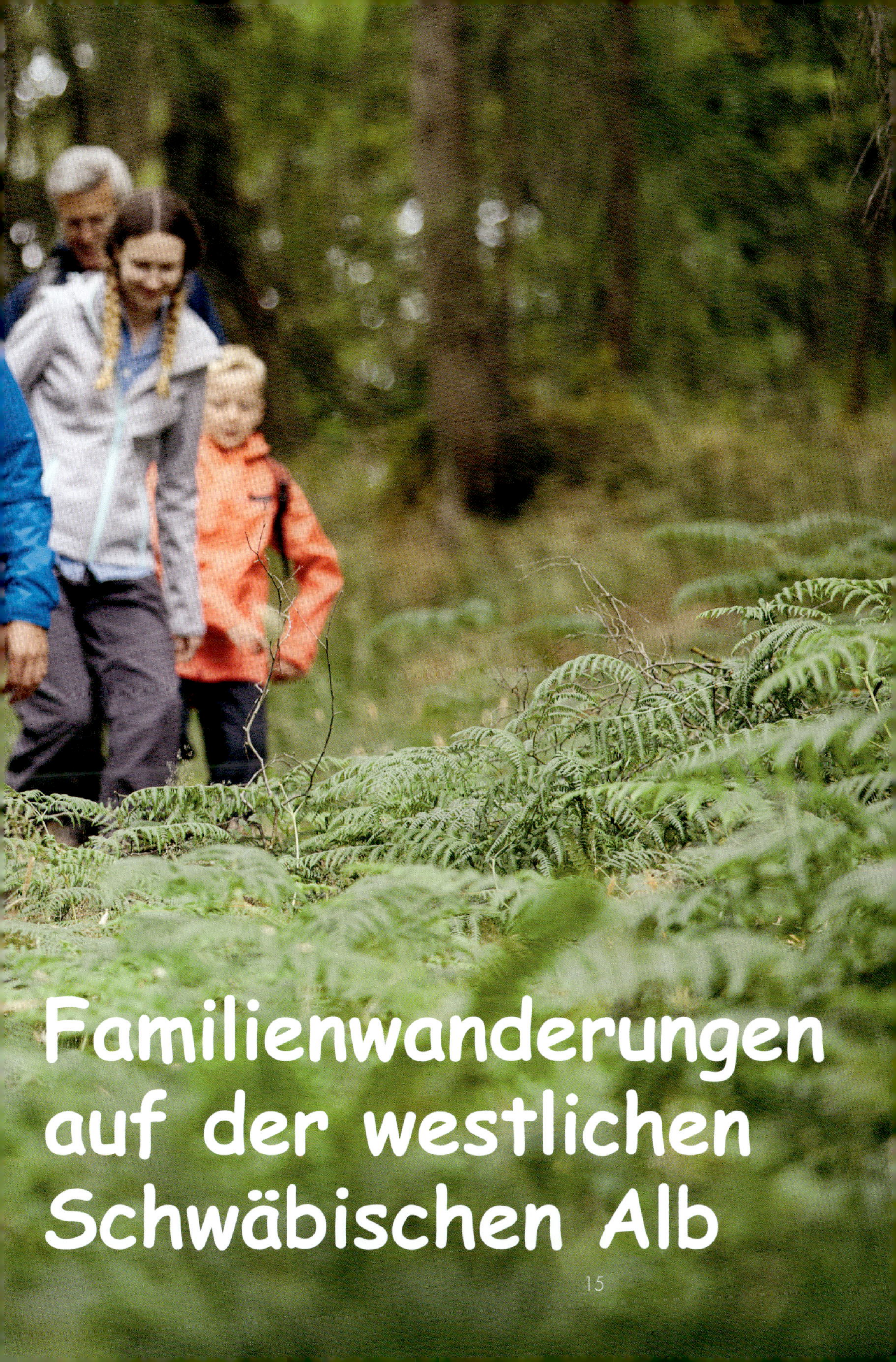

Familienwanderungen auf der westlichen Schwäbischen Alb

1 Am Bad Boller Sinneswandelpfad

Spannender Abenteuerparcours

Mittel | 2 km | 100 Hm | 1.30 Std.

Alter
4–12

Tourencharakter
Die Tour verläuft auf Naturpfaden, die bei Nässe, Eis und Schnee rutschig sind – dann ist diese kurze, aber teils anspruchsvolle Tour nicht zu empfehlen. Festes Schuhwerk und Kleidung, die schmutzig werden darf, sind vorteilhaft. Nicht überall gibt's Wegzeichen, daher pfadfinderisches Geschick und Improvisationsgabe empfehlenswert.

Ausgangs-/Endpunkt
Bad Boll, Parkplatz 3 (Pappelweg)

GPS-Koordinaten
48.638484, 9.603649

Wegverlauf
Bad Boll/Parkplatz 3 – Sinneswandelpfad – Parkplatz 3

Karten
Landesamt für Geoinformation und Landentwicklung Baden-Württemberg (LGL) 1:50 000, F 521 Göppingen; NaturNavi Wanderkarte mit Radwegen 1:25 000, Blatt 54-539 Göppingen/Kirchheim unter Teck

Grillmöglichkeit
Spiel- und Grillplatz Badwäldle

Information
Unter www.bad-boll.de gibt es einen Flyer mit Karte.

So kurz der Sinneswandelpfad, so spannend ist er für Kinder. Die vielen Spiel- und Mitmachstationen und der sehr interessante Weg im Auf und Ab über Balken und Brücken, über Bäche und wilde Tobel werden jedes Kind begeistern. Zudem gibt es am Anfang bzw. am Ende einen schönen Spiel- und Grillplatz. Seinem Motto »Natur hautnah erleben« wird dieser Rundweg auf jeden Fall gerecht.

Nach dem **Parkplatz 3** Ⓐ spazieren wir an ein paar Häusern vorbei. Wo es rechts zu den Gebäuden 24, 26, 28 geht, folgen wir dem Zeichen des Sinneswandelwegs nach rechts in den Wald. Dieser noch harmlose Wegabschnitt ist ein guter Einstieg in das, was noch folgen wird.

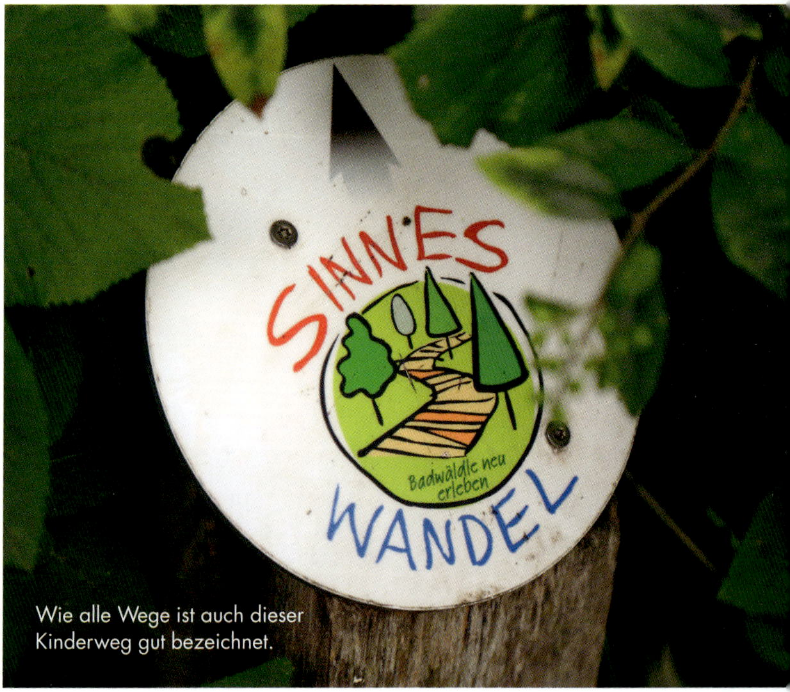

Wie alle Wege ist auch dieser Kinderweg gut bezeichnet.

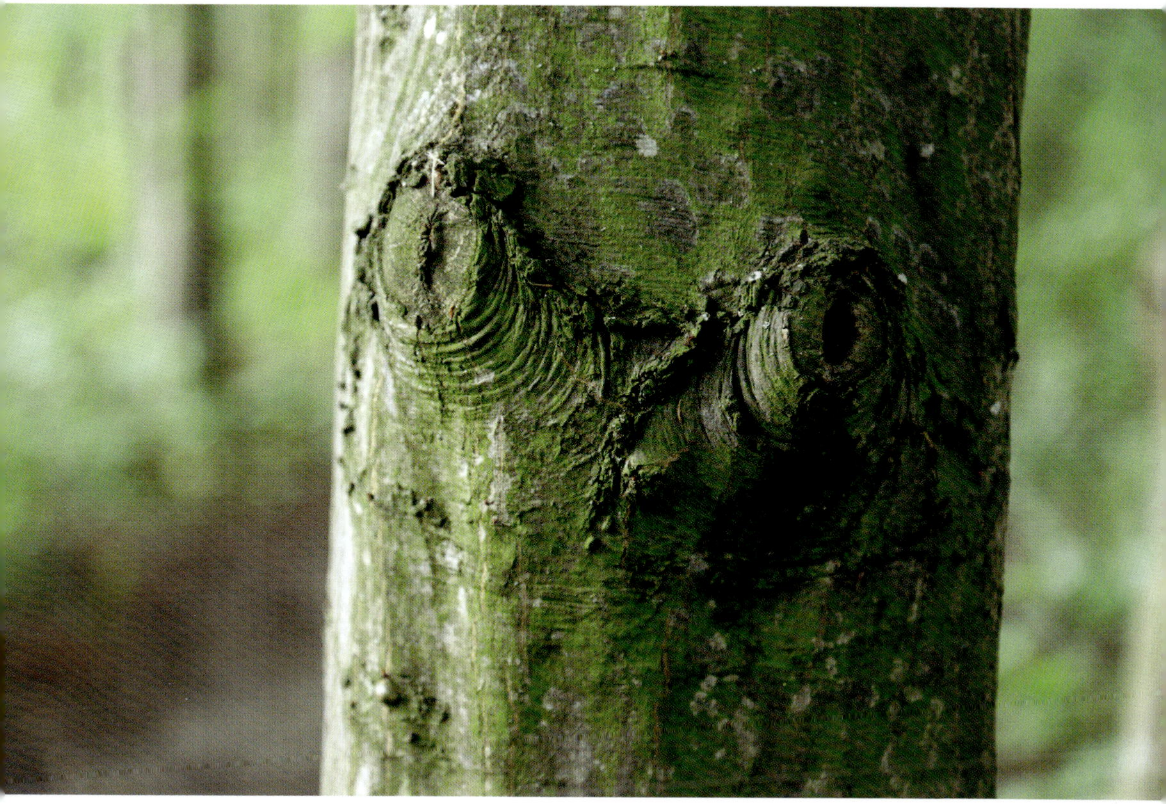

Manche Bäume haben richtige Augen.

Etwas später verlassen wir den Wald und stehen vor dem **Spiel- und Grillplatz Badwäldle** ❶. Sollten die Kinder bereits auf ihm toben wollen, kann man sie auch auf später vertrösten – man kommt am Schluss wieder hier vorbei. Interessant sind dort auch die beiden mächtigen Mammutbäume; ihre Art gehört zu den ältesten Lebewesen der Welt.

Wir gehen links vom Spielplatz in den Wald. Schon von Weitem sehen wir einen Zwerg auf einem hohen Baumstamm. Durch diesen kann man sogar hindurchgehen! Hier liegt bereits Station 1, der Wasserspielplatz, der zum Bauen mit Holz und Steinen und zum Matschen einlädt.

Wir folgen danach dem Bächlein, bis wir über eine Brücke nach rechts verwiesen werden. Der Weg steigt kurz an bis zur Station 2, der mächtigen Huteeiche, die von einem Steinlabyrinth umgeben ist.

Wer erkennt Gesichter an den Baumstämmen? Seht genau hin!

Tipp: Astnarben oder sonstige Zeichnungen in Baumrinden sehen mit ein wenig Fantasie häufig aus wie Gesichter.

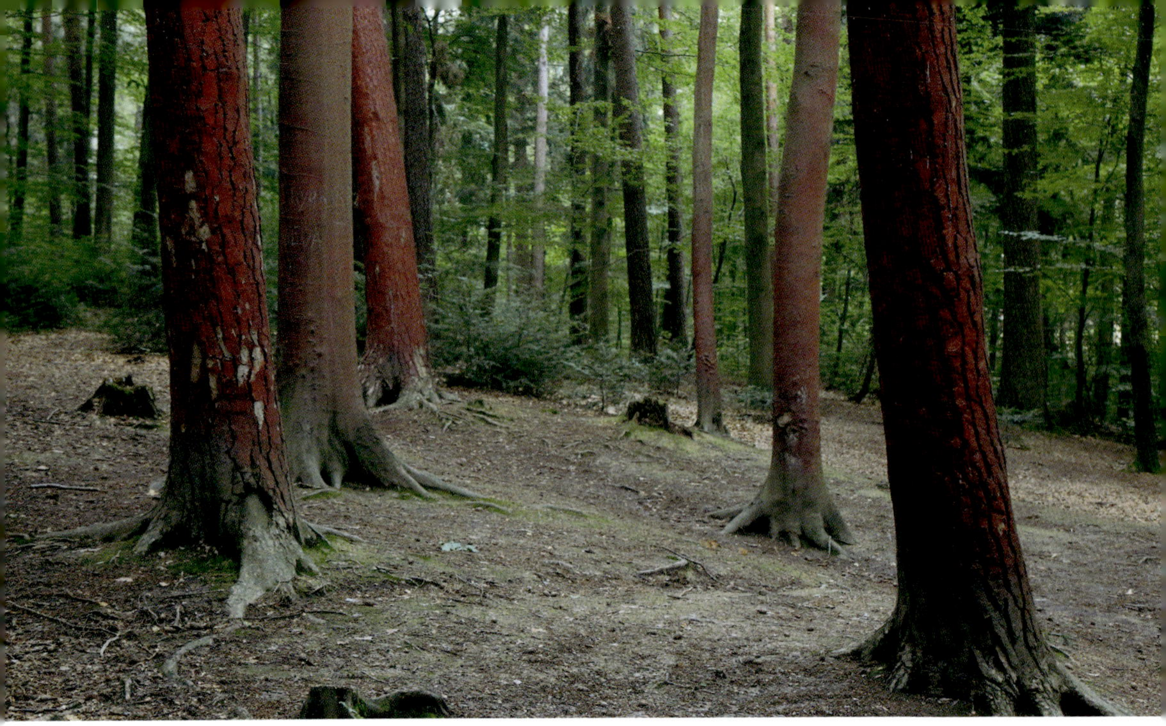

Die roten Bäume bilden einen markanten Gegensatz zum grünen Wald.

Nun halten wir uns links. Etwas später überqueren wir eine tiefe Klinge auf einer Baumbrücke (Station 3).

Nach einem kurzen, steilen Bergab und einem kleinen Anstieg erreichen wir Station 4, die Baumwipfelmatte, die nicht nur zum Schaukeln, sondern auch zum Entspannen beim Blick in die Baumwipfel einlädt.

Aus welchem Teil des Baums besteht die Brücke, auf der ihr steht?

Den Zeichen folgend und den in etwa parallel verlaufenden Waldlehrpfad überquerend erreichen wir Station 5, den Kunstraum Rotes Feld. Die rot angestrichenen Bäume überraschen durch ihre lebhafte Farbwirkung im Verhältnis zum verhaltenen Grün der Bäume.

Nach rechts geht es zu Station 6, dem Klangwald, wo in einem Rechteck zahlreiche Baumstämmchen oder Äste hängen. Sie kann man durch Anstoßen oder Klopfen zum Klingen bringen. Mutige Kinder gehen aber auch in das Gewirr der herabhängenden Stämme hinein und erzeugen so Geräusche.

Wer schafft es, den Hölzern eine kurze Melodie zu entlocken?

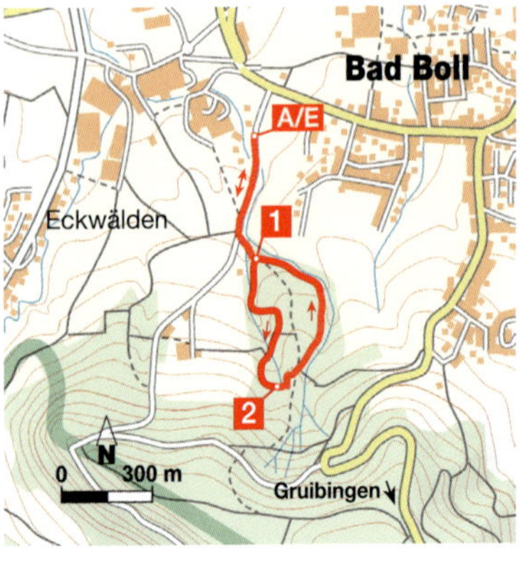

Nun geht es geradeaus weiter hinauf.

Station 7 ist die Maserknolleneiche mit ihren zahlreichen Austrieben. Man sieht so etwas zwar manchmal im Wald, aber selten in dieser Intensität.

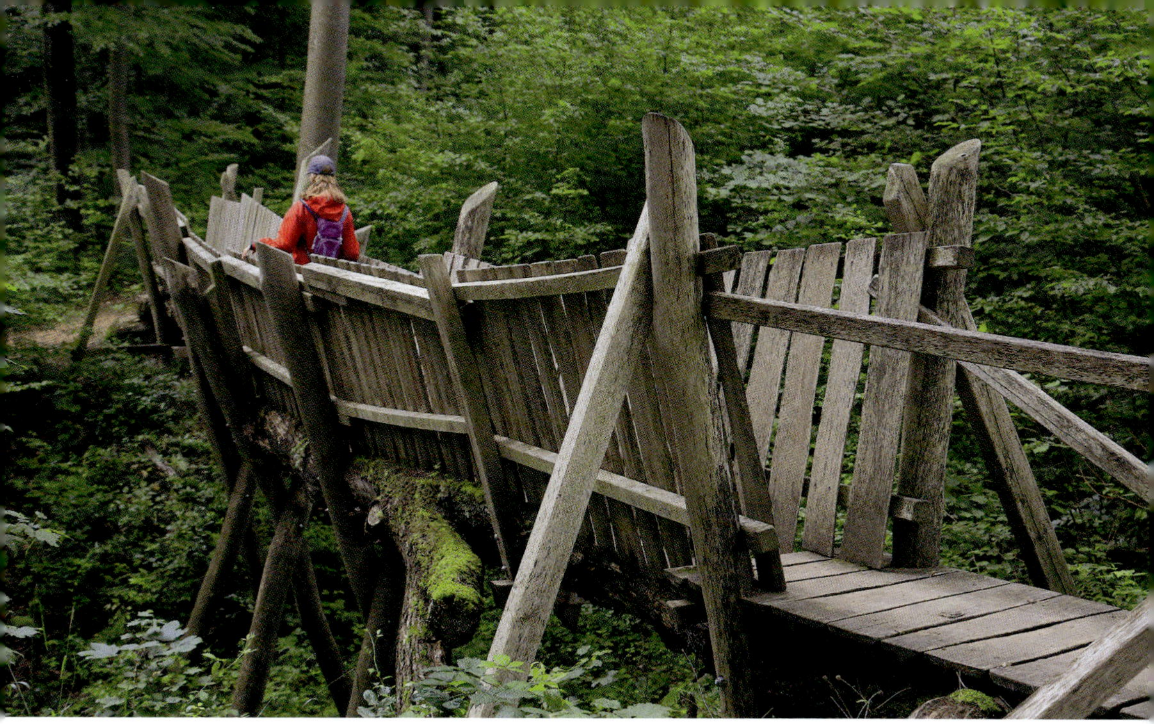

Danach wird es abenteuerlich! Wir gehen nun nach links weiter, dann zieht der Weg nach rechts. Wir überqueren einen breiten Weg, danach geht es hinab in eine tiefe Klinge, die wir unterhalb einer Brücke auf einem **Steg (Station 8)** ❷ überqueren. Gleich nach der Brücke, aber noch vor dem Steg leitet uns rechts ein Seil wieder hinauf: Hier können die Kinder ihre Kletterkünste erproben. Danach geht es unterhalb der Brücke am Bach entlang und durch eine wilde Natur.

Angst darf man bei einer solchen Brücke nicht haben.

Wer sieht das jeweils nächste Tier zuerst?

Vorbei am Weidendickicht (Station 9) und dem Zeitenpendel (Station 10) erreichen wir mit dem Pirschpfad die letzte Station (Nr. 11). Der Pfad führt etwas vom Weg ab, trifft aber später wieder auf diesen. Auf ihm sehen wir einige Holzskulpturen von Tieren, die im Wald leben.

Ein paar Minuten später erreichen wir wieder Station 1; rechts davon im Bachbett finden wir eine Schuhputzstation – je nach Wetter eine notwendige Einrichtung. Zurück zum **Parkplatz** Ⓔ gehen wir denselben Weg.

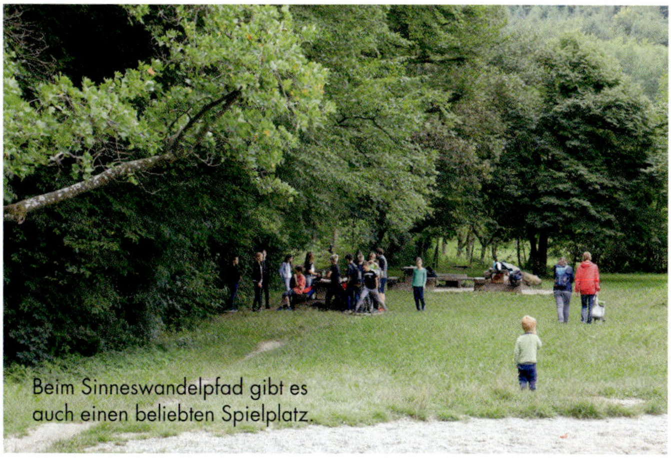

Beim Sinneswandelpfad gibt es auch einen beliebten Spielplatz.

2 Von Bissingen zur Ruine Teck

Der Rabe Tecki und das Reich der Sibylle

Mittel | 11 km | 360 Hm | 4 Std.

Alter
6–12

Tourencharakter
Wir wandern auf Feld- und Forstwegen sowie auf Pfaden. Beim Gelben Fels und bei der Sibyllenhöhle sollte man an den Steilabfällen gut auf die Kinder aufpassen.

Ausgangs-/Endpunkt
Bissingen an der Teck, Seestr. 11 bzw. Sportplatz

GPS-Koordinaten
48.595962, 9.492116

Wegverlauf
Bissingen – Sattelbogen – Gelber Fels – Sibyllenhöhle – Ruine Teck – Bissingen

Karten
Schwäbischer Albverein e. V. 1:25 000, Wanderkarte Kirchheim unter Teck; NaturNavi Wanderkarte mit Radwegen 1:25 000, Blatt 54-539 Göppingen/Kirchheim unter Teck

Grillmöglichkeit
Sattelbogen

Information
www.bissingen-teck.de

Diese Wanderung führt hoch ins Reich der Sibylle von der Teck. Wir besichtigen die Ruine Teck und besuchen anschließend die geheimnisvolle Sibyllenhöhle, in der die sagenumwobene Frau gelebt haben soll.

Wir gehen vom **Sportplatz bzw. vom See** Ⓐ kurz in der Vorderen Straße zurück, biegen links ab in die Hintere Straße und halten uns danach in der Teckstraße links. Das Wanderzeichen mit dem blauen Dreieck weist in Richtung Sattelbogen. Bald verlassen wir den Ort und kommen etwas später zu einem Rastplatz. Hier treffen wir auf eine große bunte **Bilderwand** ❶ mit dem Bürgele, einem Geist, der in der nahe gelegenen Ruine Hahnenkamm haust. Außerdem sehen wir eine hölzerne Schlange im Baum, eine Art Weltkugel aus altem Eisen sowie einen Easy-Rider-Motorradfahrer – und nicht zu vergessen: den rostigen Raben.

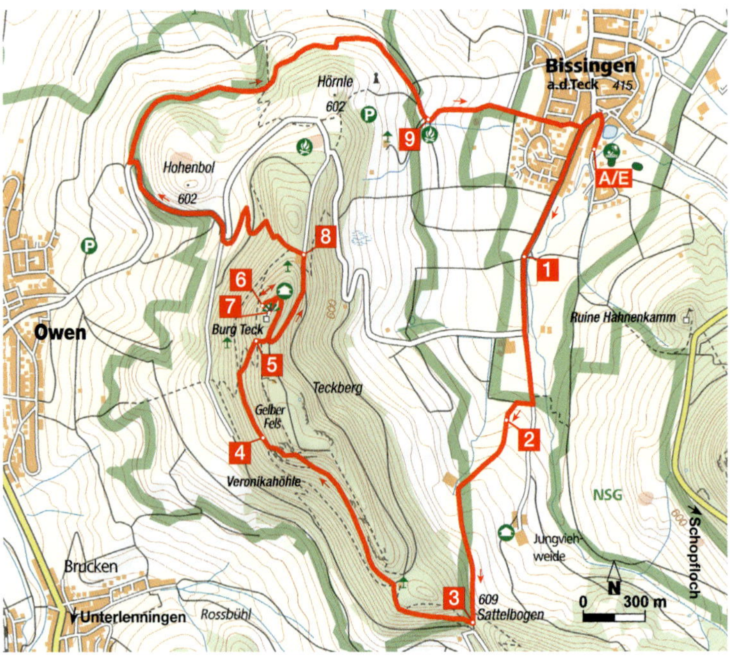

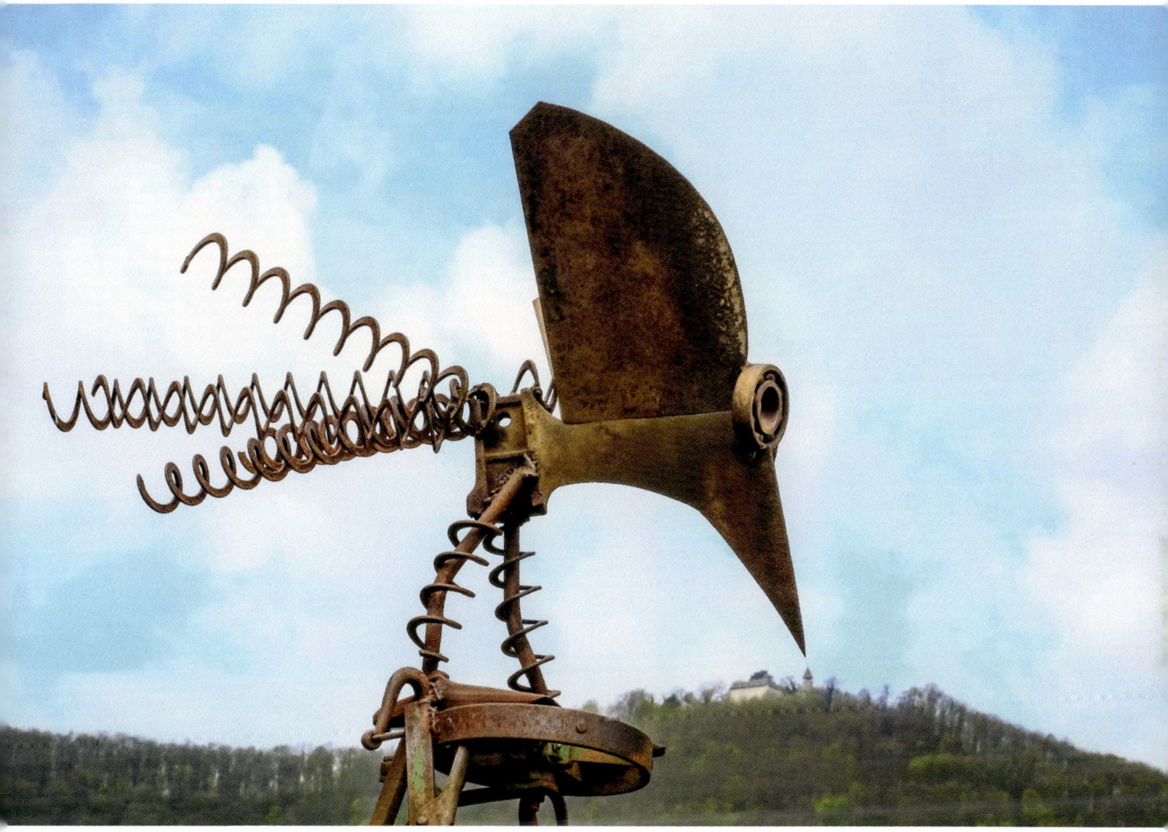

Warum deutet der Rabe mit dem Schnabel auf den Turm der Ruine Teck?

Hallo, schön, dass wir uns kennenlernen! Ich bin Tecki, der Rabenhäuptling der Ruine Teck. Ihr seid doch sicher hier, weil ihr die Ruine besuchen und mehr über die sagenumwobene Sibylle erfahren wollt? Nun, ich weiß alles über diese Geschichte – und noch ein wenig mehr. Ob ich sie euch erzähle, wollt ihr wissen? Nun, dass kommt ganz darauf an, ob ihr euch würdig erweist … Ich stelle euch drei Rätsel. Nur wenn ihr diese lösen könnt, erfahrt ihr die wahre Geschichte. Bis wir zum ersten Rätsel kommen, haltet Ausschau nach Raben. Denn ich bin nie weit von euch entfernt ...

Seht ihr die Ruine Teck? Und fliegen dort Raben herum? Einer davon ist bestimmt Tecki, der Rabenhäuptling.

Wir wandern weiter, und der Weg führt uns zwischen zwei Höfen hindurch. Kurz danach weist uns das Zeichen nach rechts. Links oben auf dem **Hügel** ❷ sehen wir eine gemütliche Panoramabank, die zum Verweilen einlädt. Zu ihr gehen wir jetzt über die Wiese hinauf.

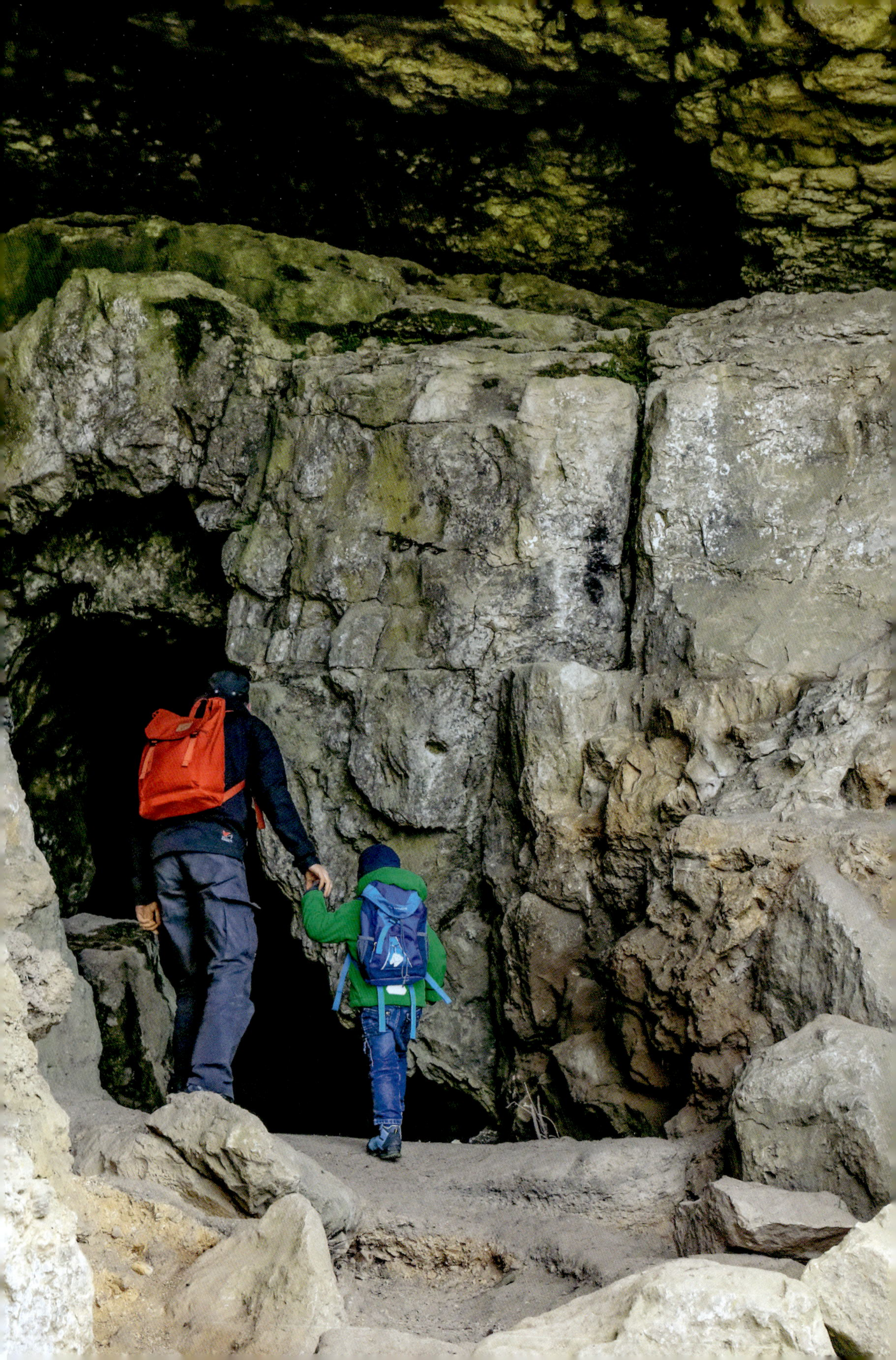

Wenn ihr vom Weg hinauf zur Panoramabank blickt, seht ihr dann die Furchen in der Erde? Wie sie entstanden sind, wollt ihr wissen? Nun, das ist alles Teil des Geheimnisses, das ich euch vielleicht erzähle. Wandert weiter, das erste Rätsel ist nicht mehr weit entfernt.

Von der Bank gehen wir hinab zum Weg und folgen ihm nach links, vorbei an einer Kuhweide, bis zu einer großen Feldscheune. Hier wandern wir nach links durch eine Allee prächtiger Bäume.

Ich liebe alte Alleen. Schon als kleiner Rabe saß ich in den Ästen dieser Bäume. Ich habe hier so viel erlebt und gesehen.
Und hier kommt endlich Rätsel Nummer eins: Für die meisten menschlichen Augen unsichtbar, versteckt sich hier in der Nähe der gemauerte Eingang zu einem Geheimgang. Findet ihr ihn?
Lösung: Hinter dem dritten Baum auf der rechten Seite, hinter einem kleinen Wasserlauf und neben einem Baum befindet sich ein kleines Mauerwerk.
Bei meinem schwarzen Rabenkleid – ihr habt den Eingang des Geheimgangs gefunden! Nicht schlecht, nicht schlecht. Müht euch aber nicht damit ab, ihn öffnen zu wollen. Das kann nur eine einzige Person ... Mehr verrate ich euch jetzt aber noch nicht. Erst müsst ihr die anderen Rätsel lösen.

Wir folgen der Allee weiter aufwärts.

Wer kennt sich gut mit Bäumen aus? Was fällt euch bei den Exemplaren in der Allee auf?

Und hier ist auch schon Rätsel Nummer zwei: Drei Bäume in der Allee unterscheiden sich von den anderen. Welche sind das?
Lösung: Die drei Bäume sind Kastanien.
Ihr seid wirklich gut! Aber ein Rätsel gilt es in der Ruine noch zu lösen, erst dann erzähle ich euch die geheime Geschichte der Sibylle.

Nach der Allee treffen wir auf den **Sattelbogen** ❸. Wir halten uns rechts und biegen nach dem Wasserbehälter mit dem roten Dreieck rechts ab in Richtung »Gelber Fels/Teck«. Gleich danach weist uns am Grillplatz das Zeichen nach rechts. Nun geht es auf einem steinigen Pfad weiter, der ständig leicht ansteigt. Wir kommen an einer Schutzhütte vorbei und treffen nach weiterem

Linke Seite: Selbst bei etwas Angst vor der Dunkelheit ist der Besuch in einer Höhle immer spannend.

Aufstieg auf den aussichtsreichen **Gelben Fels** ❹. Danach folgen wir weiter dem Wanderweg bis zum **Schild »Teck-West«** ❺. Etwas rechts davon steht das Schild »Burg Teck«. Nun biegen wir links ab. Jetzt steigt der Forstweg an bis zur Ruine Teck.
Vorher jedoch folgen wir dem links abgehenden Pfad in den Wald. Er führt unterhalb der Ruine um diese herum. Wenn man rechts hinaufschaut, kann man die Mauer und vielleicht auch schon die Besucher sehen. Bald erreichen wir die **Sibyllenhöhle** ❻, die sich direkt unterhalb der Burg befindet.

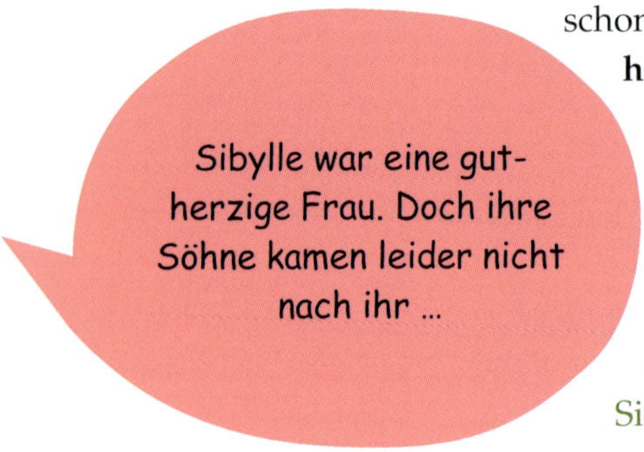

Jetzt sind wir in der Sibyllenhöhle. Hier kann ich euch den allseits bekannten Teil der Geschichte erzählen:
Einst lebte unterhalb der Burg Teck eine wunderschöne, gutherzige Frau mit dem Namen Sibylle. Sie hatte besondere Fähigkeiten, konnte die Zukunft voraussagen und Krankheiten heilen. Kranke und Arme kamen zu ihr und gingen reich beschenkt mit Gesundheit, Geld und tröstenden Worten wieder hinunter ins Tal. Drei Söhne hatte die gute Frau, doch die kamen leider wenig nach ihrer Mutter – sie waren böse Raubritter, die die Menschen in der Umgebung quälten und ausplünderten. Sie bauten sich eigene

Aussicht vom Gelben Felsen ins Lenninger Tal

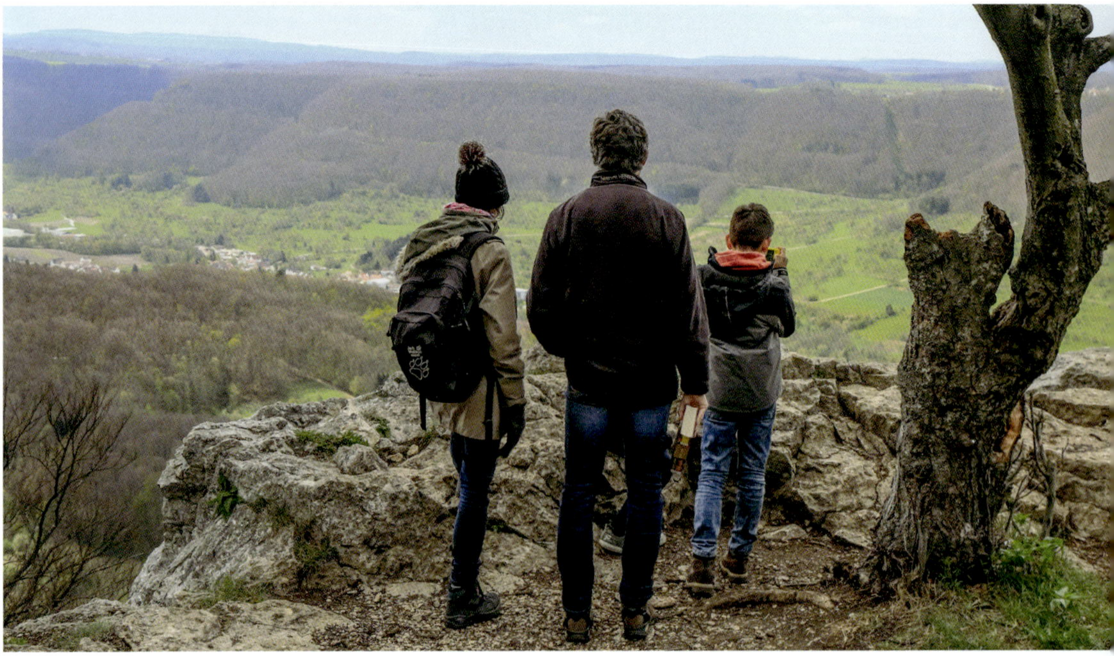

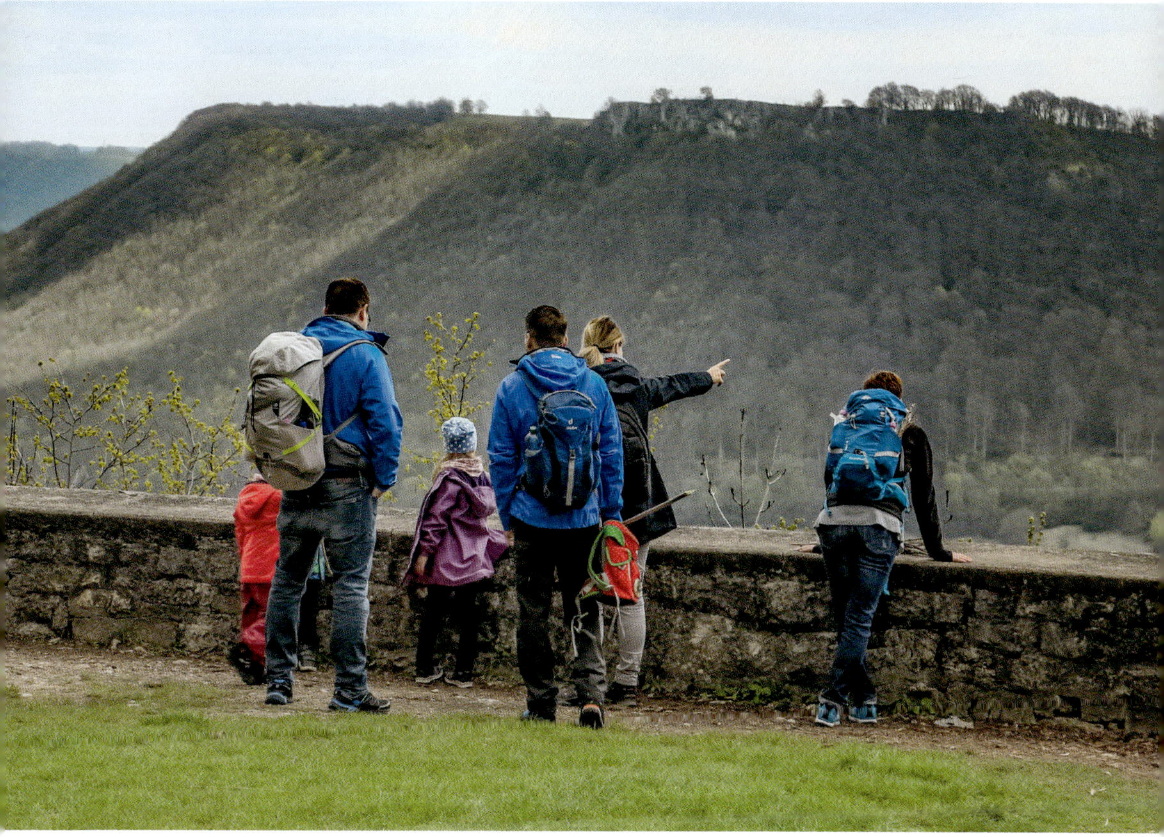

Von der Ruine Teck aus hat man einen guten Blick zum markanten Breitenstein.

Burgen in der Umgebung. Der eine errichtete auf dem Teckberg eine Burg, der andere eine auf dem Diepoldstein, und der dritte wohnte auf Wielandstein. Die arme Sibylle litt unter ihren bösen Söhnen, gegen die auch all ihre Zauberkraft nichts half. Eines Tages ertrug sie es nicht mehr, packte ihre Sachen und flüchtete. Sie spannte ihre Katzen vor eine Kutsche und flog durch die Lüfte davon. Als letzte gute Tat hat sie den Bauern aber dort, wo ihre Kutsche das letzte Mal den Boden berührte, eine besonders gute Erde hinterlassen. Sie wird Sibyllenspur genannt, und man sieht sie manchmal von der Ruine aus.

Wenn wir dem Pfad weiter folgen, kommen wir direkt zum Eingang der **Ruine Teck** 7. Nun können wir diese besichtigen und – wenn wir wollen – auch dort einkehren.

Die meisten Menschen glauben, dass mit dem Abflug der Sibylle die Geschichte zu Ende ist. Darüber können wir Raben nur la-

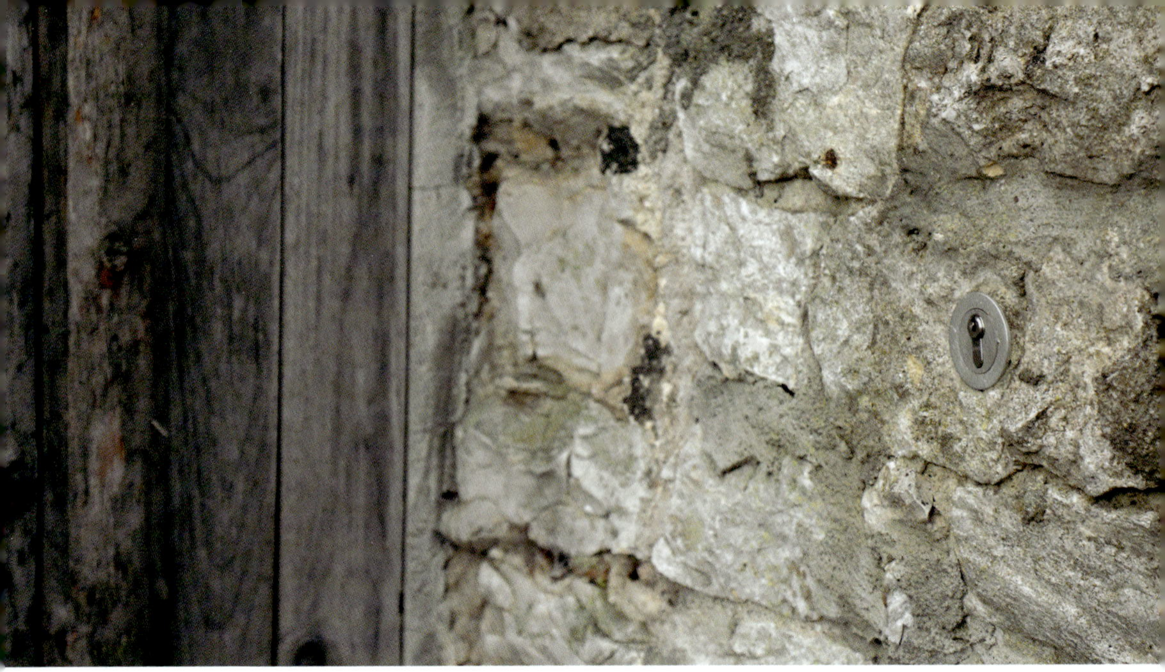

Was hat es nur mit diesem geheimnisvollen Schloss in der Mauer auf sich?

chen, denn wir wissen, wie es wirklich war. Wenn ihr das dritte Rätsel löst, weihe ich auch euch ein.

Hier kommt das Rätsel: Die gute Sibylle hat auf der Teck etwas zurückgelassen. Die meisten Menschen sehen das geheime Versteck jedoch nicht. Nur ein einsames Schlüsselloch ist zu erkennen. Findet es, und ich erzähle euch die wahre Geschichte der Sibylle!

Lösung: An der Westseite der Burgmauer führt eine kleine Treppe hinauf zu einem Aussichtspunkt. Vor der ersten Treppenstufe ist in die Mauer ein silbern schimmerndes Schloss eingelassen.

Eine von Katzen gezogene Kutsche, die sogar fliegen kann – wenn ihr so eine Kutsche hättet, wo würdet ihr hinfliegen?

Also gut, also gut, ihr habt auch das geheime Schloss gefunden! Dann scheint auch ihr magische Kräfte zu besitzen, und ich kann euch in die geheime Geschichte einweihen: Als die Sibylle in ihrer von Katzen gezogenen Kutsche davongeflogen ist, hat sie etwas mitgenommen: den Schlüssel zum Versteck ihrer Zaubertränke und -pulver. Bis heute kommt Sibylle immer wieder zur Ruine Teck zurück. Sie landet am Fuß des Berges – ihr habt die Furchen, die ihre Reifen in der Erde hinterlassen, ja auf der Wiese unter der Panoramabank gesehen. Dann schleicht sie sich zum Eingang des Geheimgangs hinter der Allee und geht unterirdisch zu ihrer alten Höhle. Von dort aus ist es nur noch ein Katzensprung bis zur Teck und zu ihrem Versteck. Dort holt sie ihr Zauberpulver

heraus und bläst eine Handvoll davon in die Luft. Ja was glaubt ihr denn, warum es hier in der Umgebung so fruchtbares Ackerland, so saftiges Obst und so bunte Blumen gibt?
Wollt ihr wissen, ob die Sibylle auch heute in der Nähe ist? Dann haltet Ausschau nach ihren Katzen! Wenn ihr eine seht, dann ist die gute Frau sicherlich auch nicht weit weg …

Nun gehen wir wieder zurück bis zum Schild »Burg Teck«. Hier folgen wir dem Forstweg nach links abwärts bis zu einer weiteren **Schutzhütte** 8 beim Schild »Rosswasen-Nord«. Nun geht es nach links auf einem Pfad im Zickzack steil hinab bis zu einer Straße und am Schluss wieder durch eine Allee mächtiger Bäume. Wir folgen der Straße kurz nach rechts.

Von hier aus sehen wir gut zum Hohenbol genannten Hügel, auf dem eine Gruppe von Kiefern steht. Sie wurden 1916 gepflanzt und haben dem Berg den Spitznamen »Zahnbürste« eingebracht.

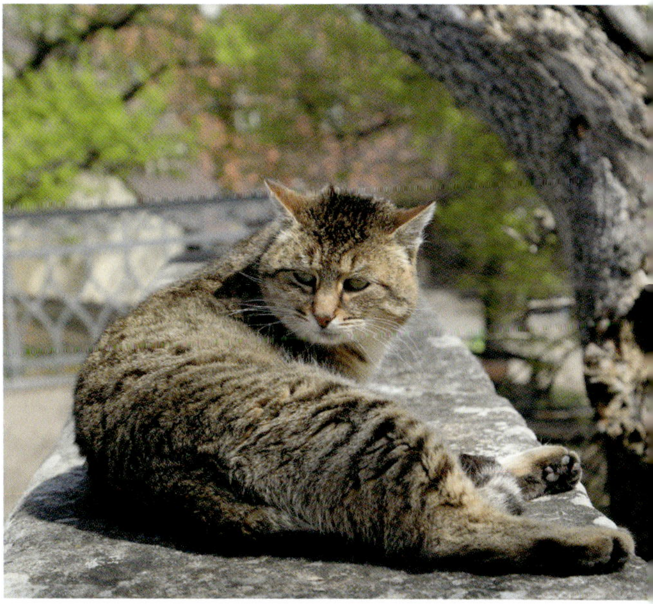

Eine Burgkatze hat es gut: Sie wird von allen verwöhnt.

Wo die vom Parkplatz Hörnle kommende Straße einmündet, halten wir uns links und folgen ihr etwas abwärts. An ihrer Linkskurve biegen wir rechts ab. Nun folgen wir diesem Feldweg um den Hohenbol bis zu einer Verzweigung vor dem Wald. Hier nehmen wir den linken, eben weiterführenden Pfad. Bald leitet der mit dem blauen Dreieck markierte Pfad links ab; wir wandern aber geradeaus weiter, nun um das Hörnle herum. Links sehen wir am Waldrand ein Gebäude.
Etwas später verlassen wir bei einem rechts von uns stehenden Haus den Wald und wandern kurz danach auf einem geschotterten Feldweg weiter. Wir folgen ihm so lange, bis er als **Asphaltsträßchen** 9 scharf links abknickt. Nun geht es hinab nach Bissingen. Dort treffen wir auf die querende Teckstraße. Wir biegen links, dann rechts ab und gehen auf bekanntem Weg zurück zum **Ausgangspunkt** E.

3 Von Schlattstall zu den beiden Schrecken

Die wahre Geschichte vom bösen Riesen Hermel

Schwer | 9 km | 250 Hm | 2.30 Std.

Alter
6–12

Tourencharakter
Die Tour sollte man nur mit größeren Kindern unternehmen, denn insbesondere der Weg bei der Großen Schrecke verläuft teils am Steilhang entlang und weist einen fast alpinen Charakter auf. Schwindelfrei und trittsicher sollten die Kinder (und die Erwachsenen) auch sein. Vor dem Goldloch liegt ein schöner Spielplatz.

Ausgangs-/Endpunkt
Schlattstall, Parkplatz Albstraße

GPS-Koordinaten
48.525788, 9.497633

Wegverlauf
Schlattstall/Parkplatz Albstraße – Goldloch – Große Schrecke – Kleine Schrecke – Parkplatz Albstraße

Karten
Schwäbischer Albverein e. V. 1:25 000, Wanderkarte Kirchheim unter Teck; NaturNavi Wanderkarte mit Radwegen 1:25 000, Blatt 54-537 Münsingen/Laichingen

Information
www.lenningen.de

Eine Wanderung wie diese findet man auf der Schwäbischen Alb so schnell nicht wieder: Gleich einer alpinen Tour führt sie am Fuß von mächtigen Felsen teilweise ausgesetzt entlang. Aber gerade deshalb ist sie auch spannend und ein ganz besonderes Erlebnis, an das sich die Kinder noch lange erinnern werden.

Auf dieser Wanderung kommen wir an den Orten vorbei, um die sich die Sagen vom Goldloch und vom Riese Hermel ranken. Außerdem lernen wir die geheime Geschichte der klugen Zwerge kennen, die beide Sagen miteinander verbindet.
Wir gehen vom **Parkplatz in Schlattstall** Ⓐ aus zur Etterstraße und folgen ihr nach links. Kurz danach weist ein Schild nach links, und wir erreichen das **Goldloch** ❶.

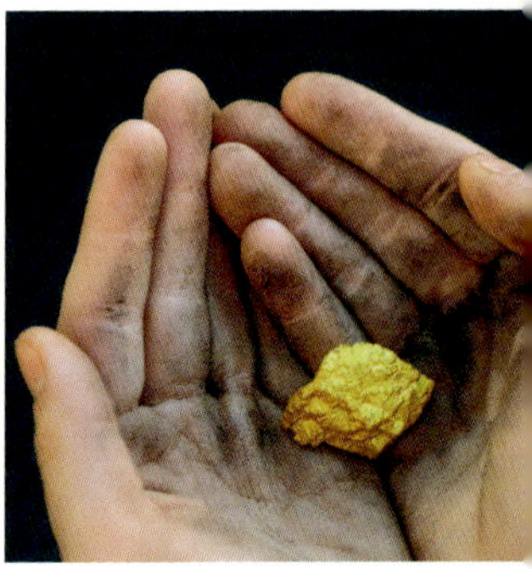

Laut Sage liegt hinter dem Goldloch ein großes Höhlensystem. In diesem wohnen an einem See riesige schwarze Vögel mit spitzen Schnäbeln. Sie wurden einmal von einem Schäfer gesehen, der sich auf der Albhochfläche aus Neugierde in einen Felsspalt zwängte und dann in der Höhle bis zu dem See vorarbeitete. Er erschrak fürchterlich und war froh, als er nach vielen Mühen wieder einen Ausgang entdeckte. Lange erzählte er niemandem etwas von seinem Erlebnis, doch eines Tages konnte er es bei einem Zechgelage nicht mehr für sich behalten und berichtete es einem Knecht. Dieser, ein mutiger Bursche, ging am nächsten Tag auch in die Höhle. Die Vögel schreckten ihn nicht, und er lief immer weiter, bis er schließlich in einen Raum kaum, dessen Wände schimmerten, als wären sie aus purem Gold. Er brach sich einen glänzenden Tropfstein ab und machte sich auf den Rückweg.

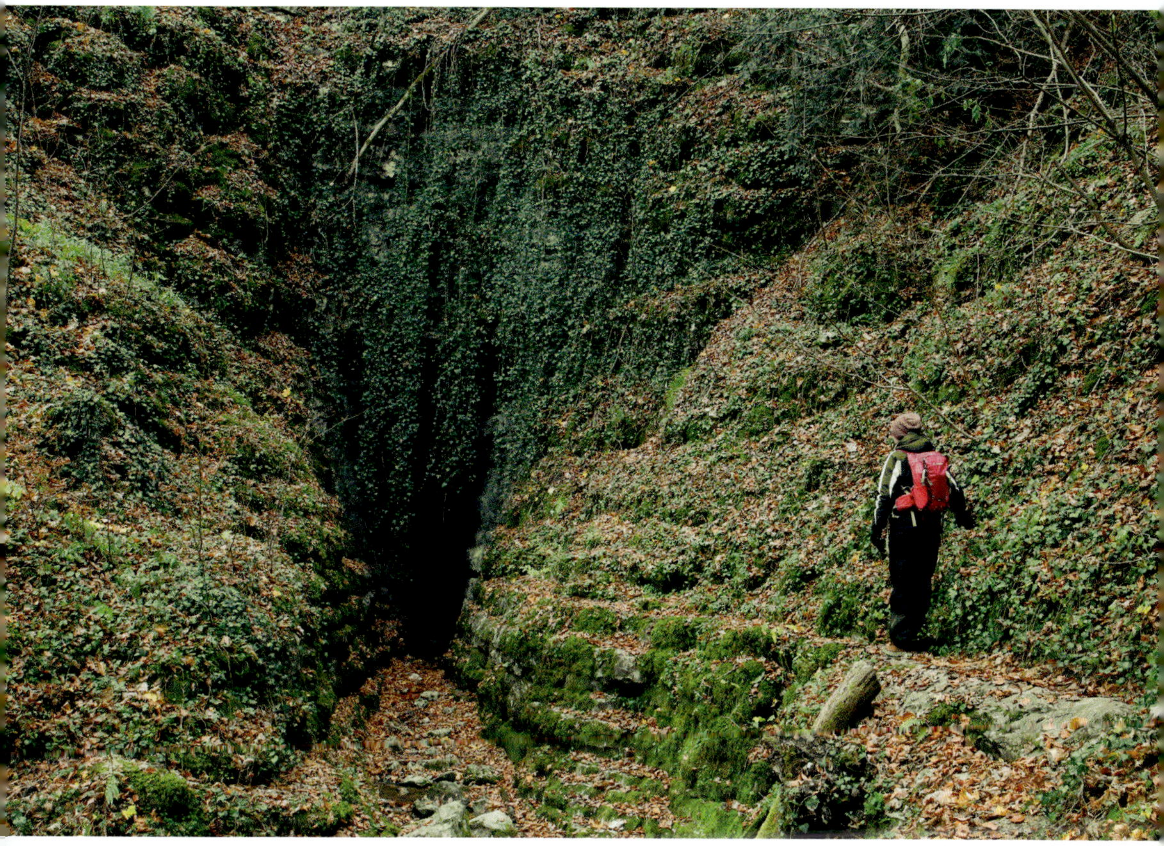

Unterwegs hörte er auf einmal ein Geräusch, das ihm bekannt vorkam – es hörte sich an wie das Klappern der Mühle in Schlattstall. Er ging dem Geräusch nach und kam tatsächlich in Schlattstall wieder ans Tageslicht. Und als er den abgebrochenen Zapfen ansah, war er tatsächlich aus purem Gold. Er verkaufte ihn und erhielt so viel Geld, dass er sich selbst eine Mühle kaufen konnte. Bevor er wegzog, vertraute er sein Geheimnis einem anderen Knecht an. Der ging zwar auch in die Höhle, erschrak aber vor den Vögeln so sehr, dass er in Ohnmacht fiel. Danach schleppte er sich mühsam nach Hause und legte sich ins Bett, wo er kurz darauf starb. Das Geheimnis, wo das Gold zu finden wäre, nahm er mit ins Grab.

Nach einer anderen Geschichte soll ein Müllerknecht aus Seeburg durch die Falkensteiner Höhle bis ins Goldloch vorgedrungen sein. Dabei

Zum Goldloch muss man sich vorsichtig vortasten.

Linke Seite: Ob das wohl das Gold aus dem Goldloch ist?

Habt ihr auch schon einmal nach Gold gesucht? Vielleicht seht ihr hier und da etwas Glänzendes und wollt es genauer untersuchen. Es muss ja nicht immer gleich Gold sein. Auch ein schöner Stein kann zu Hause Freude bereiten.

habe er einen Klumpen Gold gefunden, mit dem er sich eine Grafschaft in der Schweiz kaufte.

Nach dem Besuch dieser Quelle kehren wir wieder zurück zur Etterstraße und wandern auf ihr nach links aus dem Dorf hinaus. Auf der ganzen Strecke orientieren wir uns nun am Wanderzeichen rote Gabel.

Die beeindruckenden Felsformationen der Kleinen und der Großen Schrecke haben nicht umsonst diesen Namen – er kommt vom mittelhochdeutschen »schrecken«, also »in Schrecken versetzen«. So ist es tatsächlich: Aus einer wilden Waldschlucht mit riesigen, romantisch bemoosten Felsen und engen Felswänden winden sich schmale Pfade, die bei Nässe schmierig und rutschig sein können, die Große und die Kleine Schrecke empor.

Wisst ihr eigentlich, was Streuobstwiesen sind? Welche Tiere fühlen sich darin besonders wohl und finden dort ihre Nahrung? Wer erkennt schon aus der Ferne diese herrlichen Wiesen?

Wir durchqueren erst Streuobstwiesen, dann geht es durch einen Mix aus Waldstücken und Lichtungen weiter. Auf einer der Lichtungen sehen wir einen großen Felsbrocken – er wird später noch von Bedeutung sein.

Nun kommen wir bald in das Reich des Riesen Hermel. Dieser soll über ungeheure Kräfte verfügt und hier vor langer Zeit gelebt haben. Soweit die Sage. Was jedoch niemand weiß, ist, dass das Gold im Goldloch eigentlich dem Riesen Hermel ge-

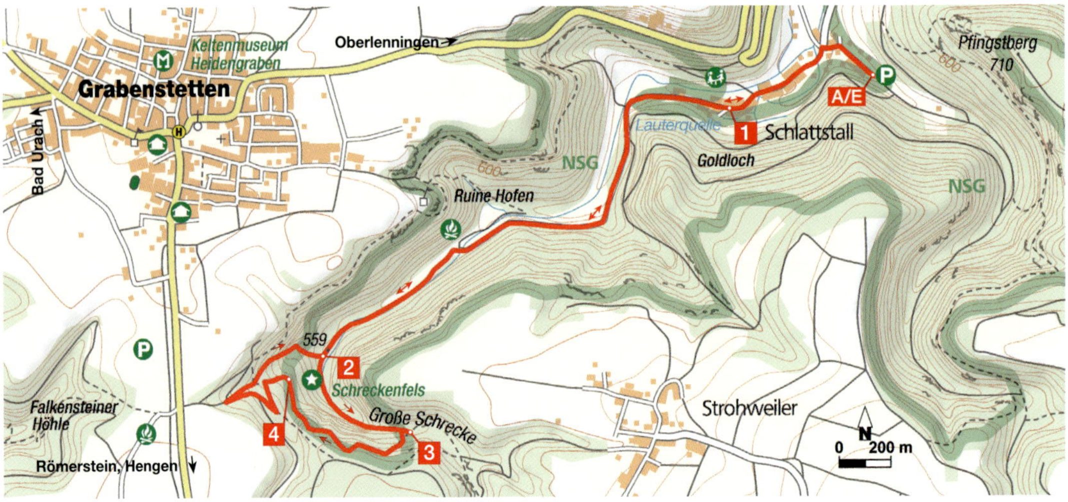

hört. Wobei »gehört« in diesem Zusammenhang vielleicht nicht ganz stimmt – der Riese Hermel war nämlich ein böser Riese. Er nutzte seine Kraft, um die Menschen in der Umgebung auszurauben. So häufte er im Lauf der Jahre einen ganz beträchtlichen Schatz an. Das Gold, das er raubte, steckte er in Felsspalten und Höhlen. Und er behütete seinen Schatz bei Tag und bei Nacht. So gefürchtet er bei den Menschen war, so unbeliebt war er bei seinen nächsten Nachbarn, den Felsenzwergen. Und die wollen wir nun kennenlernen.

Schließlich zweigt rechts ein **Weg zur Kleinen Schrecke** 2 ab. Von dort kommen wir später wieder zurück; jetzt halten wir uns aber noch geradeaus. Der Weg steigt weiter an, und wir sehen links und rechts des Wegs immer mächtigere Felswände. Nach einiger Zeit erreichen wir den **Talschluss** 3.

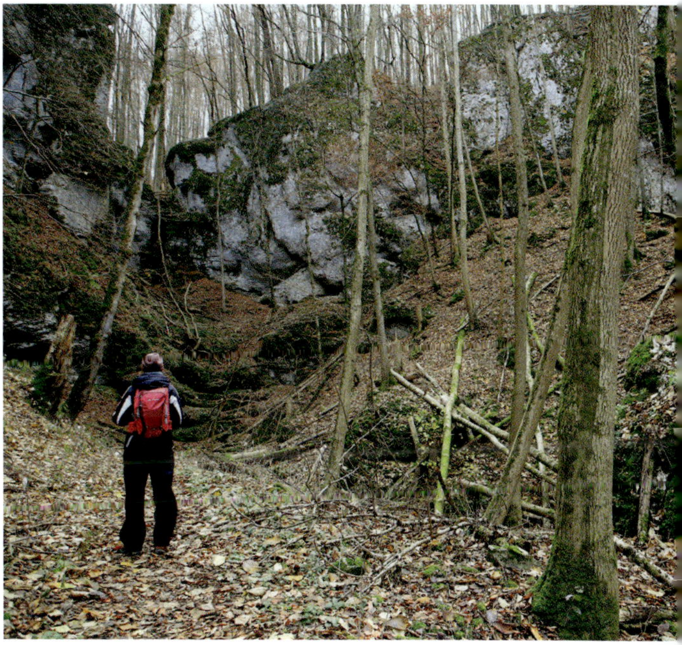

Im Reich der Felsenzwerge

Wir stehen nun vor dem verlassenen Dorf der Felsenzwerge. Diese waren friedliche Kreaturen; sie liebten es, gemeinsam zu singen und zu essen. Gewalt, Diebstahl und Bösartigkeit waren ihnen zuwider. Sie lebten hier in den Höhlen im Stein und waren selbst so weiß wie der Fels, der sie umgab. Das fürchterliche Treiben ihres Nachbarn Hermel verärgerte sie schon lange. Als er von einem besonders schrecklichen Raubzug zurückkehrte, beschlossen sie, dem bösen Riesen eine Lektion zu erteilen. Aber dazu benötigten sie Hilfe …

Jetzt zieht der Weg als schmaler Pfad in Serpentinen steil hinauf. Nun sind wir in der Großen Schrecke, und wir erreichen das Wegstück, auf dem die Kinder achtsam gehen müssen. Es folgt eine Treppe, danach stoßen wir auf einen querenden Weg. Nach links führt das Wanderzeichen gelbes Dreieck weiter, wir halten uns aber rechts. Unser Zeichen rote Gabel taucht später wieder auf.

Zwischen den Wurzeln der Bäume, in kleinen Höhlen, lebten vor langer Zeit Baumwichtel. Sie waren ein fröhliches Völkchen, das gern Feste feierte und für jeden Spaß zu haben war. Ihr ganzer Körper war mit krausem grünem Haar bedeckt, sodass man sie mit Moos verwechseln konnte, wären sie nicht immer in Bewegung gewesen. Als die Baumwichtel vom Plan der Felsenzwerge erfuhren, sicherten sie sofort ihre Unterstützung zu – der griesgrämige Riese Hermel war schon zu oft auf einen von ihnen getreten. Ihm einen Streich zu spielen, wäre eine große Freude und Genugtuung für die Baumwichtel.

Auch jetzt führt der schmale Pfad am Steilhang entlang, und es ist achtsames Gehen angesagt. Der Weg fällt ein wenig ab, und wir erreichen den **Schreckenfels** 4, der uns einen beeindruckenden Blick auf die Wälder ringsum bietet.

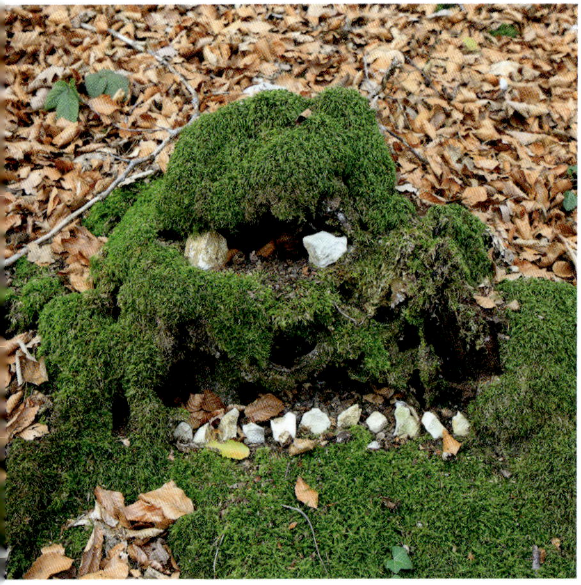

Welcher Waldgeist zeigt hier wohl seine Zähne?

Hier am Schreckenfels begann das Reich des Riesen Hermel. Tag und Nacht wachte er über den Weg, der hinter dem Felsen hinab ins Tal führte, denn hier versteckte er seine Schätze in Felsspalten und Höhlen. Unermüdlich lief er den Weg hinauf und hinab, und wer es wagte, seinem Gold zu nahe zu kommen, den zerquetschte er mit bloßen Händen.

Der Weg führt jetzt nach links weiter, und bald stoßen wir auf einen querenden breiten Weg. Hier halten wir uns kurz rechts, werden aber bald in Richtung Kleine Schrecke nach rechts verwiesen. Zuerst steigen wir auf einem schmalen Steig in Serpentinen hinab, dann erreichen wir den Grund des scharf eingeschnittenen Tals.

Der Plan der Felsenzwerge war einfach, aber klug. Da sie mit ihrer weißen Haut kaum von den Felsen zu unterscheiden waren, übernahmen sie die Aufgabe, in die Höhlen und Felsspalten zu klettern. Dort angekommen, schnappten sie sich einen kleinen Klumpen Gold und machten sich damit wieder auf den Rückweg. Dabei bewegten sie sich so langsam und ihre Haut tarnte

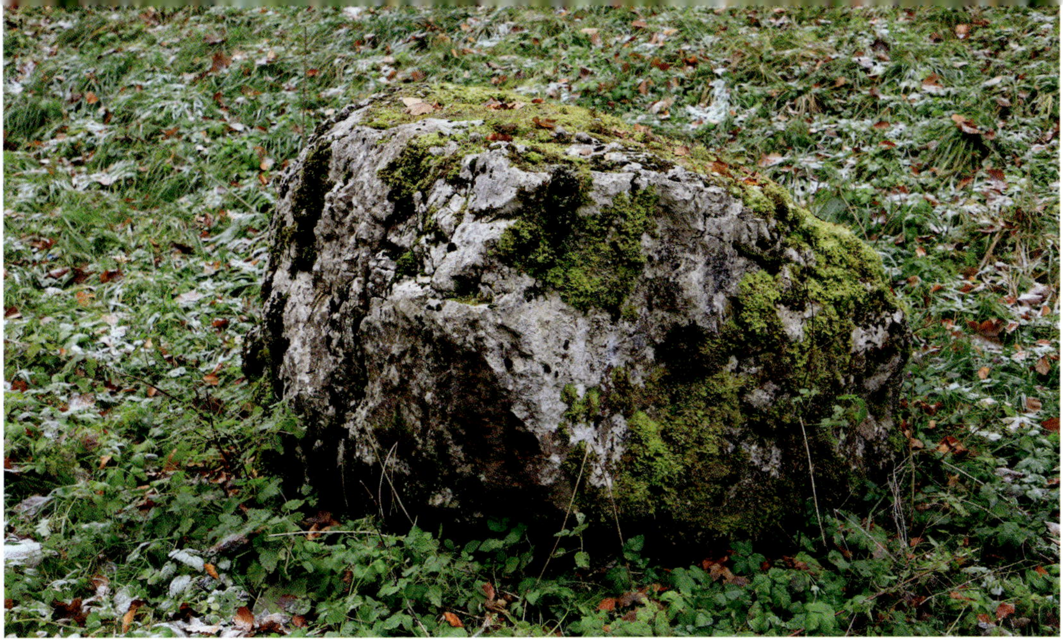

sie so geschickt, dass der böse Riese sie nicht sah, auch wenn er in ihre Richtung blickte. Die Zwerge übergaben das Gold dann den Baumwichteln. Diese steckten sich die Klumpen in den Mund und transportierten sie in ihren Backen hinab ins Tal. Dank ihrer grünen Behaarung konnte man sie zwischen den bemoosten Bäumen und auf den grünen Wiesen kaum erkennen.

Mitten in der Wiese liegt ein riesiger Stein. In der Geschichte steht, was es mit ihm auf sich hat.

Weiter bergab gehend kommen wir wieder zu dem **Wegabzweig** ❷, den wir vom Tourenbeginn schon kennen. Nach links führt er uns zurück zu unserem Ausgangspunkt in **Schlattstall** Ⓔ. Unterwegs sollten wir den oben schon erwähnten großen Felsbrocken beachten, der links des Weges in der Wiese liegt.

Der böse Riese wunderte sich mit jedem Tag mehr, denn er sah, dass seine Goldvorräte kleiner wurden. Doch er wusste nicht, warum. Er konnte nicht ahnen, dass sein Gold nach und nach in das Goldloch transportiert wurde. Die kleinen Baumwichtel kletterten dort durch die Spalte im Felsen und legten den Schatz in der Höhle ab, die sie dort entdeckt hatten. Eines Morgens musste der Riese erkennen, dass all sein Gold verschwunden war. Er stampfte vor Wut so fest auf die Erde, dass sich über ihm ein großer Felsbrocken löste und ihm auf den Kopf fiel. Dem bösen Riesen Hermel wurde schwarz vor Augen, und er musste sich auf die Wiese neben den Felsbrocken legen. Von dort stand er nie wieder auf.

Auch bei den Menschen gibt es solche wie den Riesen Hermel. Sie wollen immer nur Geld und Gold sammeln, an Spiel und Spaß mit anderen haben sie keine Freude.

4 Zur Ruine Hohenneuffen

Brille, Kelten, Ritter und Planeten

Mittel | 6,5 km | 140 Hm | 2 Std.

Alter
6–12

Tourencharakter
Wir wandern am Hinweg auf Pfaden, zurück auf Feldwegen. Vorsicht beim Abstieg zur Barnberghöhle. Die Entfernungsangaben sind ohne den Abstecher zur Ruine Hohenneuffen gemacht (hin und zurück 2,5 km, Gehzeit ca. 1 Std.).

Ausgangs-/Endpunkt
Erkenbrechtsweiler, Parkplatz Burrenhof

GPS-Koordinaten
48.537735, 9.411578

Wegverlauf
Erkenbrechtsweiler/Parkplatz Burrenhof – Brille – Barnberghöhle – Molach – Ruine Hohenneuffen – Astropfad – Parkplatz Burrenhof

Karten
Schwäbischer Albverein e. V. 1:25 000, Wanderkarte Kirchheim unter Teck; NaturNavi Wanderkarte 1:25 000, Blatt 52-538 Reutlingen/Bad Urach
Grillmöglichkeiten
Ausgangspunkt, Schanze

Information
www.erkenbrechtsweiler.de

Bei dieser Wanderung ist so einiges geboten – zu den in der Überschrift genannten Highlights kommen noch eine geheimnisvolle Höhle, die Höllenlöcher, die Grillplätze, der Gleitschirm- und Drachenfliegerstartplatz und die Überreste ehemaliger Vulkane, die zu einem gelungenen Ausflug mit vielen Erlebnissen und Sehenswürdigkeiten beitragen.

Am **Parkplatz** Ⓐ westlich des Burrenhofs können wir anhand einer Informationstafel mehr über den Heidengraben erfahren. Zu sehen ist dort auch eine Abbildung eines kunstvoll gestalteten Nagels, der einst zu einem Kampfwagen gehört

> Haltet Ausschau nach dem Nagel-Symbol. Wer das nächste Schild jeweils zuerst sieht, erhält einen Punkt. Wer am Ende der Wanderung die meisten Punkte gesammelt hat, ist Wanderkönigin bzw. Wanderkönig.

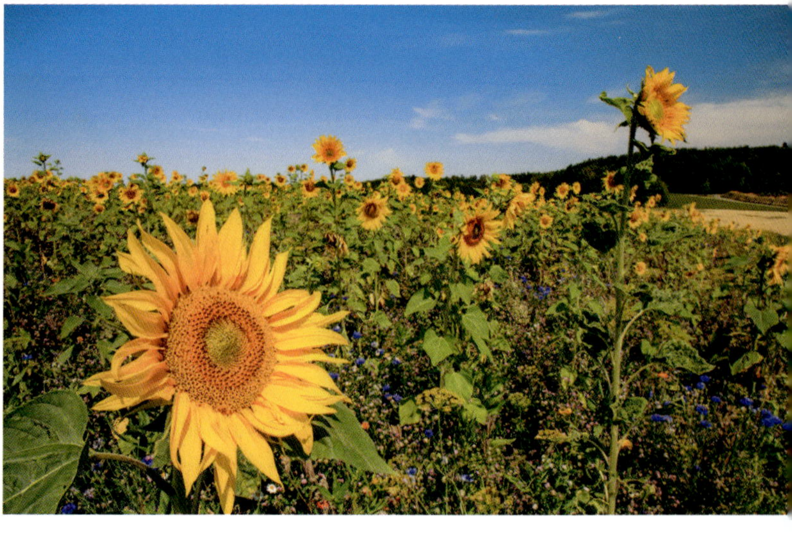

Ein Sonnenblumenfeld ist immer eine fröhliche Abwechslung auf der Wanderung.

haben soll; als Wanderzeichen begleitet er uns auf dem ersten Teil des Wegs.

Vom Parkplatz nehmen wir dann den asphaltierten Weg, der von der Straße in westlicher Richtung wegzieht. Bald erreichen wir den Waldrand. Dort machen wir nach links einen kurzen Abstecher zur **Brille** ❶.

Durch die Brille sieht man die Ruine Hohenneuffen gleich doppelt so gut.

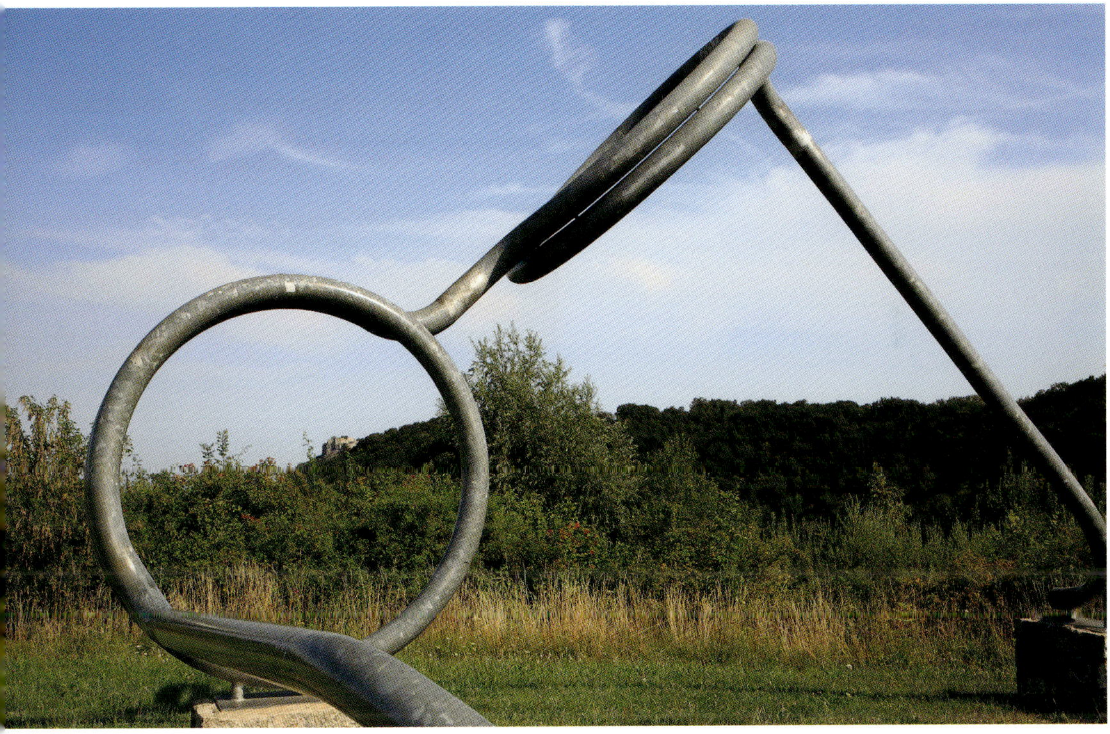

Nun gehen wir wieder etwas zurück und betreten am Wanderschild Heidengraben mit dem Wanderzeichen rotes Dreieck den Wald. Gleich links steht eine Informationstafel, die auf den Schlot des Schwäbischen Vulkans hinweist, den man in einem kurzen Abstecher auf dem links abwärts führenden Stichweg erreichen kann.

Wir gehen danach wieder hinauf zum ursprünglichen Pfad und folgen ihm zum Wall des **Heidengrabens** ❷; auch er wird durch eine Tafel erklärt. Gleich hinter ihm sehen wir auf einem Grenzstein das Neuffener Wappen, die drei Hörner.

Ein Highlight der Wanderung ist für Kinder gleich zu Beginn die überdimensional große Brille. Wer möchte, kann sich überlegen, wie diese Brille wohl hierherkam – hat sie vielleicht ein Riese abgesetzt und vergessen?

Nun wandern wir auf einem Pfad bis zur **Blauer Rank-Hütte** ❸; hier finden wir eine Tafel zur Barnberghöhle.
Wir halten uns links, bleiben vor der Lichtung weiter links auf dem Pfad und kommen zum Trauf. Hier hat man einen prächtigen Blick über die Alb und ins Albvorland; gut zu erkennen ist z. B. die Achalm bei Reutlingen. Wenn wir etwas weiter nach rechts gehen, zweigt bald ein steiler Steig nach links ab. Auf ihm gehen wir vorsichtig hinab. Nach einer ersten, kleineren Höhle treffen wir auf die **Barnberghöhle** ❹, in die man hineingehen kann. Danach steigen wir wieder hinauf zum Trauf und gehen nach links weiter. Er

Wir kommen auf unserem Weg entlang des Albtraufs an vielen verdrehten und speziell geformten Bäumen vorbei. Manchmal sieht es fast so aus, als hätten die Bäume Gesichter. Aber auch andere Formen sind erkennbar – vielleicht sieht ein Ast aus wie ein Kängurubaby, das aus dem Bauch der Mutter schaut ... Haltet die Augen nach weiteren Baumkunstwerken auf.

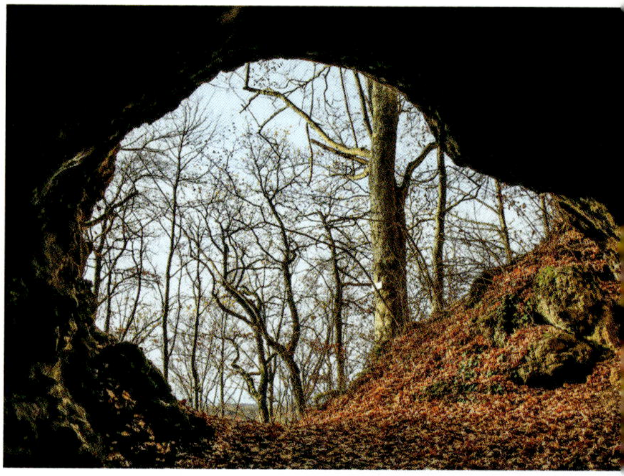

Oben: Blick aus der Barnberghöhle

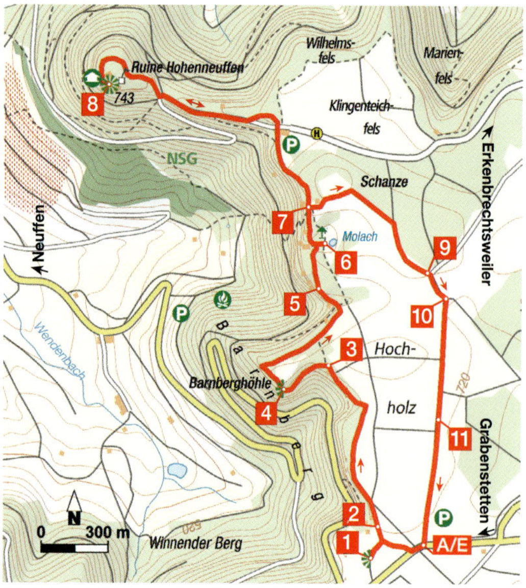

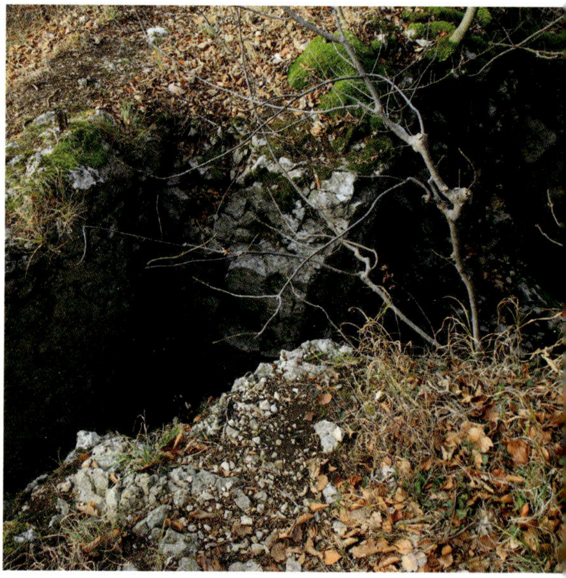

Unten: Auf der Schwäbischen Alb sieht man immer wieder Spalten in den Felsen.

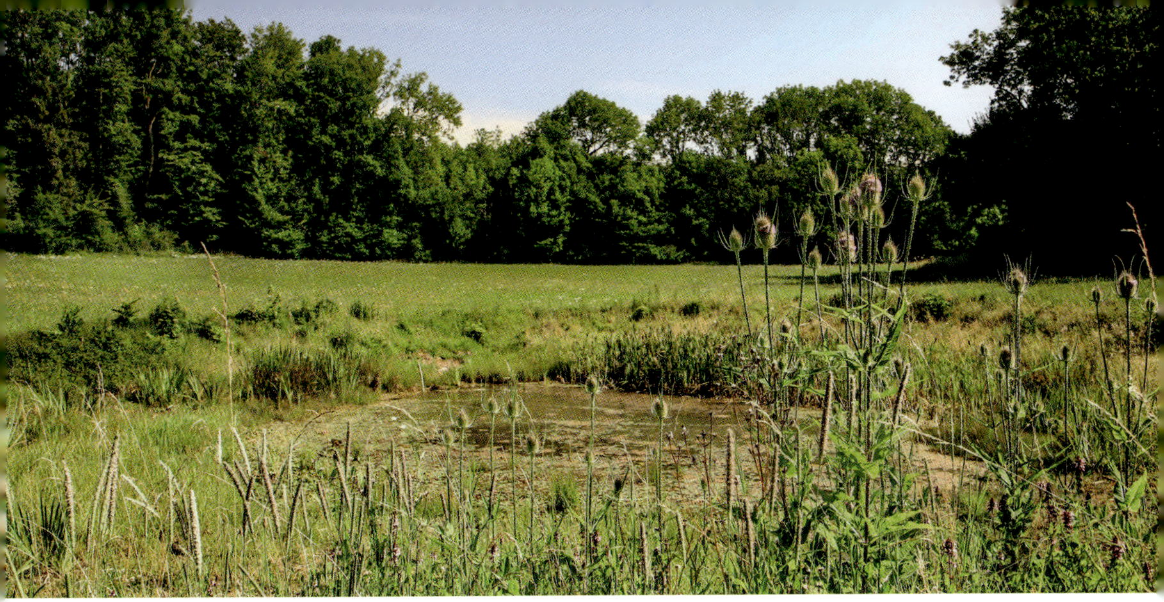

Der idyllische Molach-Weiher ist eine Seltenheit auf der so wasserarmen Schwäbischen Alb.

zieht nach einiger Zeit nach rechts. Bald trifft von rechts wieder der mit dem roten Dreieck markierte ursprüngliche Weg auf unseren. Beim Schild »Beim Molachsee« nehmen wir den oben nach links führenden Pfad. Nach kurzem Bergauf kommen wir an den **Höllenlöchern** 5 vorbei (s. Tour 6). Auch in sie kann man hinabgehen.

Kurz darauf können wir nach rechts hinausgehen zum **Molachsee** 6.

Danach folgt ein Startplatz für Gleitschirm- und Drachenflieger; bei Betrieb ist dies für Kinder sicher eine interessante Sache. Etwas später treffen wir bei einer **Lichtung** 7 auf das Schild »Bei der Schanze«. Wer will, kann von hier aus zur **Ruine Hohenneuffen** 8 gehen. Sie ist nicht nur die größte Burgruine der Schwäbischen Alb und für Kinder hochinteressant, es gibt auch Vorführungen von Greifvögeln und man kann einkehren. Danach kehrt man wieder zur Lichtung zurück.

Auf der Wiese vor uns befindet sich ein schöner kleiner See. Der Molach ist aber kein gewöhnliches Gewässer, sondern hat eine ganz besondere Entstehungsgeschichte. Habt ihr eine Idee, wie sich dieser See gebildet haben könnte?

Lösung: Der Molach ist ein ehemaliger Vulkanschlot, in dem sich nun das Wasser sammelt.

Bevor wir weitergehen, sollten wir die Erklärungstafel zum Astropfad lesen, denn wir folgen diesem nun. Wir gehen über die Wiese mit der Schutzhütte, den beiden Grillstellen und dem Rastplatz mit Bänken und Tischen bis zum Schild, an dem die Schanze erklärt wird. Danach behalten wir unsere Richtung bei und erreichen einen festen Feldweg, dem wir nun bis zurück zum Ausgangspunkt folgen.

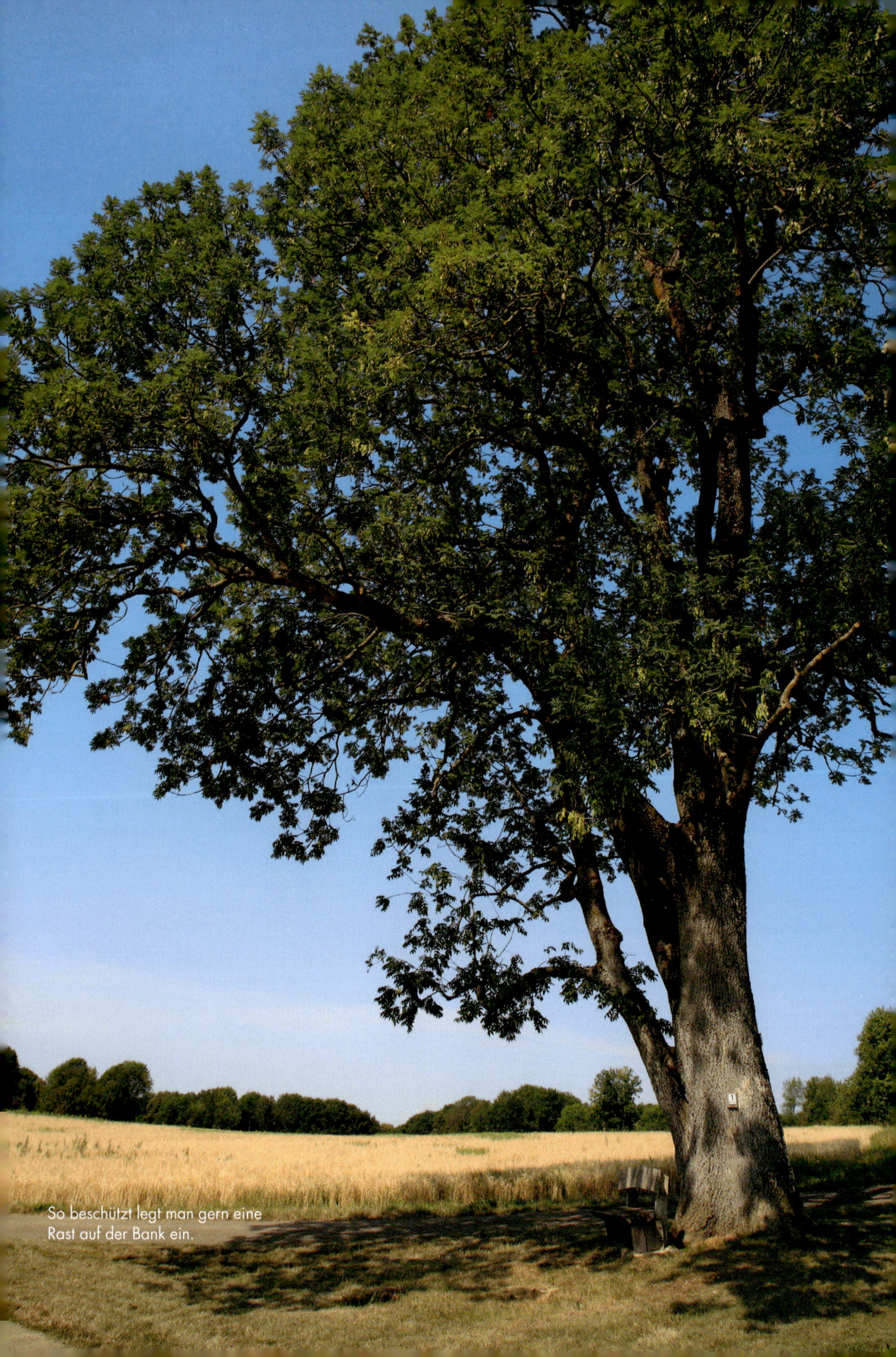

So beschützt legt man gern eine Rast auf der Bank ein.

Der Weg knickt bald rechts ab, danach sehen wir die Tafel zum Saturn. An der bald folgenden **Bürgermeister-Stokinger-Eiche** 9 halten wir uns rechts und erreichen bald eine mächtige **Esche** 10. Auch hier nehmen wir den rechten Weg. Auf unserem Weg zurück zum Parkplatz wandern wir nun auf dem **Astropfad** 11 und machen dabei einen Spaziergang durch unser Planetensystem. Der erste Planet, auf den wir treffen, ist der Saturn, und kurz vor dem Parkplatz erwartet uns die Sonne.

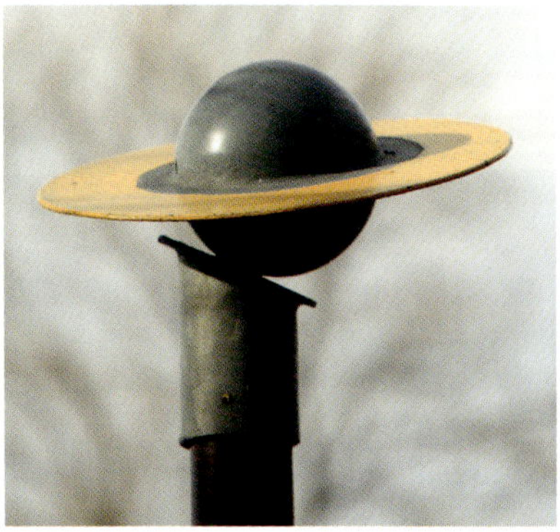

Dieser Planet sieht aus wie ein Kopf mit Hut.

Die weiteren Stationen des Lehrweges sind Jupiter mit der gegenüberliegenden Tafel zum Herbststernenhimmel, die Tafeln Planetoiden, Kometen, Meteoriten, danach Mars, Erde, Venus und Merkur. Schließlich erreichen wir eine Sonnenuhr, danach die Eingangstafeln zum Astropfad. Anschließend kommen wir zurück zum **Parkplatz** E.

Während wir zurückwandern, könnt ihr versuchen, das Planetenquiz zu lösen (Tipp: Lest euch die Infotafeln am Wegesrand gut durch, dort verstecken sich die Lösungen):

- Wie heißt der bekannte Merkspruch, mit dem man sich leicht an die Planeten unseres Sonnensystems erinnern kann?
- Wenn unser Weg bei Saturn beginnt und bei der Sonne endet, welche Planeten fehlen dann?
- Welcher Planet ist nach dem römischen Gott der Landwirtschaft benannt?
- Welcher Planet ist der größte unseres Sonnensystems?
- Was sind Planetoiden?
- Welcher Planet wurde nach dem römischen Gott des Krieges benannt?
- Was gibt dem »Blauen Planet« seine Farbe?
- Nach wem wurde der Planet Venus benannt?
- Welcher Planet wurde nach einem griechischen Gott benannt?

Lösungen:

- »Mein Vater erklärt mir jeden Sonntag unseren Nachthimmel.« (Merkur, Venus, Erde, Mars, Jupiter, Saturn, Uranus, Neptun). Früher gab es den Spruch »Mein Vater erklärt mir jeden Sonntag unsere neun Planeten.« Da jedoch Pluto im Jahr 2006 der Status Planet aberkannt wurde, änderte sich auch der Merkspruch.
- Es fehlen Uranus und Neptun.
- Saturn
- Jupiter
- Mini-Planeten oder Asteroiden
- Mars
- Wasser
- Nach der römischen Göttin für Schönheit und Liebe
- Merkur; er hat seinen Namen vom griechischen Götterboten.

5 Zur Ruine Reußenstein und zur Höhle

Bilderbuch-Ritterruine und Sitz des Riesen

Mittel | 5 km | 100 Hm | 1.30 Std.

Alter
4–12

Tourencharakter
Wir wandern auf Pfaden. An den Steilabstürzen muss man gut auf die Kinder achten. Die einzelnen Strecken sind vom Bahnhöfle zum Reußenstein einfach 1,5 km, zum Heimenstein 1 km.

Ausgangs-/Endpunkt
Wiesensteig, Parkplatz Bahnhöfle

GPS-Koordinaten
48.560068, 9.573617

Wegverlauf
Wiesensteig/Parkplatz Bahnhöfle – Ruine Reußenstein – Bahnhöfle – Heimenstein – Parkplatz Bahnhöfle

Karten
Schwäbischer Albverein e. V. 1:25 000, W238 Metzingen; NaturNavi Wanderkarte mit Radwegen 1:25 000, Blatt 54-539 Göppingen/Kirchheim unter Teck

Grillmöglichkeiten
Vor der Ruine, Bahnhöfle

Information
www.wiesensteig.de

Reußenstein darf als Bilderbuch-Ritterburg-Ruine natürlich in keinem Buch mit Ausflügen für Kinder fehlen. Zuerst besuchen wir noch den Heimenstein mit seiner Höhle, der in der Sage vom Reußenstein auch eine Rolle spielt. Wenn man beide Ziele erwandern will, ist es sinnvoll, zuerst zum Heimenstein zu gehen, wo der Sage nach einst der Riese Heim wohnte.

Zum Heimenstein folgen wir vom **Bahnhöfle** Ⓐ dem mit dem roten Dreieck markierten Forstweg in nördliche Richtung. Er führt immer am Trauf entlang. Etwas später zweigt rechts ein

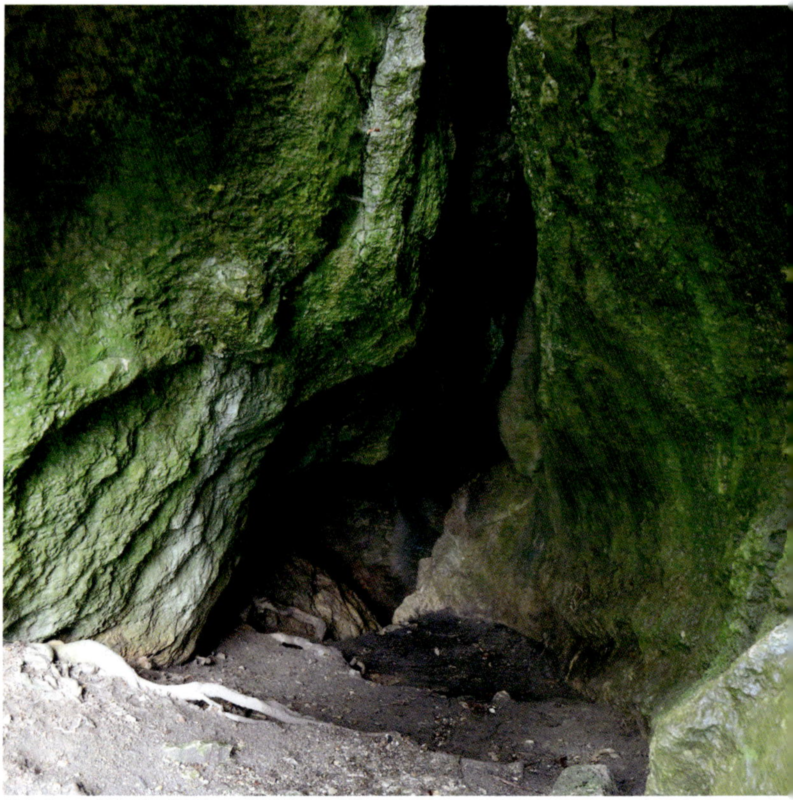

Eingang zur Höhle des Riesen Heim am Heimenstein

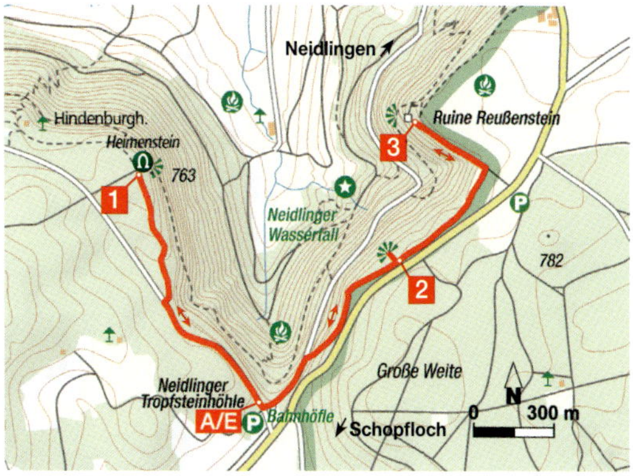

Pfad ab, der uns direkt zum **Heimenstein** ❶ bringt. Zurück gehen wir wieder denselben Weg. Dann nehmen wir am Bahnhöfle den mit dem roten Dreieck markierten Weg in Richtung Ruine Reußenstein. Er zieht als Naturpfad ständig sanft aufwärts, mal näher zur und mal weiter weg von der Straße.

Nach einiger Zeit zweigt links ein weiterer, aber unmarkierter Pfad ab. Hier kann man hinaus zu einer **Felsnase** ❷ gehen, von der aus man einen prächtigen Blick zur Ruine hat. Mit Kindern muss man aber vorsichtig sein, denn es geht steil hinab!

Danach folgen wir weiter dem markierten Wanderweg. Nach dem Wald gehen wir am Waldrand entlang bis zu einem querenden Weg, der uns schließlich nach links zur **Ruine Reußenstein** ❸ bringt.

Zurück zum **Bahnhöfle** Ⓔ gehen wir denselben Weg.

Im Heimenstein befindet sich eine Höhle. Wer sie sehen oder sogar in sie hineingehen will, findet sie rechts des Felsmassivs (Taschenlampe mitnehmen!). In ihr lebte der Sage nach einst der Riese Heim. Da er aber auch für einen Riesen außergewöhnlich groß war, wurde die Höhle eines Tages für ihn zu klein. Da dachte er sich, er könne doch auf dem gegenüberliegenden Felsen eine Burg erbauen. Er rief mit lauter Stimme von seinem Felsen aus nach Bauarbeitern. Er wolle auch gut bezahlen. Und so kamen alle herbeigeströmt, um am Burgenbau mitzuhelfen. Als die Burg fertig war und es ans Bezahlen ging, entdeckte der Riese, dass ganz oben am Fenster noch ein Nagel fehlte. Er wollte aber erst bezahlen, wenn die Burg ganz fertig wäre. Keiner der Bauarbeiter traute sich jedoch, so hoch hinauf in schwindelnde Höhen zu steigen und das nur wegen eines Nagels. Als sich keiner meldete, versprach der Riese demjenigen, der sich trauen würde, einen Sack voll Geld. Nun gab es unter den Handwerkern einen armen Schlossergesellen, der die Tochter seines Meisters liebte. Sie liebte ihn auch, aber ihr Vater wollte ihn nicht als Schwiegersohn akzeptieren, weil er so arm war. Er dachte sich, dass dies doch eine Chance wäre, zu Geld zu kommen – und wenn es nicht klappen und er zu Tode stürzen würde, dann wäre das auch nicht schlimmer, als das angebetete Mädchen nicht heiraten zu dürfen. So meldete er sich also. »Zwerglein, da du so mutig bist, will ich dir helfen«, sprach da der Riese anerkennend und nahm ihn in die Hand. Er hielt ihn an die Stelle, an welcher der Nagel fehlte, und der Bursche schlug ihn ein. Der Riese hielt sein Versprechen und schenkte ihm den Sack voll Geld. Der Geselle war nun reich genug, die Tochter des Meisters zu heiraten.

Fragen für kleine Rittersleute

Vor der Ruine sieht man rechts des Weges eine kleine Höhle. Überlegt euch einmal, was ihr als Ritter damit hättet anfangen können.

Seht ihr die Stelle, an der der Schlossergeselle den Nagel einschlagen musste? Könnte es an dem hohen Turm, dem Bergfried, gewesen sein? Vom Inneren der Ruine sieht man dort eine Wasserrinne.

Seht ihr in der Mauer die Fensteröffnungen, die wie in einen großen Rahmen oder eine Höhlung eingelassen sind? Zu was könnten diese gedient haben?

Lösung: Links und rechts sieht man Mäuerchen, die wie kleine Bänke aussehen. Das waren vermutlich die Sitzbänke für die Ritterfrauen und die Ritterfräulein, die dort am Fenster saßen.

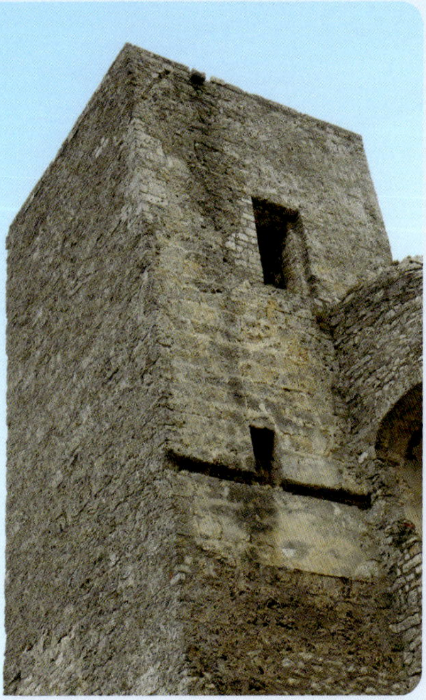

Ganz oben am Bergfried musste der Nagel rein.

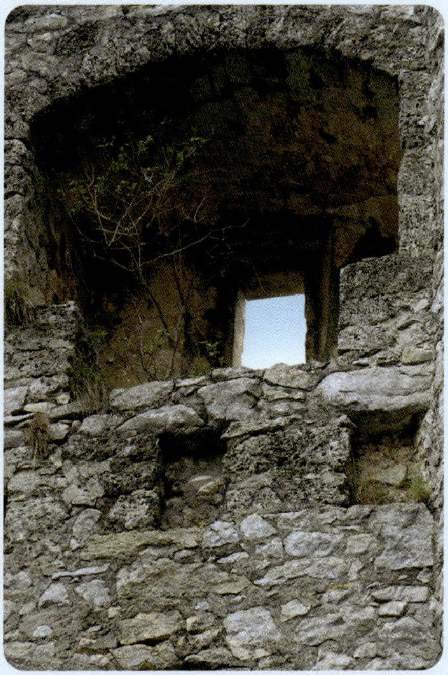

In den Fensternischen konnte man sitzen.

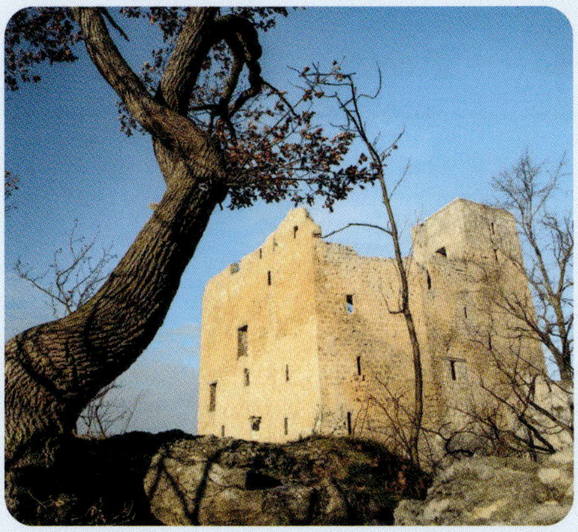

Mächtiger Baum bei der Ruine Reußenstein

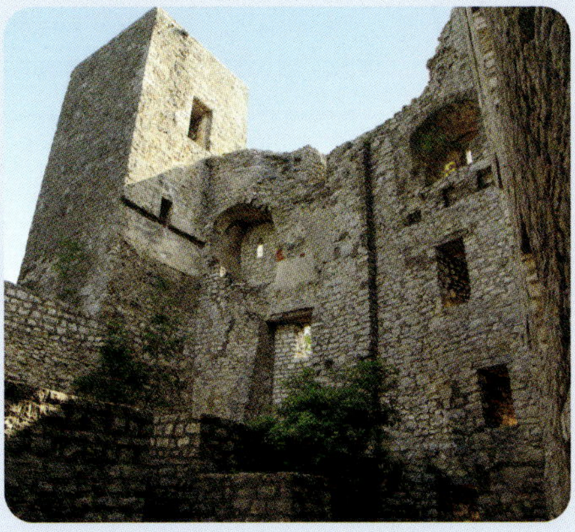

Das Burginnere bietet manches Detail.

Seht ihr die Löcher in der Wand? Für was haben die wohl gedient?

Lösung: Hier wurden die Balken für die Decken befestigt.

Schaut euch die Schießscharten in den Mauern an. Seht ihr, wie sie nach innen breiter werden? Wozu soll das gut sein?

Lösung: Die Schießscharten sind von außen gesehen nur schmale Schlitze, damit der Feind nicht hineintreffen konnte. Nach innen waren sie breiter, damit der Verteidiger mit seinem Bogen oder seiner Armbrust Platz zum Zielen und zum sich Bewegen hatte.

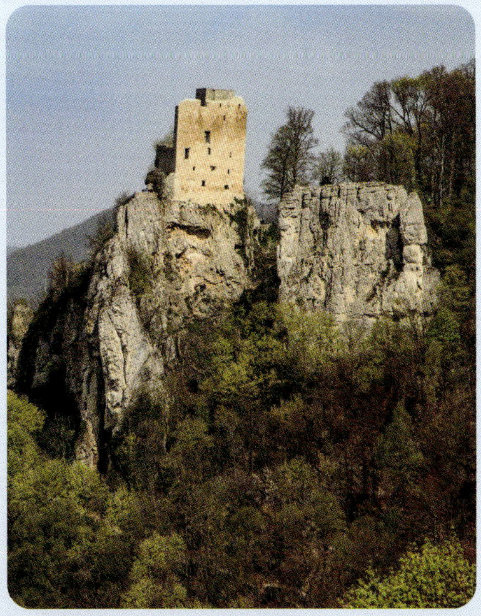

Blick vom Wanderweg zur Ruine

6 Die Höllenlöcher über Bad Urach

Abenteuer mit König Böseking und Prinz Gutherz

Mittel	8 km	150 Hm	2.30 Std.

Alter
6–12

Tourencharakter
Wir wandern auf Forstwegen und Pfaden. Der Abstecher zum Höll-Loch ist hin und zurück 1,2 km lang und bringt einen Höhenunterschied von ca. 40 m mit sich.

Ausgangs-/Endpunkt
Hülben, Parkplatz Bauhof (Auf dem Bühl 20)

GPS-Koordinaten
48.516461, 9.396167

Wegverlauf
Hülben/Parkplatz Bauhof – Traufweg – Höll-Loch – Höllenlöcher – Nägelesfels – Grillplatz – Parkplatz Bauhof

Karten
Schwäbischer Albverein e. V. 1:25 000, W238 Metzingen; NaturNavi Wanderkarte 1:25 000, Blatt 52-538 Reutlingen/Bad Urach

Grillmöglichkeit
CVJM-Sportplatz (Anmeldung unter www.cvjm-huelben.de)

Information
www.huelben.de

Die Dettinger und Uracher Höllenlöcher, die es beiderseits des Ermstals oberhalb von Bad Urach gibt, gehören zu den großen Natursehenswürdigkeiten der Schwäbischen Alb. Für Kinder ist eine Begehung der tief eingeschnittenen Schlucht ein eindrucksvolles Erlebnis.

Wir nehmen am **Parkplatz** Ⓐ den von der Straße wegführenden Weg, der mit dem Wanderzeichen rote Gabel am Waldrand entlangführt.

Vor langer, langer Zeit lebte der schreckliche König Böseking. Er war gefürchtet im ganzen Land und tyrannisierte nicht nur seine Untertanen, sondern auch seine eigene Familie. Besonders gemein war er zu seiner Ehefrau. Die gebar nämlich ein Mädchen nach dem anderen, aber keinen Jungen. Das machte

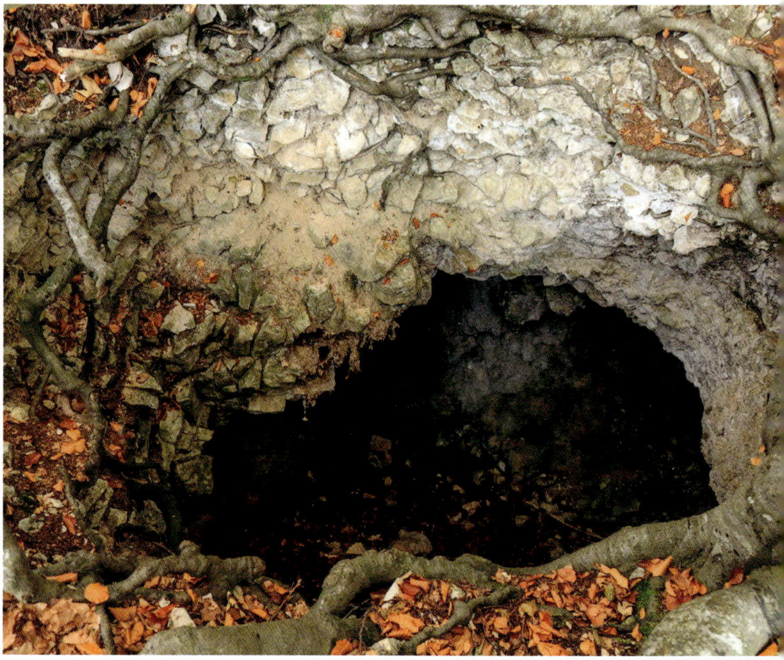

Blick ins Höll-Loch

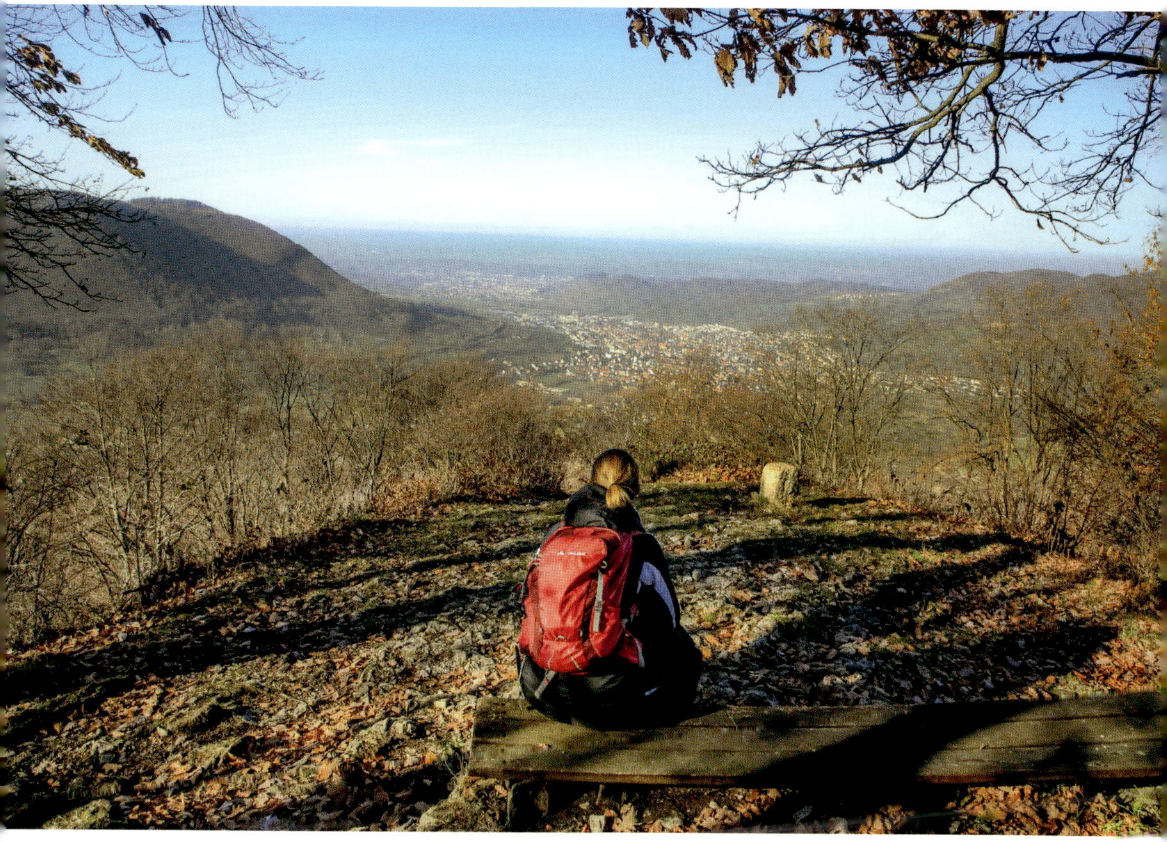

Aussicht vom Buckleten Kapf über das Ermstal in Richtung Dettingen

den schrecklichen König furchtbar wütend, denn er wollte einen Thronfolger, den er zu einem noch schrecklicheren König erziehen konnte, um mit ihm gemeinsam noch mehr Städte zu plündern. Als ihm der Leibarzt seiner Frau eines Tages verkündete, dass das neugeborene Baby ein Junge sei, konnte er seine Freude kaum zurückhalten und schlug mit der bloßen Faust ein Loch in die Steinmauer seiner Burg. Doch der Friede währte nur kurz …

Früher war immer der älteste Königssohn Thronerbe, Mädchen als Thronfolger gab es selten. Auch bei Bauernfamilien erbte der älteste Sohn den Hof.

Später kommen wir in den Wald. Wir gehen so lange weiter, bis der Weg nach links zieht. Hier wandern wir geradeaus weiter und stehen kurz darauf am **Trauf** ❶. Nun halten wir uns links. Immer wieder haben wir einen schönen Blick nach rechts hinab ins Ermstal und auf die herrlichen Berge der anderen Talseite.

Der kleine Prinz war ein zarter Junge. Seine großen Augen verbargen sich hinter langen Wimpern, und seine Haut war so blass, dass er im Sommer kaum hinausgehen konnte, ohne Sonnenbrand zu bekommen. Seine Mutter taufte ihn Prinz Gutherz, und diesem Namen machte er alle Ehre. Bald stellte sich heraus,

Das Wegstück durch die Höllenlöcher ist eine spannende Angelegenheit.

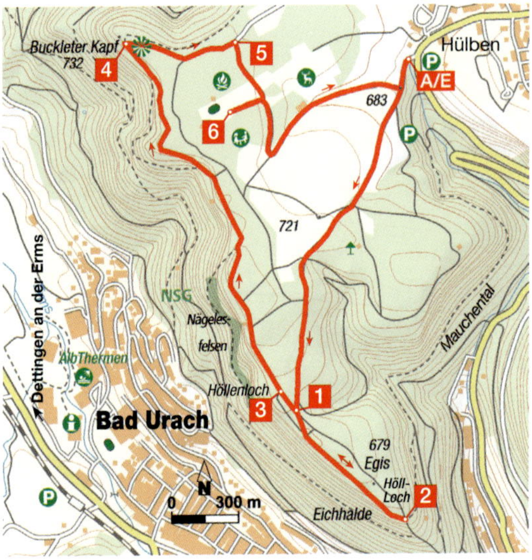

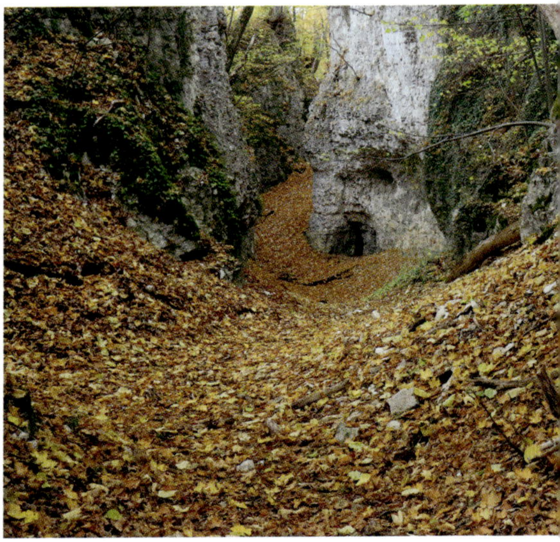

dass er sich lieber dem Minnesang hingab als dem Schwertkampf, lieber mit den Frauen Brot buk, als mit den anderen Jungen zu raufen, und auch in allen anderen Dingen so gar nicht den Erwartungen seines Vaters entsprach. König Böseking beobachtete die Entwicklung seines einzigen Sohns mit Argwohn. So zart der Prinz auch körperlich war, so mutig waren seine Worte. Immer häufiger widersprach er seinem Vater, setzte sich für die Armen ein und zeigte Mitleid, wenn der König Unrecht getan hatte. Eines Tages ging das König Böseking zu weit. »Ich habe lieber gar keinen Sohn als diesen!«, ließ er nach einem Zechgelage verlauten. »Schmeißt ihn in das Höll-Loch, auf dass wir ihn nie wiedersehen!«

Höllenlöcher wurden früher die Spalten und Löcher in der Erde genannt, weil man dachte, dort ginge es hinab in die Hölle.

Später fällt der Weg etwas, und wir kommen zum eingezäunten **Höll-Loch** ❷, einen tiefen, senkrechten Schacht.

So kam es, dass der arme Prinz Gutherz im Höll-Loch landete. Dort saß er bei Tag und bei Nacht, bei Sonne und bei Regen. Eines Tages schob sich ein Kopf über die Öffnung des Lochs.

»Hallo? Ist da jemand?«, hörte er eine helle Stimme rufen. »Ja, ich sitze hier unten und komm nicht aus dem Loch heraus. Kannst du mir vielleicht helfen?«, fragte er die unbekannte Gestalt. »Gern!«, kam prompt die Antwort von oben. Der Kopf verschwand aus des Prinzen Sichtfeld, und er hörte es hacken

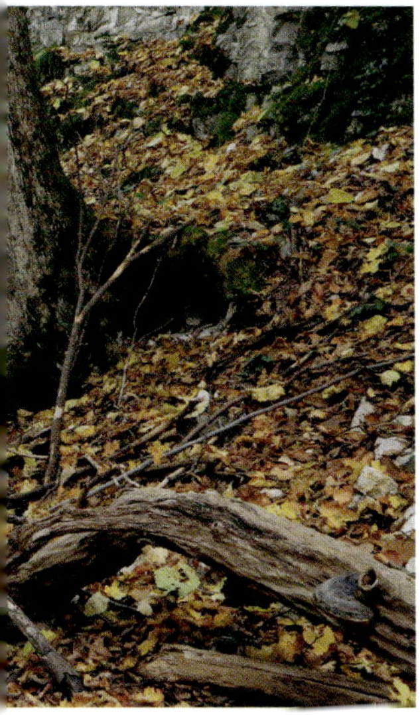

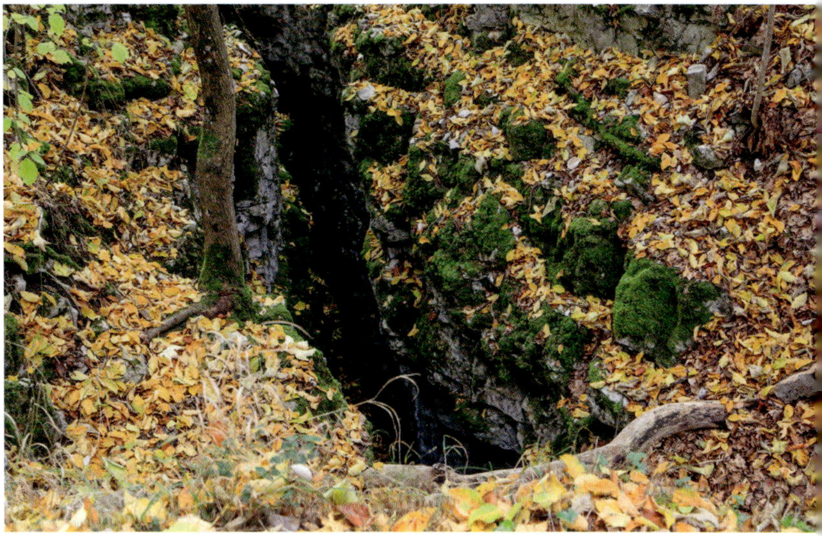

Die Spalten in den Felsen sind geologisch bedingt.

und knacken, und schließlich fiel ein Baumstamm quer über die Öffnung. Der Stamm bewegte sich von links nach rechts, wurde zurückgezogen, dann schob sich das untere Ende des Stamms zu ihm hinunter ins Höll-Loch. Bevor der Prinz reagieren konnte, erschien die Gestalt wieder und schwang sich am Stamm auf halbe Höhe nach unten. Ein starker Arm griff nach ihm, zog ihn hoch und wuchtete ihn aus seinem Gefängnis. Der Prinz landete bäuchlings auf dem Boden neben dem Loch. Schnell rappelte er sich auf, klopfte Erde und Staub von den Kleidern und wandte sich an seinen Retter: »Mein Herr, wie kann ich Ihnen jemals …« – er verstummte. Vor ihm stand kein Ritter, wie er es erwartet hätte. Die Gestalt, die sich gerade aus dem Höll-Loch stemmte und schüchtern zu Boden sah, war eine Frau! Eine recht ungewöhnliche Frau, denn ihre Oberarme waren so dick wie Äste, und sie trug ihr Haar so kurz wie die königlichen Pudel, wenn sie vom Friseur kamen. »Oh, ich, äh … Meine edle Dame … wie konnte ich nur … verzeiht mir. Ich wollte Euch nur Danke sagen. Ihr habt mich gerettet.« Die kräftige Frau blickte ihn unsicher an und rang sich ein Lächeln ab. »Sagt, wer seid ihr?«, fragte

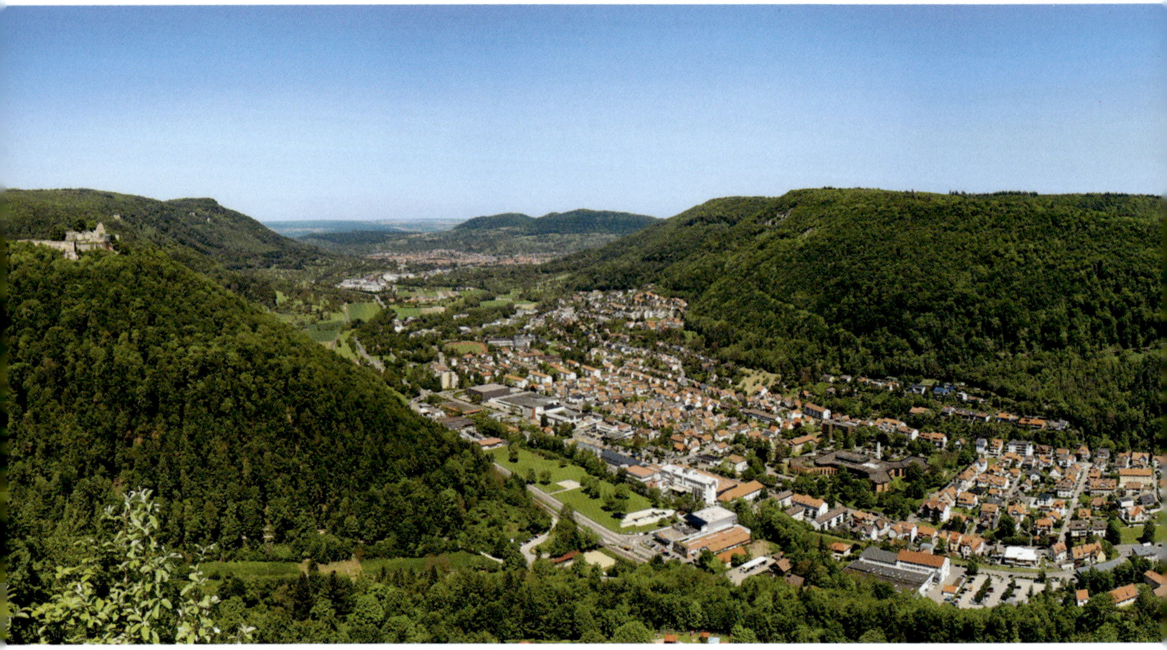

Blick auf das Ermstal und Bad Urach. Links sieht man die Ruine Hohenurach.

der Prinz. »Mein Name ist Starkfrau. Mein Vater hat mich verbannt, weil mich keiner der Burschen aus unserem Dorf heiraten wollte. Ich bin wohl nicht das, was er sich von einer Tochter erhofft hatte«, antwortete die junge Frau mit leiser Stimme. Ein Lachen breitete sich auf dem Gesicht des Prinzen aus, erreichte seine Lungen, und schon lachte er laut und herzhaft. »Ich glaube, wir werden gute Freunde«, erklärte er Starkfrau, als er seine Worte wiederfand.

Anschließend gehen wir wieder zurück. Nach der Stelle beim **Trauf** ❶, an der wir vorhin von rechts gekommen sind, wandern wir geradeaus weiter.

Wie es Prinz Gutherz schon vermutet hatte, wurden er und Starkfrau die besten Freunde. Gemeinsam lebten sie im Wald und ernährten sich von dem, was die Natur ihnen gab. Immer wieder begegneten sie Reisenden, die ihnen von den grausamen Taten des Königs erzählten. Diese Geschichten machten den Prinzen erst traurig, dann aber immer wütender. »Wenn ich doch nur einen Weg wüsste, wie ich meinen Vater vom Thron stoßen und das Land von seiner Tyrannei befreien könnte«, sagte er eines Tages zu Starkfrau. Die kratzte sich kurz am Kopf, zwinkerte

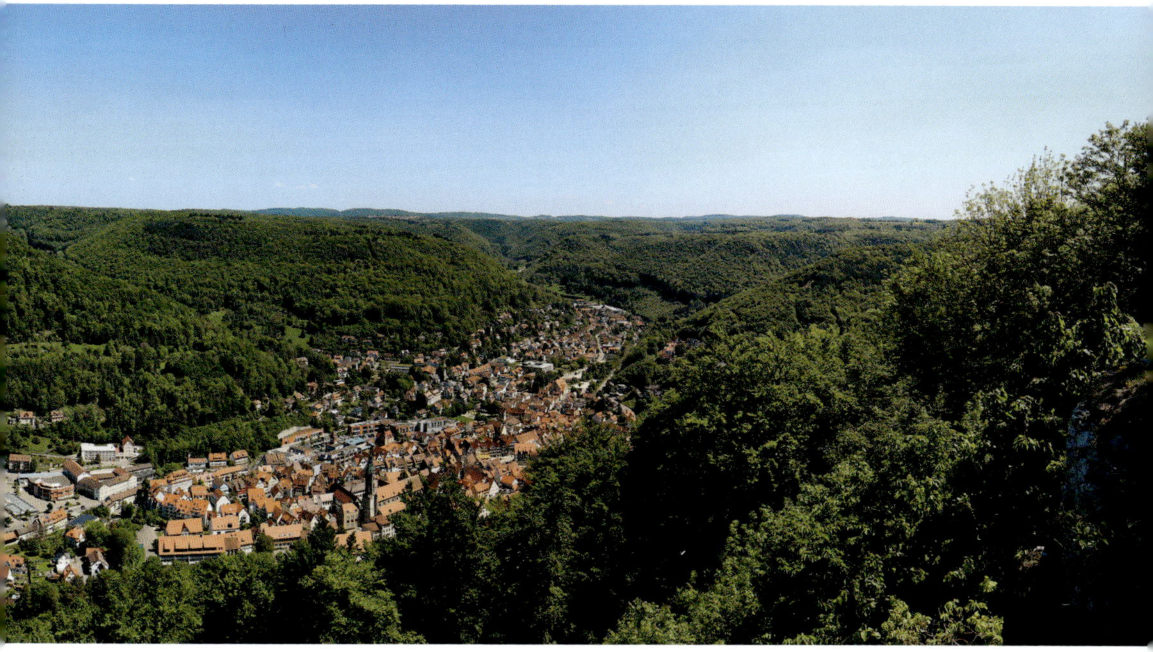

nervös und sagte dann: »Vielleicht kann dir der Drache helfen.« Der Prinz sah sie erstaunt an und fragte: »Es gibt hier einen Drachen? Warum hast du noch nie von ihm erzählt?« Starkfrau sah zu Boden und antwortete flüsternd: »Weil er das nicht so gern mag. Er fürchtet sich vor fremden Menschen.« Der Prinz traute seinen Ohren kaum, wollte den ängstlichen Drachen aber dennoch kennenlernen.

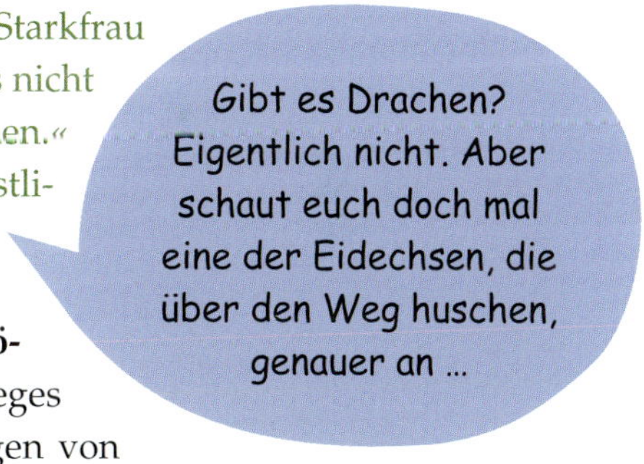

Bald sehen wir links die lang gestreckten **Höllenlöcher** ❸, teilweise befinden sich auch rechts des Weges tiefe Gräben. Dabei handelt es sich um Abspaltungen von Felsen; hier rutschen die Randklippen über den weicheren Mergelgrund langsam seitlich ab und kommen irgendwann einmal als Bergsturz zu Tale.

Der ängstliche Drache lebte einsam und zurückgezogen in den Höllenlöchern. Warum und wovor er so viel Angst hatte, wusste er selbst nicht. Aber er war ständig auf der Hut und sah sich immer nervös nach allen Seiten um. Als an einem sonnigen Frühlingsmorgen plötzlich ein schlanker junger Mann mit blasser Haut und langem Haar vor ihm stand, erschrak er so fürchterlich, dass er zu weinen begann. Der zarte Mann kam auf ihn zu

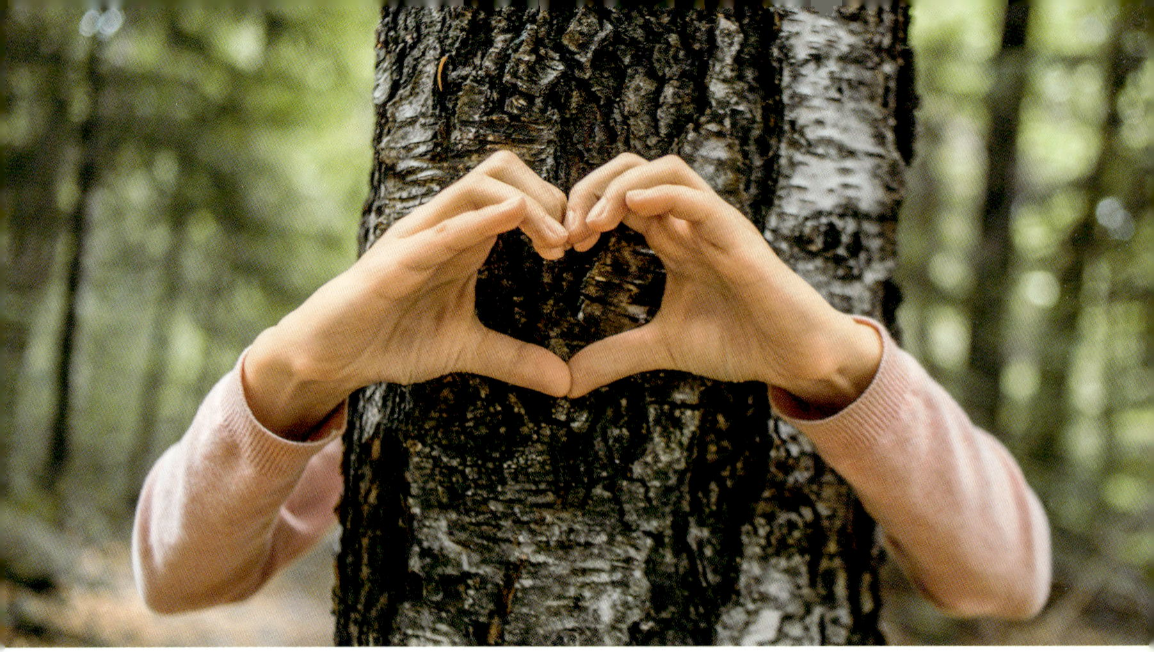

Spiel und Spaß am Baum

und hob die Hände. »Nein! Tu mir nichts! Geh weg!«, brüllte der Drache unter Tränen. »Hab keine Angst, ich will dir nichts Böses. Ich bin Prinz Gutherz, und ich brauche dringend deine Hilfe.« Der Drache unterhielt sich lange mit dem Prinzen und seiner Freundin. Es dauerte eine Weile, bis er Vertrauen zu ihnen fasste, und der Plan des Prinzen gefiel ihm ganz und gar nicht. »Du musst uns zur Burg meines Vaters fliegen. Alle müssen dich sehen. Glaub mir, sie werden fürchterliche Angst vor dir haben, ohne dass du irgendetwas tun musst. Ich werde zu ihnen sprechen und dann meinen Vater von der Burg vertreiben. Und dann können alle Menschen in Frieden und ohne Angst leben«, erklärte ihm der Prinz. »Also gut, wenn ich nichts weiter tun muss als euch zu fliegen, dann mache ich es«, entschied der Drache am Ende. Während er diese Worte sprach, zitterte er so stark an seinem ganzen großen, grünen Körper, dass die Erde unter den Füßen von Prinz Gutherz und Starkfrau leicht vibrierte.

Menschen wie Prinz Gutherz sollte es noch mehr geben. Kennt ihr jemanden, der gutherzig und hilfsbereit ist?

An einer Schranke beim Waldabteilungsschild »VI 14 Breitenstein« beschreibt der markierte Weg einen Rechts-links-Knick. Durch den Bannwald wandern wir nun zum links des Weges liegenden Nägelesfels. Danach geht es zum aussichtsreichen **Buckleten Kapf** 4.

Der Prinz wollte dem Drachen gar keine Zeit geben, um es sich anders zu überlegen. Er führte ihn und Starkfrau zu einer Stelle, an der der Hang steil ins Tal abbrach. Auf der anderen Seite war die Burg seines Vaters zu sehen. Der Prinz kletterte auf den Rücken des Drachen. Starkfrau folgte seinem Beispiel und saß direkt hinter ihm. »Los geht's!«, rief er laut und überschwänglich, so als wolle er seinen Freunden eine große Portion seines Muts abgeben. Und es schien zu wirken. Der Drache stieß sich ab, und die drei erhoben sich in die Lüfte. Der Flug dauerte keine fünf Minuten, da kreisten sie schon über der Burg. Prinz Gutherz konnte unter sich die Ritter sehen, die aufgeregt hin- und herrannten oder einfach nur mit offenen Mündern zu ihnen hoch starrten. »Legt eure Waffen nieder!«, rief Prinz Gutherz ihnen zu. »Gegen meinen Drachen habt ihr keine Chance! Er ist stark

Seid ihr auch so mutig wie Prinz Gutherz? Was war das Mutigste, was ihr je getan habt?

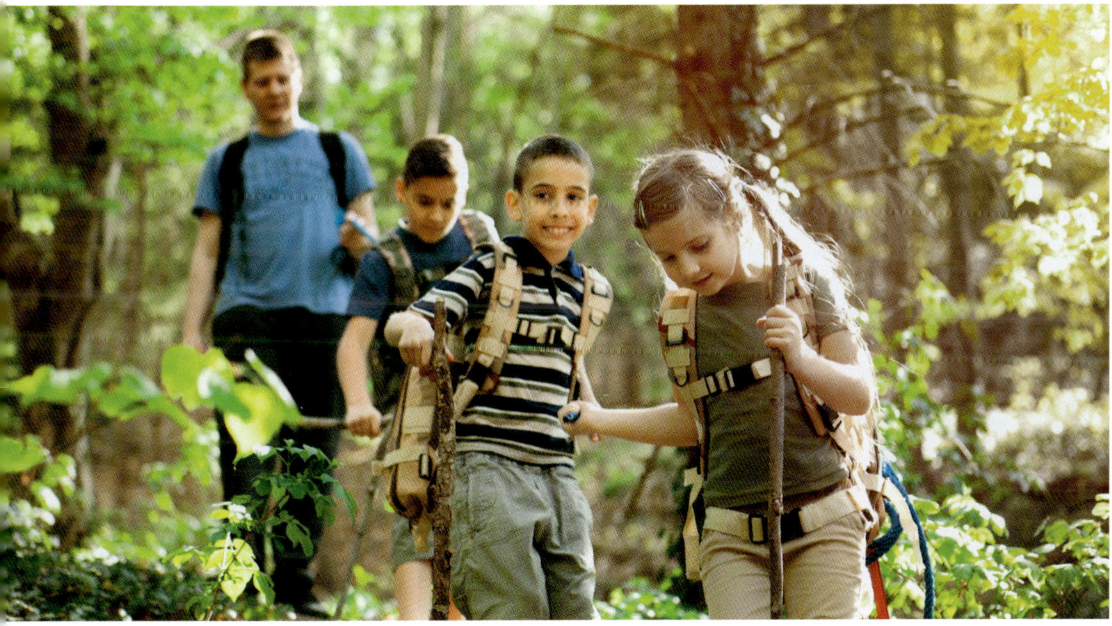

Zusammen mit anderen Kindern macht eine Wanderung gleich doppelt so viel Spaß.

und grausam und kann Feuer spucken.« Die Ritter zögerten für einen Moment, doch als der Drache drehte und direkt auf sie zusteuerte, warfen sie die Schwerter in hohem Bogen von sich und flüchteten aus der Burg. Der Drache landete sachte im Burghof und sah sich unsicher um. »Ob sich da noch jemand versteckt hält?«, fragte er mit zitternder Stimme. »Versteckt ganz sicher nicht! Ich fordere euch Eindringlinge zum Kampf auf. Sterbt in der Schlacht oder sterbt auf der Flucht, sterben werdet ihr allemal.« Der Prinz erkannte die tiefe Stimme seines Vaters und drehte sich langsam zu ihm um. »Mein missratener Sohn. Das hätte ich dir nicht zugetraut. Jetzt gefällst du mir ja fast. Aber nur fast.« Mit diesen Worten stürzte sich König Böseking, Schwert voraus, auf seinen unbewaffneten Sohn. Starkfrau reagierte blitzschnell. Sie hob einen Stein auf und schleuderte ihn in Richtung des Königs. Der Stein traf ihn genau zwischen den Augen. Der König geriet ins Taumeln, ließ das Schwert fallen und landete ausgestreckt vor den Füßen seines Sohns auf dem Boden. »Ich kenne da ein Loch, in das du genau hineinpasst«, murmelte Prinz Gutherz und winkte einem Ritter zu, der zitternd in einer Ecke stand und zu ihnen hinübersah. »Führ ihn ab«, befahl der neue König Gutherz.

Am Buckleten Kapf biegen wir rechts ab und folgen kurz dem markierten Wanderweg. Bald aber müssen wir aufpassen, dass

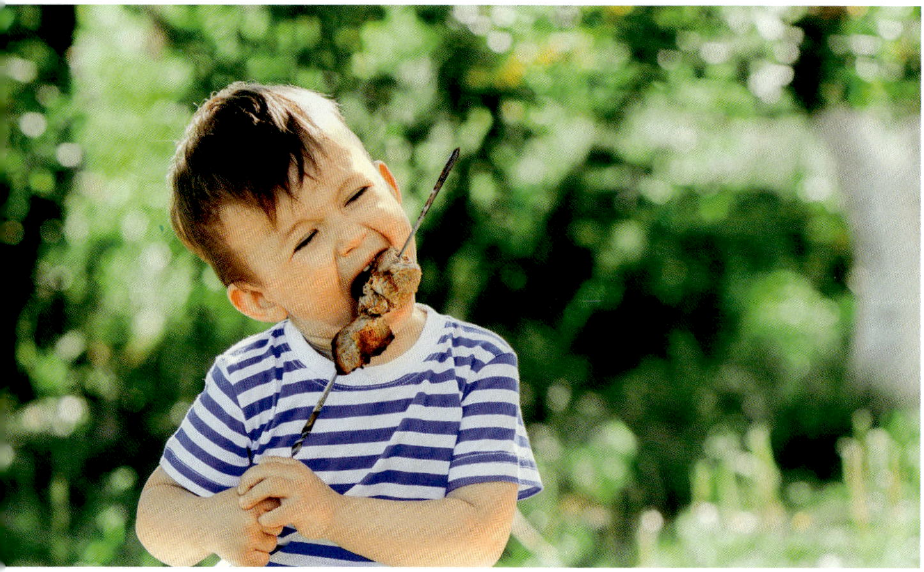

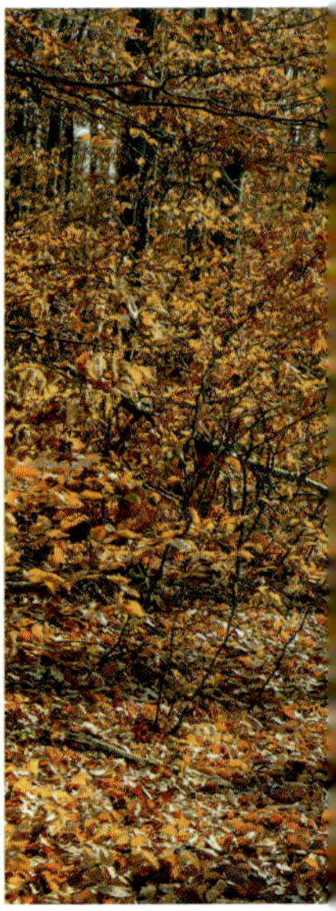

Selbstgegrilltes schmeckt auf der Tour am besten.

wir einen unmarkierten Weg nicht übersehen, der rechts abzweigt. Gleich darauf treffen wir auf einen breiteren Weg, dem wir nach links folgen.

Der Weg zieht allmählich nach rechts, und wir kommen zu einem Schild, wo der Nägelesfelsenweg rechts abzweigt. Hier wandern wir geradeaus weiter. Bald mündet von rechts der Sulzmahdweg ein. Auch hier behalten wir unsere Richtung bei, stoßen aber kurz darauf auf eine **Kreuzung** 5. Hier halten wir uns rechts in den Etzenbergweg. Er bringt uns aus dem Wald und über eine Lichtung. Wer rasten und grillen will, geht nach rechts zum bereits sichtbaren **Platz des Hülbener CVJM** 6. Danach geht es wieder in den Wald. Der Weg zieht nach rechts und knickt bald links ab. Vorbei an Feldern und Wiesen marschieren wir jetzt entspannt zurück zum Ausgangspunkt, unserem **Parkplatz** E.

Nachdem die drei Freunde schließlich das Königreich von der Tyrannei befreit hatten, blühte es wahrlich auf. Die Menschen lebten glücklich und in Frieden und gingen gut gelaunt ihrer Arbeit nach. Der Drache wurde von allen verehrt und verwöhnt. Da die Menschen so gut zu ihm waren, verlor er langsam seine Angst und lebte glücklich mit seinen Freunden auf der Burg. König

Tyrannen und böse Herrscher gibt es leider auch heute noch – wie gut, dass das in Deutschland nicht so ist.

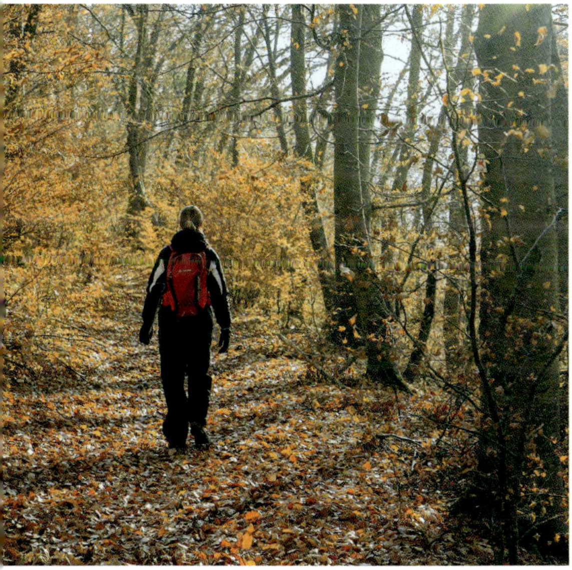

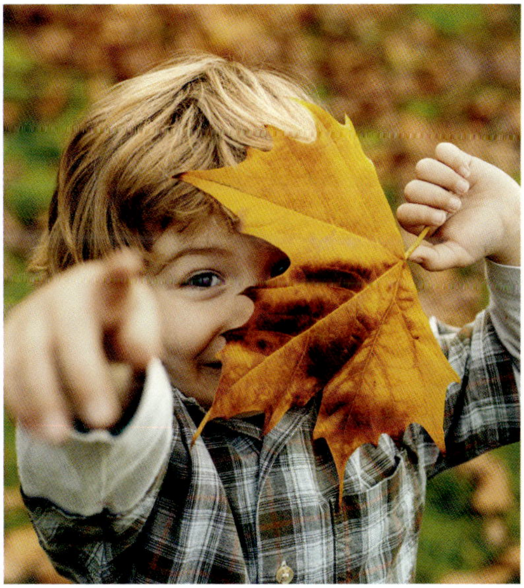

Gutherz wurde zum beliebtesten König aller Zeiten. Er übertrug die Leitung seiner Armee auf seine beste Freundin, und Starkfrau erfüllte ihre neue Aufgabe so gut, dass sie hoch angesehen war. So lebten alle glücklich und zufrieden – bis auf den bösen ehemaligen König. Der saß im Höll-Loch fest und konnte bis zu seinem Lebensende nicht verstehen, wie es seinem vermeintlich schwachen Sohn gelungen war, ihn, den starken, grausamen Böseking, zu besiegen.

Herbstlicher Spielspaß

Links: Gern genießt man vor dem Winter noch die Herbstfarben im Wald.

7 Zum Uracher Wasserfall

Auf den Spuren des Wassers

Leicht | 6,5 km | 170 Hm | 2 Std.

Alter
4–12

Tourencharakter
Wir wandern auf festen Wegen, zur Wasserfallwiese entlang des Wasserfalls teils auf einer Treppe. Wer weiterwandert, geht zur »Hölle« auf einem schmalen Pfad am Steilhang entlang – hier sollte man trittsicher und schwindelfrei sein. Die längere Wanderung ist 7,5 km lang mit ca. 220 Hm.

Ausgangs-/Endpunkt
Bad Urach, Parkplatz Maisental, Vorderes Maisental (gebührenpflichtig)

GPS-Koordinaten
48.497812, 9.374481

Wegverlauf
Bad Urach/Parkplatz Maisental – Uracher Wasserfall – Parkplatz Maisental

Karten
Schwäbischer Albverein e. V. 1:25 000, W243 Bad Urach; NaturNavi Wanderkarte 1:25 000, Blatt 52-538 Reutlingen/Bad Urach

Grillmöglichkeit
Wasserfallwiese

Information
www.badurach-tourismus.de

Es gibt wohl kein Kind im Land, das noch nie am Uracher Wasserfall war oder dem dies nicht noch bevorsteht. Das ist auch gut so, denn der Wasserfall gehört zu den schönsten Natursehenswürdigkeiten auf der Schwäbischen Alb. Bei dieser Tour »Auf den Spuren des Wassers« gibt es eine kurze Variante für die kleineren Kinder und eine etwas längere für größere, trittsichere Kinder.

Wir folgen ab dem **Parkplatz** Ⓐ dem ausgeschilderten Weg, der uns zwischen Waldrand und Wiese entlang auf den Talschluss zuführt. Nach einiger Zeit verläuft neben dem Weg der Brühlbach, der nicht nur lustig plätschert und kleine Wasserfälle und Kaskaden bildet, sondern die Kinder auch immer wieder zum Spielen einlädt. Wenn man genau hinsieht, bemerkt man in der Rückwand des Bachs höhlenartige Löcher, Wurzeln, die in der Luft hängen, und eine kleine Höhle unter einem gemauerten Stein.

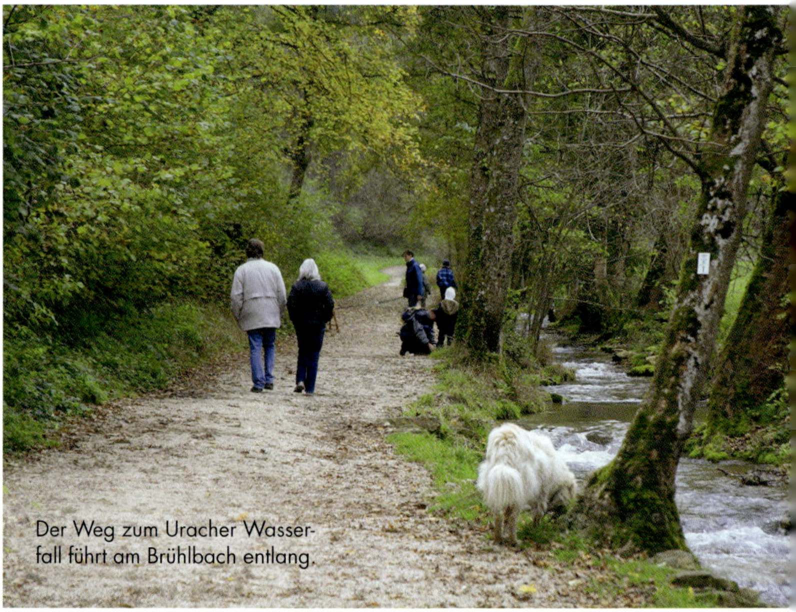

Der Weg zum Uracher Wasserfall führt am Brühlbach entlang.

Unkenloch

Direkt am Wasser unterm Stein
lebte 'ne Kröte in 'nem Loch.
Sie war zwar körperlich sehr klein,
ein großer Halunke war sie doch.

Sie erschreckte Wandersleute,
die fielen in das kühle Nass.
Im Rucksack fand sie fette Beute
und hatte dabei großen Spaß.

Da kam einmal ein Kind daher,
für das war sofort klar,
dass diese Kröte, dick und schwer,
fortan sein Haustier war.

Und so sitzt die Kröte heute
im Kinderzimmer hinter Glas.
Was ihr geblieben ist an Beute?
Dicke Fliegen, wenig Spaß.

Nach sanftem Bergauf erreichen wir den **Fuß des Wasserfalls** ❶. Links und rechts der Treppen sehen wir viele frei liegende Wurzeln. Sie sind ganz wild geformt, manchmal sogar verknotet, und sehen lustig aus. Vielleicht erkennt ihr darin sogar Gesichter oder Tiere? Schaut genau hin. Was entdeckt ihr alles?
Es geht in Serpentinen hinauf. Links sehen wir den mächtigen Uracher Wasserfall, der von hohen, senkrechten Felswänden umgeben ist.

Warum darf man hier heute keine Amphibien oder andere Tiere oder Pflanzen mehr einsammeln und mit nach Hause nehmen?

Lösung: Weil wir uns in einem Naturschutzgebiet befinden!

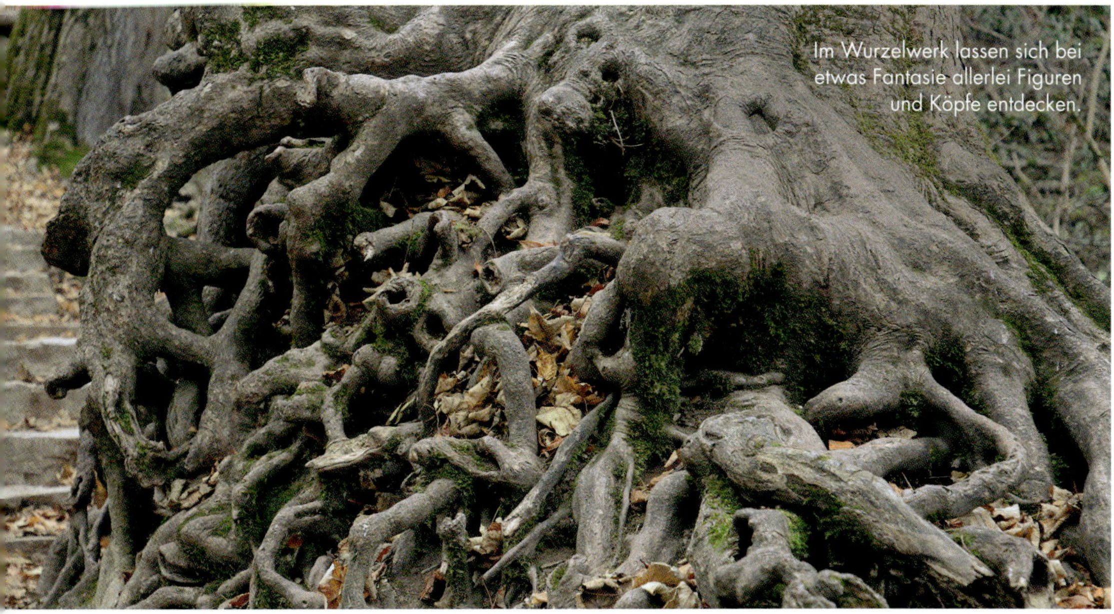

Im Wurzelwerk lassen sich bei etwas Fantasie allerlei Figuren und Köpfe entdecken.

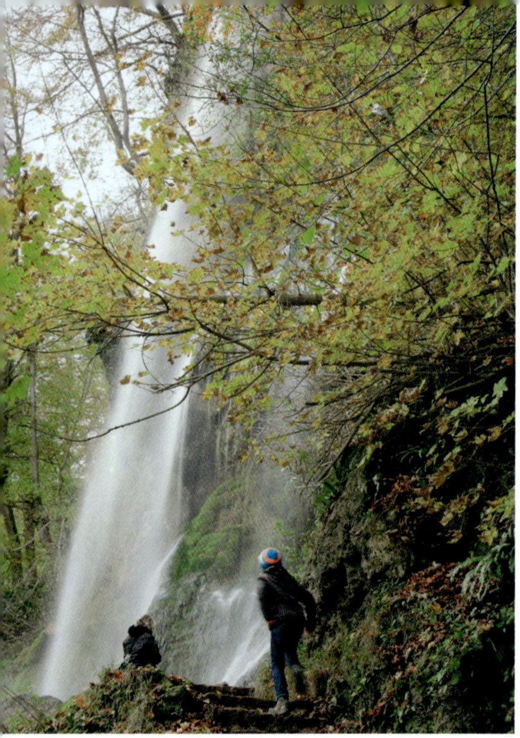

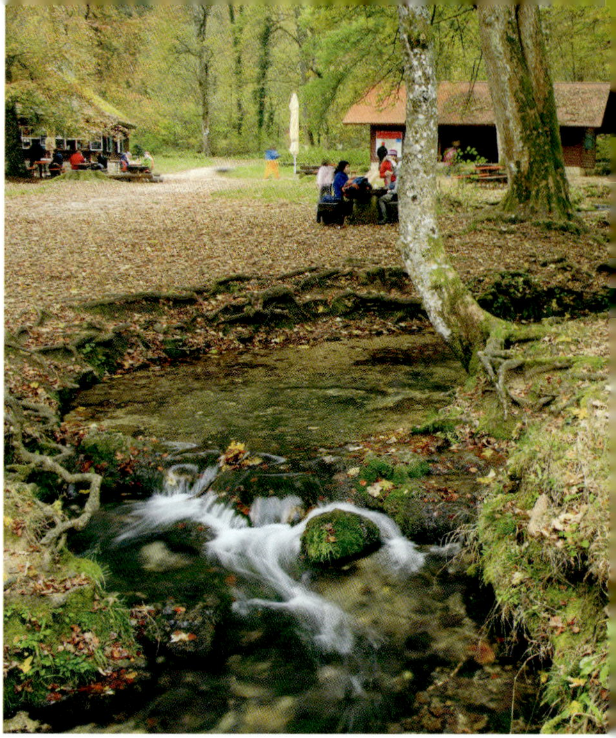

Wer trittsicher ist, kann direkt an den Wasserfall gelangen.

Rechts: Bei der Wasserfallhütte lässt es sich gut rasten.

Auf halbem Weg oben, unter dem weißen Kreidefels
In den Höh'n im weißen Stein
lebt ein grusliges Gespenst.
Das ist jedoch immer allein,
will Freunde, so wie du sie kennst.

Es fliegt hinab zum Wandersmann
und sagt: »Buhu, grüß Gott!«.
Doch der erschrickt und schreit und dann
rennt er hinweg recht flott.

Wie könnte das Gedicht vom einsamen Gespenst weitergehen? Findet es einen Freund oder eine Freundin? Oder bleibt es für immer allein? Lasst euch ein paar Reime einfallen, die seine Geschichte weitererzählen.

An einem Linksknick beim **Schild »Känzele«** 2 gehen wir später vielleicht geradeaus weiter, zuerst folgen wir aber dem Weg nach links hinauf zur **Wasserfallwiese** 3. Hier gibt es einen Kiosk.

Danach gehen wir wieder etwas zurück zum **Schild »Känzele«** 2. Hier müssen wir uns entscheiden: Wer gleich zurückwill, geht auf der Treppe hinab zum **Fuß des Wasserfalls** 1. Dort orientieren wir uns links, nun in Richtung »Vereinsheim Fanfarenzug«. Wir kommen zur anderen Talseite, wo wir am Waldrand entlang weiterwandern. Von diesem Weg aus bietet sich uns auch ein prächtiger Blick zur Ruine Hohenurach. Wo nach links das Schießtal als Schneise in den Wald führt, kann man sich entweder links halten und dieses in die Albberge eingeschnittene Tal umrunden oder geradeaus weiterwandern. Auf der anderen Talseite treffen beide Wege wieder aufeinander. Wir gehen noch kurz geradeaus weiter, dann liegt rechts das Vereinsheim des Fanfarenzugs. Nach ihm biegen wir rechts ab und wandern auf einem festen Weg zurück zu den **Parkplätzen** E.

Dieser Weg wirkt wie gemacht für kleine Zwerge. Doch was könnten die kleinen Männer hier in der Gegend getrieben haben? Fällt euch dazu eine Geschichte ein? Überlegt euch, wie die Zwerge vom Uracher Wasserfall ausgesehen, wo sie gewohnt und was sie so angestellt haben könnten.

Variante Mit größeren Kindern kann man die Tour jedoch noch etwas erweitern. Hierzu halten wir uns am Känzele mit dem Wanderzeichen blaues Dreieck links in Richtung »Hölle« und wandern relativ eben am Hang entlang. Ab jetzt sollte man aufpassen, denn es geht rechts teilweise steil bergab. Nach einer Weile endet der Wald, und wir queren ein karges Schuttkar, die **»Hölle«** 4.

Danach wandern wir zwar weiter auf einem Pfad, aber den Steilhang haben wir bald hinter uns. Dafür sehen wir ein richtiges Felsenmeer mit großen Felsbrocken, die vor langer Zeit vom Berg herabgekullert sind.

Auf dem Weg zur »Hölle«: kleines Felsenmeer mit großen Brocken

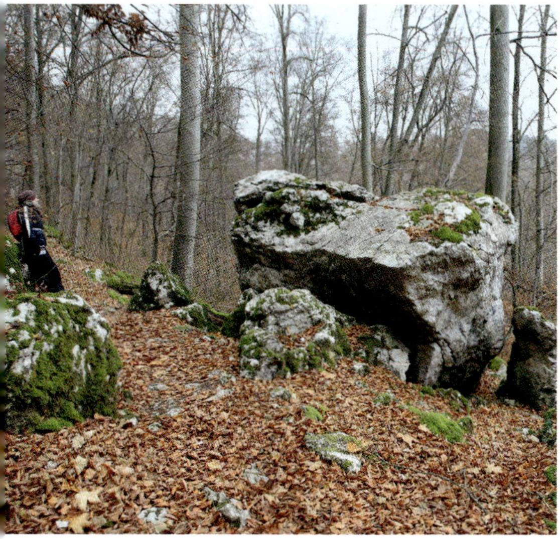

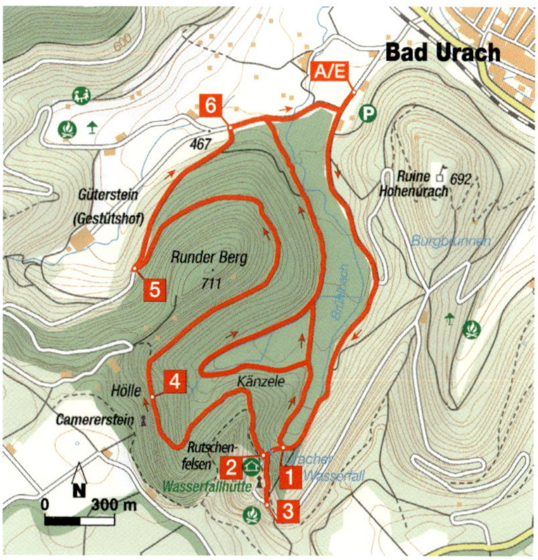

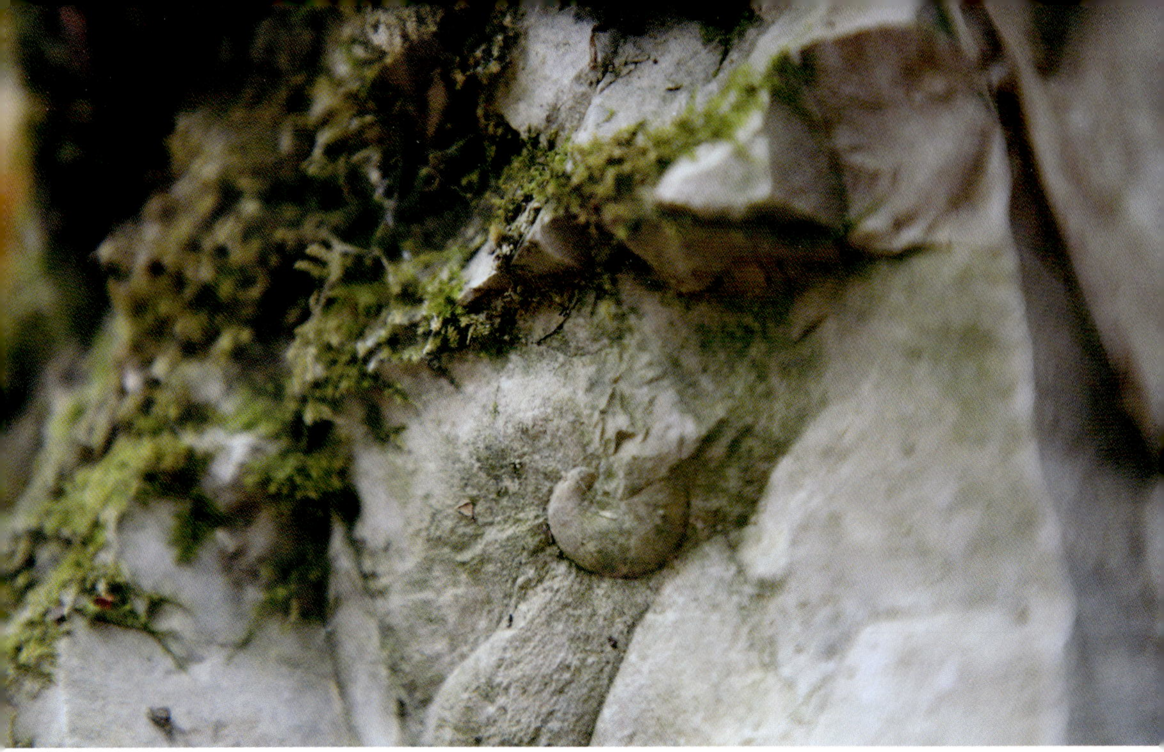

Wer mit aufmerksamen Augen auf der Schwäbischen Alb wandert, kann Versteinerungen entdecken.

Rechte Seite: Steine, Ast und Blatt – und schon ist ein Männchen entstanden.

Am Felsenmeer

Der große Riese Idefee
hatte einmal Langeweile.
Da kam er auf eine Idee
und sprang auf in großer Eile.

Murmeln spielen wollte er,
drum war er auf den Beinen.
Doch wo nahm er die Murmeln her?
Natürlich von den Steinen.

So brach er Felsennasen ab
und wog sie in den Händen.
Dann rollte er sie sanft hinab.
Sein Spiel wird niemals enden.

Was denkt ihr, wie die großen Felsbrocken beidseits des Weges dahin gekommen sein könnten?

Lösung: Immer wieder brechen durch Erosion Stücke aus der Felswand ab und rollen den Hang hinunter. Das wird noch lange so weitergehen, bis irgendwann einmal kein Fels mehr da ist.

Bald erreichen wir einen breiten Waldweg, danach zweigt ein mit dem Zeichen rote Gabel markierter Steig links ab und steigt an in Richtung »Güterstein Fohlenhof«. Wir folgen aber dem breiten Weg, nun unmarkiert. Er verläuft eben bzw. leicht fallend um den Runden Berg. Nach einiger Weile stoßen wir auf einen querenden Weg, den Fohlensteig. Hier sehen wir links des Weges eine Felswand aus Kalksteinen, die wie gemauert aussieht.

»Gebankt« nennt das der Fachmann. Wir biegen hier am **Schild »Runder Berg«** 5 rechts ab. Links unten sehen wir durch die Bäume die Fachwerkgebäude des Gestüts Güterstein, vielleicht sogar die Fohlen auf der Weide. Wir wandern auf dem Fohlensteig bergab und kommen nach dem Wald durch die Weiden und mit einem Linksknick zum **Zufahrtssträßchen zum Fohlenhof** 6. Hier biegen wir rechts ab, kommen nach einiger Zeit am Vereinsheim des Fanfarenzugs vorbei und erreichen schließlich kurz danach wieder die **Parkplätze** E.

Häufig findet man auf der Schwäbischen Alb im Kalkstein kleine Versteinerungen – geht einmal nahe an den Felsen heran und schaut euch die Steine genau an, vielleicht seht ihr darin kleine, versteinerte Tiere.

Hin und wieder seht ihr links oder rechts vom Weg kleine oder mittelgroße Steine liegen. Wenn ihr Lust habt, baut daraus Steinmännchen. Eurer Fantasie sind dabei keine Grenzen gesetzt: Vielleicht haben eure Männchen sogar Arme aus Ästen oder tragen Kronen aus Blättern?

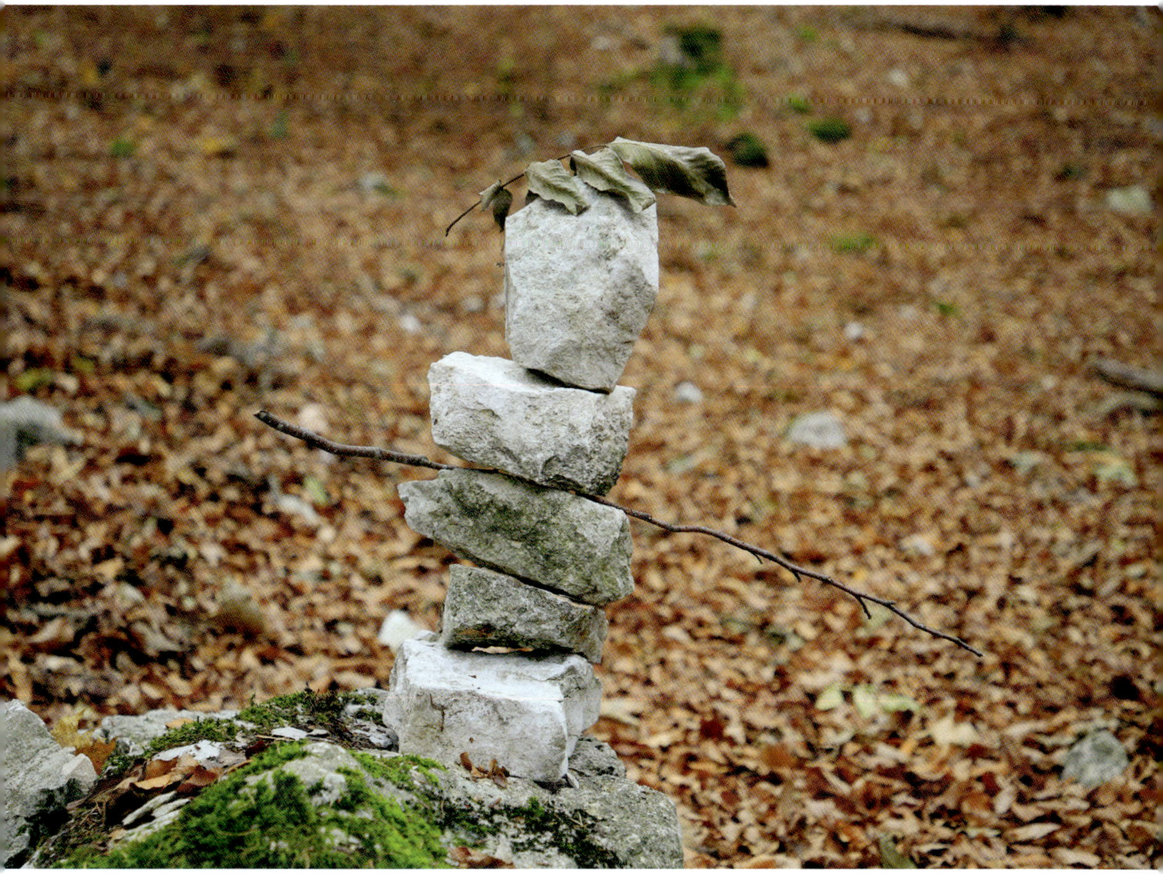

8 Wolfsschlucht und Ruine Hohenwittlingen

Zur Burg für Wilderer und andere Bösewichte

Schwer	4 km	170 Hm	2 Std.

Alter
6–12

Tourencharakter
Wir wandern auf Pfaden, die hinauf und hinunter recht steil sind. Beim Aufstieg ist ein kurzes Stück seilversichert, und auch eine Eisentreppe muss bezwungen werden.

Ausgangs-/Endpunkt
Bad Urach, Wanderparkplatz an der B465 im Seeburger Tal, kurz vor Georgenau

GPS-Koordinaten
48.470694, 9.420993

Wegverlauf
Bad Urach/Wanderparkplatz – Urgeschichtspfad – Wolfsschlucht – Hofgut Hohenwittlingen – Ruine Hohenwittlingen – Wanderparkplatz

Karten
Schwäbischer Albverein e. V. 1:25 000, W243 Bad Urach; NaturNavi Wanderkarte 1:25 000, Blatt 52-538 Reutlingen/Bad Urach

Grillmöglichkeit
Vor der Ruine

Information
www.badurach-tourismus.de

Die Burgruine Hohenwittlingen liegt wie ein Juwel hoch über dem Ermstal und bietet einen prächtigen Blick. Gefängnis für »Wilderer und andere Bösewichte« soll sie früher gewesen sein. Auf dem Urgeschichtepfad erfahren wir viel Interessantes von der Neandertalerzeit bis heute, und danach erwartet uns die wilde Wolfsschlucht, ein grandioses Erlebnis für Kinder: Der Weg ist ein Stück weit sogar seilgesichert, und einmal muss man eine Eisentreppe hinaufsteigen.

Direkt am **Wanderparkplatz** Ⓐ werden wir von einer Weltkugel erwartet, sie stimmt uns auf den Urgeschichtepfad ein. Die Richtung ist mit »Rulamanhöhle, Ruine Hohenwittlingen, Wolfs-

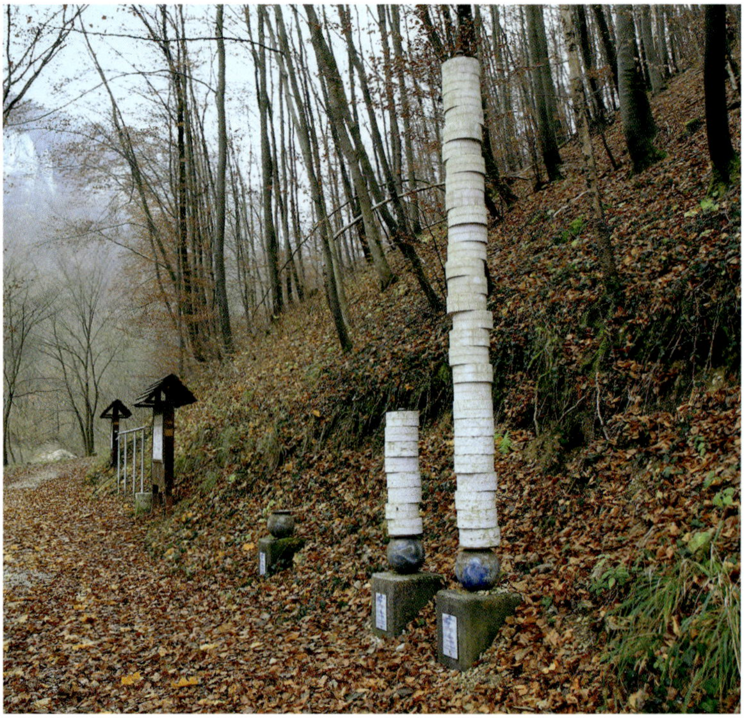

Hier beginnen Wanderung und Urgeschichtspfad.

»Die letzten 3000 Jahre«

Oben auf der Tafel seht ihr Beine, ein Pferd, ein Schiff und ein Auto. Was haben diese drei Abbildungen gemeinsam?

Lösung: Sie ermöglichen uns, von einem Ort zum anderen zu kommen.

Welche weiteren Fortbewegungsmittel fallen euch ein?

Lösungen: Fahrrad, Bobby-Car, Inline-Skates, Flugzeug, Rakete usw.

»Vom Jäger und Sammler zum Ackerbauern und Viehzüchter«

Rechts auf der Tafel seht ihr die Hieroglyphen, mit denen der Name Kleopatra geschrieben wird. Welche Hieroglyphen müsste man nehmen, wenn man das Wort Löwe (mit »oe«) schreiben möchte? Und fallen euch noch andere Wörter ein, die ihr mit den hier gezeigten Hieroglyphen schreiben könntet?

Lösung: Löwe, Feuer, Feder, Feuer, Feder. Aus den abgebildeten Hieroglyphen könnte man z. B. noch die Wörter Papa, Klara, Teo, Rad, Rat, Opa und Popo bilden.

»Zurück zu den Ursprüngen der Kunst«

Wie viele Tiere erkennt ihr auf der Tafel, und was sind es für Tiere?

»Die Urmenschen von Heidelberg und Steinheim«

Welche großen Säugetiere lebten zur Zeit der Neandertaler? Die Antwort findet ihr auf der Tafel.

Was ist ein »Knochenbier«? Die Antwort findet ihr auf der Tafel.

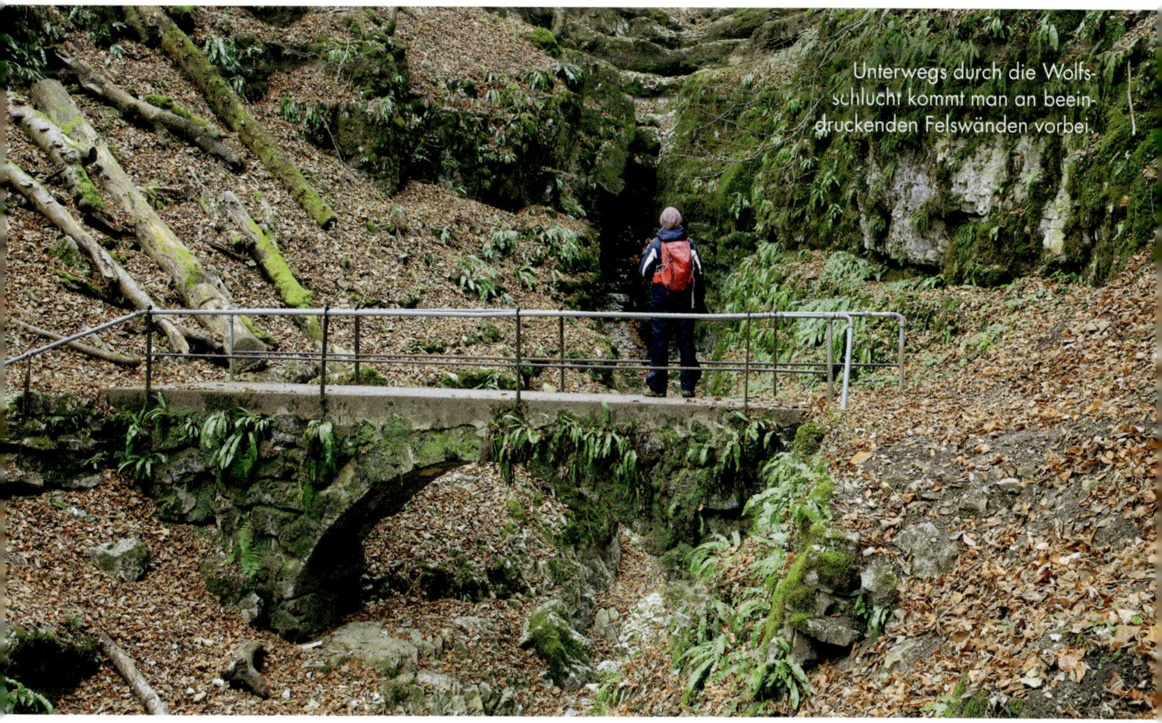

Unterwegs durch die Wolfsschlucht kommt man an beeindruckenden Felswänden vorbei.

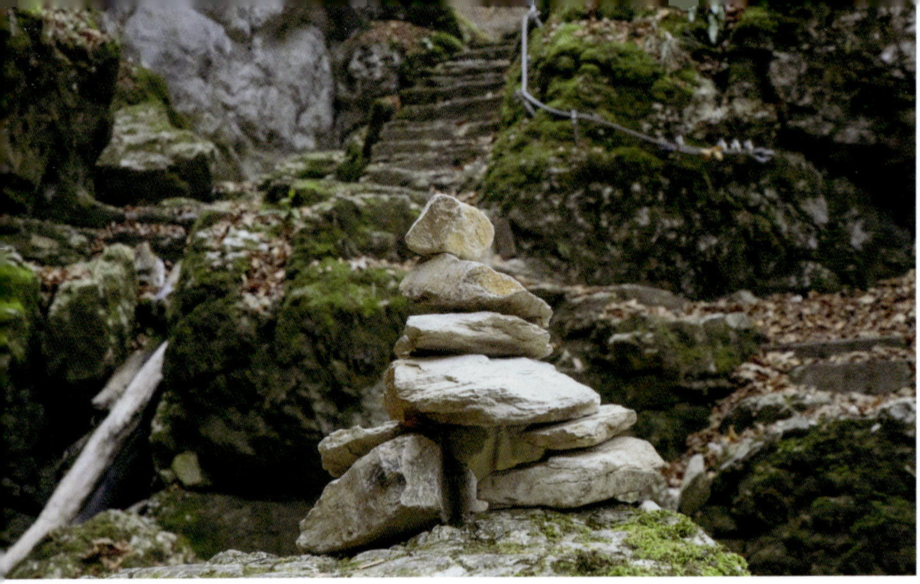

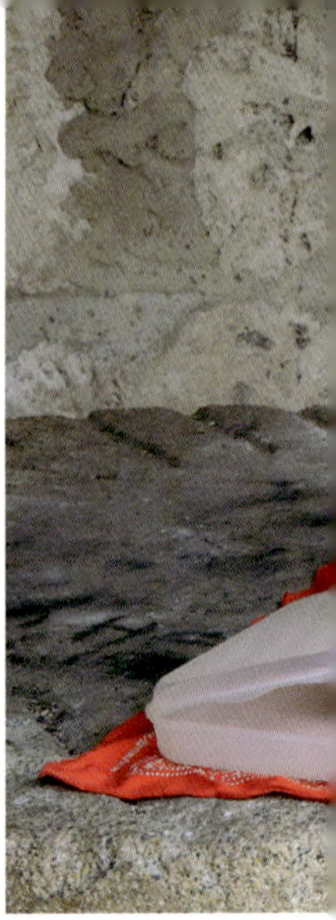

Hinter dem Steinmännchen sieht man die Seilsicherung.

Rechts: In dieser Hütte kann man bei jedem Wetter eine Rast einlegen.

schlucht« angegeben. In der Reihenfolge des Weges sind hier die Stationen samt Fragen an den Nachwuchs beschrieben (s. Kasten S. 61).

Nach der letzten Tafel wird der Weg steiler und die Schlucht, die in die wilde Wolfsschlucht übergeht, immer dramatischer. An der **Tafel »Wolfsschlucht«** ❶ gibt es zwei Möglichkeiten: Nach rechts geht es über die Höhle zur Ruine – dies ist der kürzeste Weg. Der linke Weg ist zwar etwas länger, aber viel interessanter. Er leitet uns zu einer Brücke, hinter der man an den moosüberzogenen Kalksinterterrassen einen Wasserfall sieht, der über die Felsbänke herabrieselt. Dann geht es im Zickzack hinauf zu einer Engstelle, an der man sich beim Hinaufsteigen über die Treppenstufen an einem Seil festhalten kann.

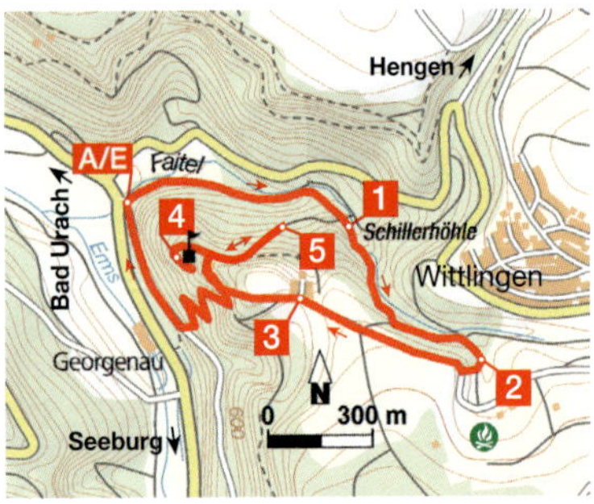

Danach folgt eine eiserne Treppe. Anschließend wandern wir auf dem breiten Waldweg weiter. Er bringt uns aus dem Wald, danach liegt links der **Parkplatz Hohenwittlingen** ❷. Dort biegen wir rechts ab und wandern auf dem Sträßchen zum **Hofgut Hohenwittlingen** ❸. Hier wohnte der Dichter des Kinderbuchs »Rulaman«, David Friedrich Weinland.

Nach dem Hofgut kommen wir in den Wald und wandern bergab auf die Ruine Hohenwittlingen zu. Noch vor ihr kommen wir zu einer Verzweigung und einem Wanderschild. Zurück geht es nach links steil bergab in Richtung »Grüner Weg

Wer entdeckt den steinernen Obst- und Gemüsekorb zuerst? Welche Früchte und Gemüsesorten könnt ihr erkennen?

Lösung: Der Obstkorb gehört zu einem Pfosten an einem Eingang, der rechts des Weges in einer Hecke liegt.

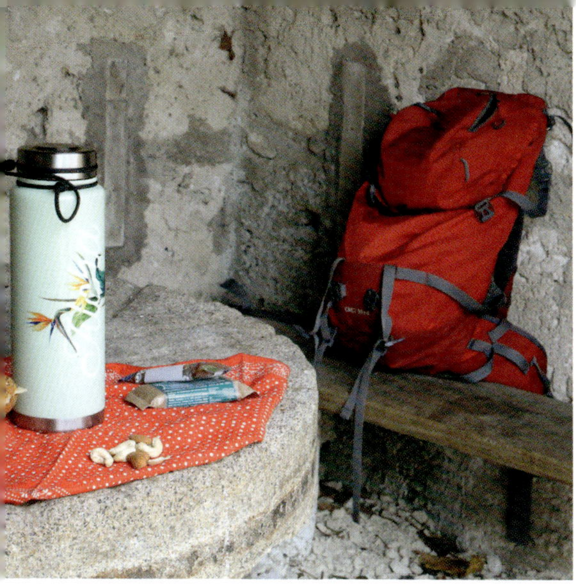

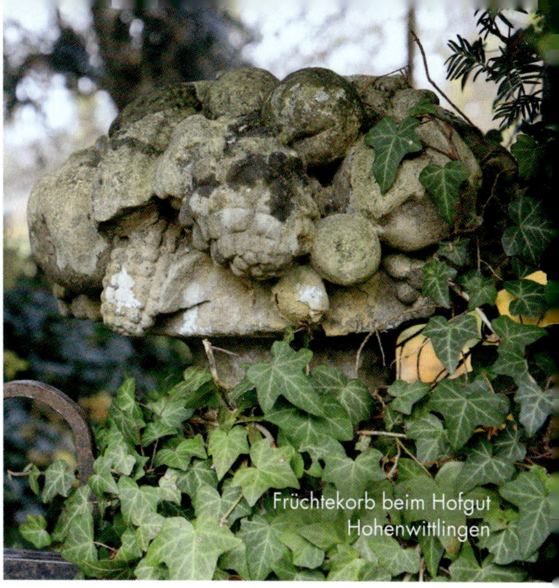

Früchtekorb beim Hofgut Hohenwittlingen

Georgenau«. Wir gehen aber erst noch vor der hoch aufragenden Ruine nach rechts weiter und erreichen gleich darauf eine aus Tuffsteinen gemauerte Schutzhütte, die uns bei schlechtem Wetter Unterstand bietet.

Wir gehen noch ein Stück weiter bis zum Eingang der **Ruine Hohenwittlingen** ❹. Hier war im 16. Jahrhundert ein Gefängnis für »Wilderer und andere Bösewichte« untergebracht.

Wer will, kann nach rechts einen kurzen Abstecher zur Schiller- bzw. Rulamanhöhle machen. »Rulaman« ist der Titel eines Jugendromans von David Friedrich Weinland, der 1878 erschienen ist und auf der Schwäbischen Alb spielt. Er erzählt die Geschichte des Titelhelden Rulaman, eines Nomadenjungen aus der Steinzeit. Auch die Schillerhöhle spielt darin eine Rolle: Sie trägt im Roman den Namen Tulkahöhle und ist der Wohnsitz von Rulamans Sippe, den Aimats. Wegen des beliebten Romans wird die Schillerhöhle heute oft auch Rulamanhöhle genannt.

Danach kehren wir zu der Verzweigung auf der Rückseite der Höhle zurück und folgen dem Grünen Weg. Er führt uns in Serpentinen hinab zu einem Forstweg. Nach rechts wandern wir auf ihm in wenigen Minuten zum **Wanderparkplatz** Ⓔ.

Wer entdeckt den steinernen Mühlstein zuerst? Achtung, er versteckt sich ein wenig.

Lösung: Der Mühlstein ist die Tischplatte in der Schutzhütte vor der Ruine.

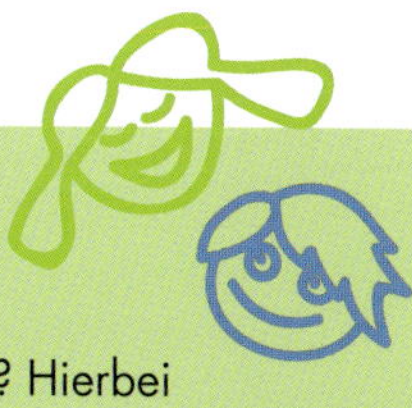

Schaut euch die Steine genau an, aus denen die Hütte gebaut ist. Erkennt ihr darin kleine Äste und Naturmaterialien? Hierbei handelt es sich um Tuffstein. Das ist ein Stein, der entstanden ist, weil sich Kalk um Äste, Moose, Blätter, Steine usw. gelegt hat. Interessant sind auch die Löcher im Stein – sie sehen manchmal aus wie kleine Tropfsteinhöhlen.

Man sollte die Kinder darauf aufmerksam machen, damit sie sich die Einzelheiten ansehen können. Solche Tuffsteine entstehen z. B. am Uracher Wasserfall.

9 Wackerstein und Aussichtsturm

Die Unterhose des vergesslichen Riesen

Schwer | 7 km | 230 Hm | 2 Std.

Alter
6–12

Tourencharakter
Wir wandern auf Naturpfaden. Am Wackerstein und den am Steilhang entlangführenden Wegstellen sollte man gut auf die Kinder aufpassen.

Ausgangs-/Endpunkt
Pfullingen, Parkplatz Wanne

GPS-Koordinaten
48.444408, 9.226267

Wegverlauf
Pfullingen/Parkplatz Wanne – Hinteres Sättele – Wackerstein – Won – Hinteres Sättele – Schönbergturm – Parkplatz Wanne

Karten
Schwäbischer Albverein e. V. 1:25 000, W242 Sonnenbühl; NaturNavi Wanderkarte 1:25 000, Blatt 52-536 Lichtenstein/Trochtelfingen

Grillmöglichkeiten
Am Ausgangspunkt, Wackerstein, Schönbergturm

Information
www.pfullingen.de

Verspricht man einem Kind zur »Unterhose« zu wandern, wird man vermutlich ungläubige Augen oder ein Kichern als Reaktion erhalten. Es ist aber tatsächlich so – der auch architektonisch und historisch bedeutsame Schönbergturm bei Pfullingen trägt im Volksmund den Namen »(Gefrorene) Unterhose«, weil er wie eine solche aussieht. Dass dies einen ganz anderen Grund hat, zeigt die Geschichte in diesem Kapitel.

Wir nehmen am **Parkplatz** (A) bzw. beim Wegweiser »Wanne« den mit dem Wanderzeichen blaues Dreieck markierten Weg, der rechts an dem Berg entlangführt, auf dem der Aussichtsturm als unser letztes Ziel steht. Kurz darauf sehen wir rechts eine **Holzhütte** (1).

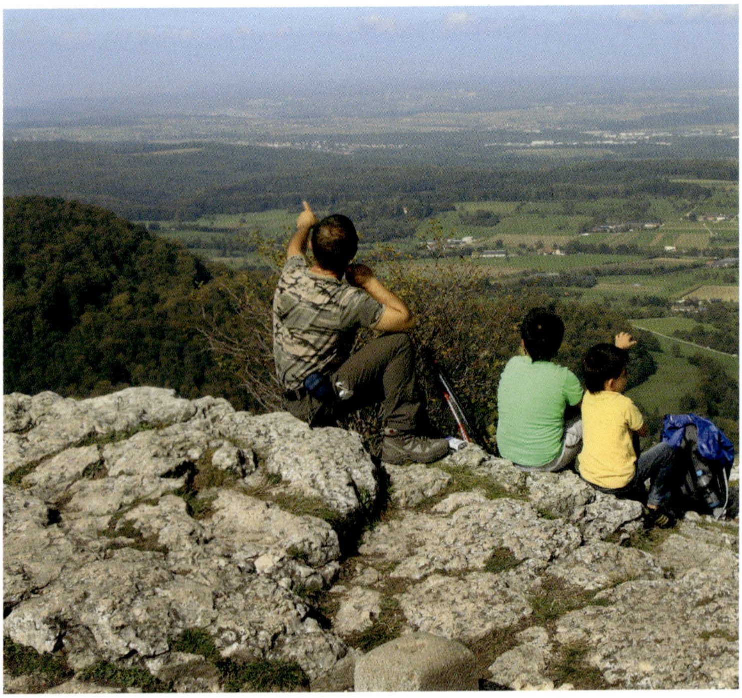

Blick vom Wackerstein ins Albvorland

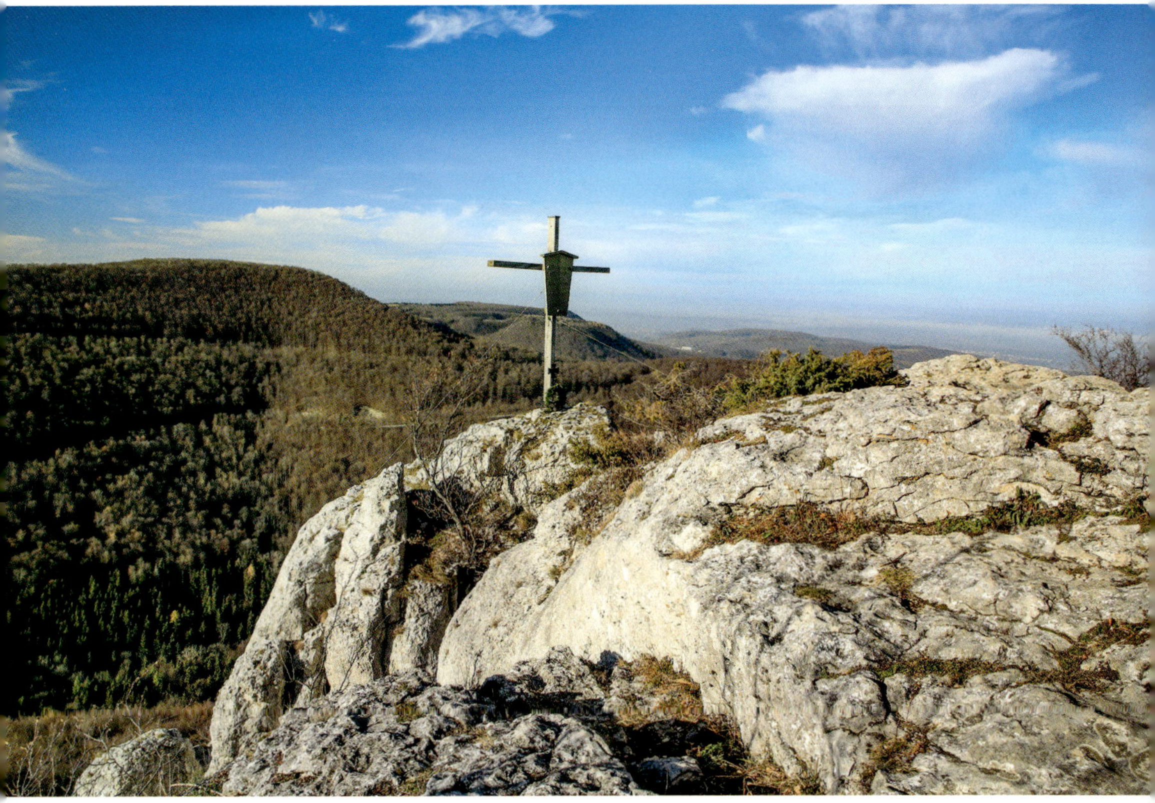

Am Kreuz auf dem Wackerstein. Dahinter ist gut die landschaftliche Struktur der Schwäbischen Alb zu erkennen.

Vor langer, langer Zeit entführte ein böser Raubritter die Tochter eines Gutsbesitzers. Der jedoch scherte sich kaum darum, hatte er doch viele Kinder und war froh darum, sich um eines weniger kümmern zu müssen. Nur der Knecht der Familie machte sich auf, dem Raubritter zu folgen und die Tochter aus seiner Gewalt zu befreien. Er und das Mädchen waren seit Kindesbeinen eng befreundet und dass sie noch nicht miteinander verheiratet waren, lag nur daran, dass ihr strenger Vater die Hand seiner Tochter nicht einem mittellosen Knecht geben wollte. Schnell fand der Knecht die Fährte des bösen Ritters und folgte ihr bis zu einer Holzhütte. Dort sah er das Gesicht des Mädchens hinter den Gitterstäben eines Fensters und schwor, es zu befreien. Nur wie?

Danach müssen wir auf dem linken Pfad weiterwandern – der rechts daneben parallel verlaufende breitere Weg führt woanders hin. Nach der Lichtung kommen wir in den Wald, wo wir nach einiger Zeit auf die Kreuzung **Hinteres Sättele** ❷ stoßen. Hier kommen wir am Rückweg wieder vorbei. Nun nehmen wir

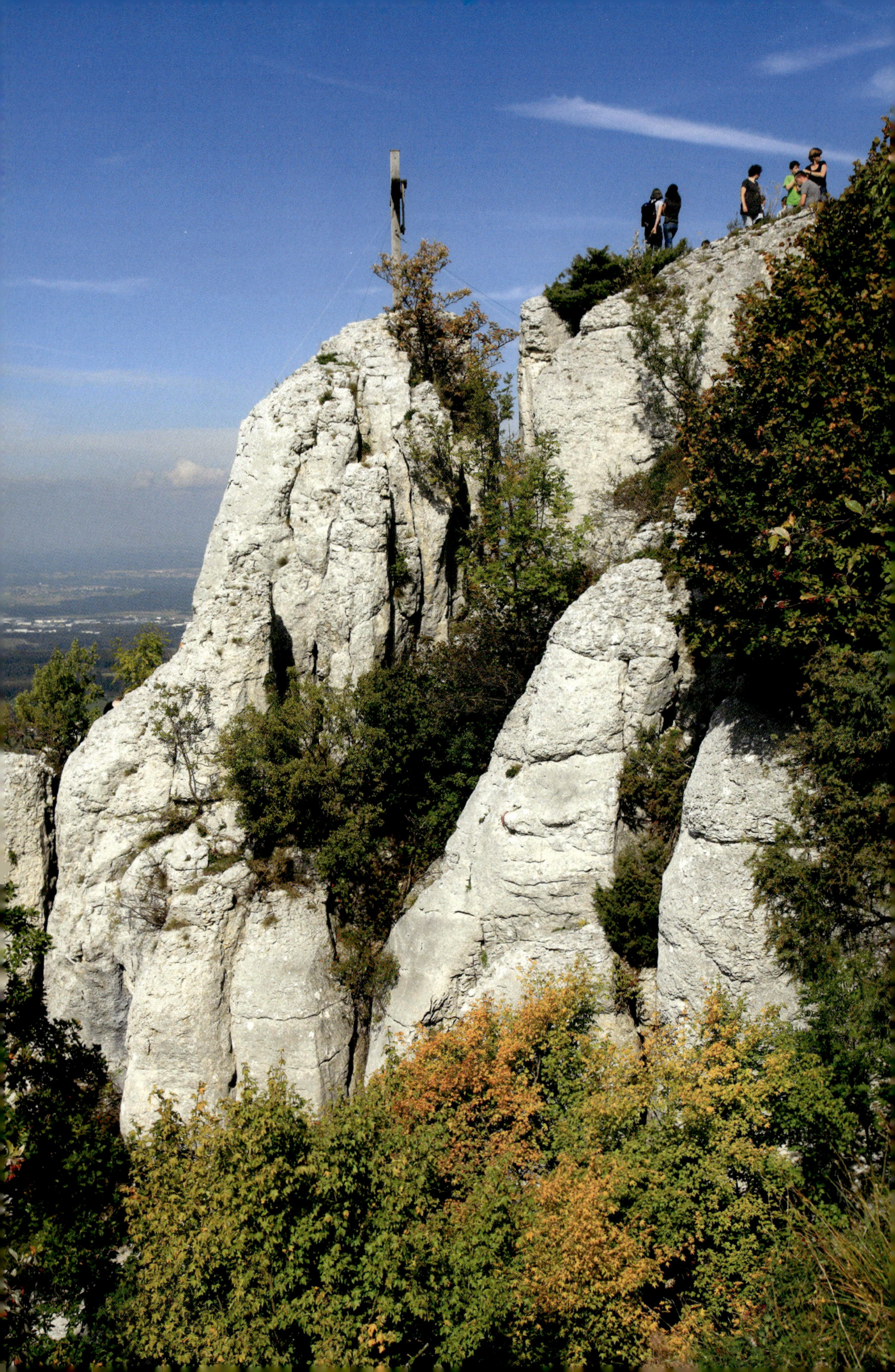

aber vorerst den rechten Weg, der mit dem roten Balken in Richtung Wackerstein weist. Bis dorthin steigt der Weg nun an, und etwa in der Mitte des Anstiegs überqueren wir in der Wackersteinebene einen Forstweg.

Linke Seite: Von der Seite ist der Wackerstein am beeindruckendsten. Gut zu sehen: der gespaltene Fels

Da fiel dem Knecht eine Geschichte ein, die er als kleiner Junge gehört hatte: In der Gegend sollte ein Riese leben. Groß und stark sollte er sein und eine Furcht einflößende Erscheinung besitzen. Nur die wackersten Männer wagten es, ihm entgegenzutreten. Doch seit Jahrhunderten hatte keiner mehr den Mut aufgebracht, dies zu tun. Der Knecht erkannte, dass der Riese seine einzige Chance war. Also nahm er sich ein Herz und schlug den Weg zum Wackerstein ein, um den Riesen um Hilfe zu bitten.

An der Schutzhütte mit Grillstelle biegen wir rechts ab und kommen zum von einem Kreuz gekrönten **Wackerstein** 3.

Gibt es Riesen oder hat es früher welche gegeben? Was glaubt ihr, wie das Leben heute aussehen würde, wenn unter uns Riesen leben würden?

»Ha...halloooo?!«, rief der Knecht furchtsam, als er am Wackerstein angekommen war. Da hörte er es von unten aus dem Tal knacken und seufzen. Er nahm allen Mut zusammen, trat an die Felskante und blickte hinab. Was er da sah, ließ ihm das Blut in den Adern gefrieren. Den Riesen gab es wirklich. Und er bewegte sich gerade durch das Tal, direkt auf ihn zu. Dabei trat er die Bäume um, als wären sie Gras. Er kam immer näher und näher, bis seine Nase schließlich fast die des Knechts berührte – nur dass der Riese dabei mit den Füßen noch im Tal stand. »Hast du nach mir gerufen?«, fragte der Riese und blinzelte dabei schüchtern. Der Knecht musste erst einmal den Kloß in seinem Hals wegschlucken, bevor er antworten konnte: »Genau, das war ich. Ich möchte dich um deine Hilfe bitten.« Die großen Augen des Riesen wurden noch ein wenig größer, als er antwortete: »Mich? Um Hilfe bitten? Das hat noch nie jemand getan! Alle anderen Menschen fürchten sich vor mir. Es kommt mich nie jemand besuchen. Und helfen durfte ich auch noch nie irgendwem.« Ein breites Lächeln zog sich über

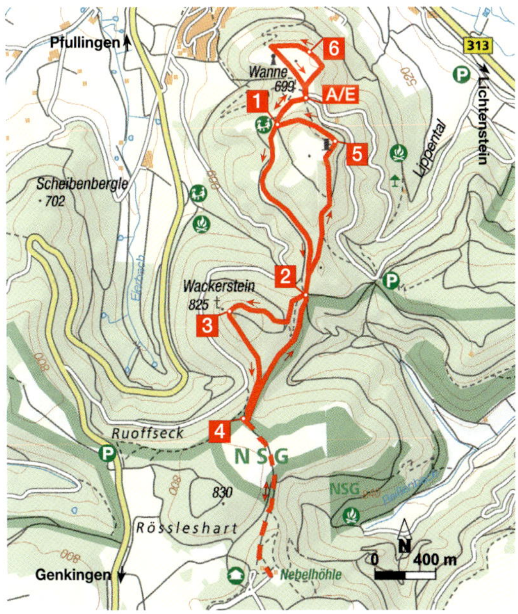

sein Gesicht, als er nachschob: »Ich helfe dir gern! Bei was eigentlich?« Der Knecht konnte sein Glück kaum fassen. Am liebsten hätte er den Riesen umarmt – doch seine Arme wären nicht einmal lang genug gewesen, die große Nase ganz zu umfassen.

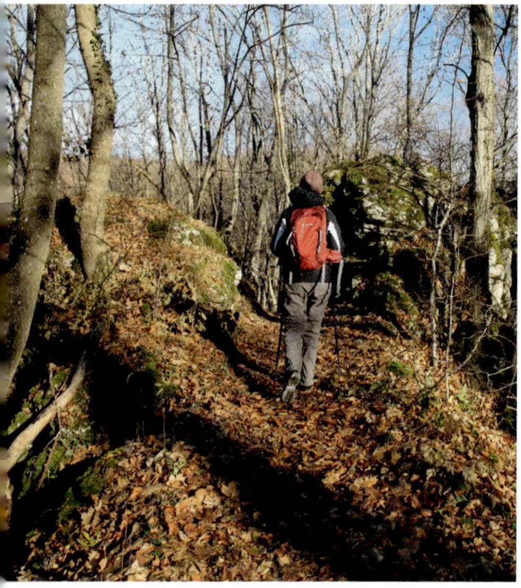

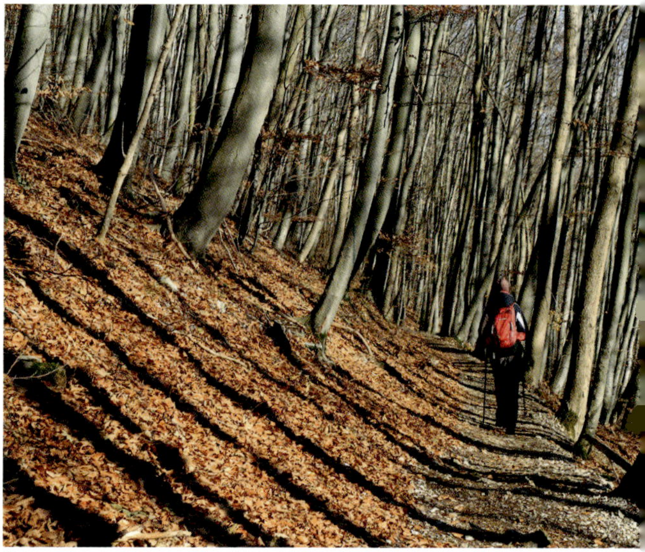

Auch im kahlen Winter macht Wandern Spaß.

Rechts: Unterwegs im Baumstamm-Meer

»Wir müssen ein Mädchen retten. Es wurde von einem Raubritter gefangen genommen. Nur mit dir an meiner Seite habe ich eine Chance. Wir müssen den Ritter so erschrecken, dass er auf und davon läuft.« Der Riese hatte aufmerksam zugehört und kratzte sich nun am Kopf. »Das klingt ja kompliziert. Aber ich helfe dir. Natürlich helfe ich dir.« Mit diesen Worten hob er seine große Hand vor die Füße des Knechts, sodass dieser mühelos in seine Handfläche springen konnte. Gemeinsam machten sie sich auf, den Raubritter zu finden.

Danach gehen wir etwas zurück und halten uns an der Grillstelle rechts. Für Kinder wird die Stelle interessant sein, an der man einen Durchlass durch einen Felsen quert. Immer abwärts gehend kommen wir zu einer großen Freifläche, dem **Won** 4. Ein Abstecher von hier zur Nebelhöhle wäre einen Kilometer lang.

Sie fanden den Raubritter auf einer Wiese liegend und dösend. »Mein Plan lautet so: Du rennst über die Wiese, schnappst dir den Ritter, und ich nehme ihm dann den Schlüssel zur Schutzhütte ab«, sagte der Knecht und sah den Riesen erwartungsvoll an. Der kratzte sich am Kopf: »Und warum erschrecken wir den armen Ritter?« Der Knecht traute seinen Ohren kaum. »Weil er ein Mädchen entführt hat! Hast du das etwa vergessen?« Der Riese zwinkerte wieder mit seinen großen Augen. »Ach so … ja

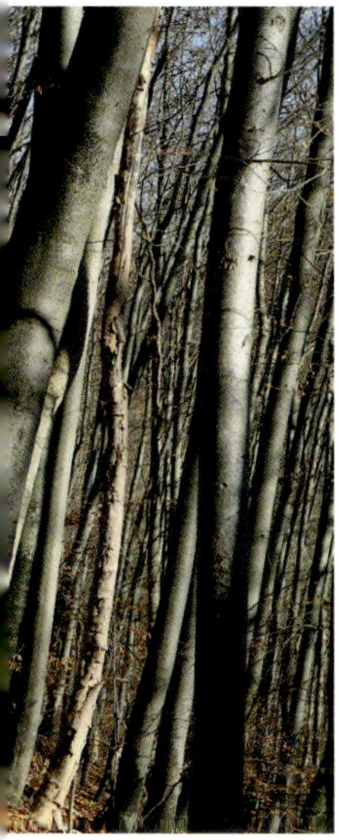

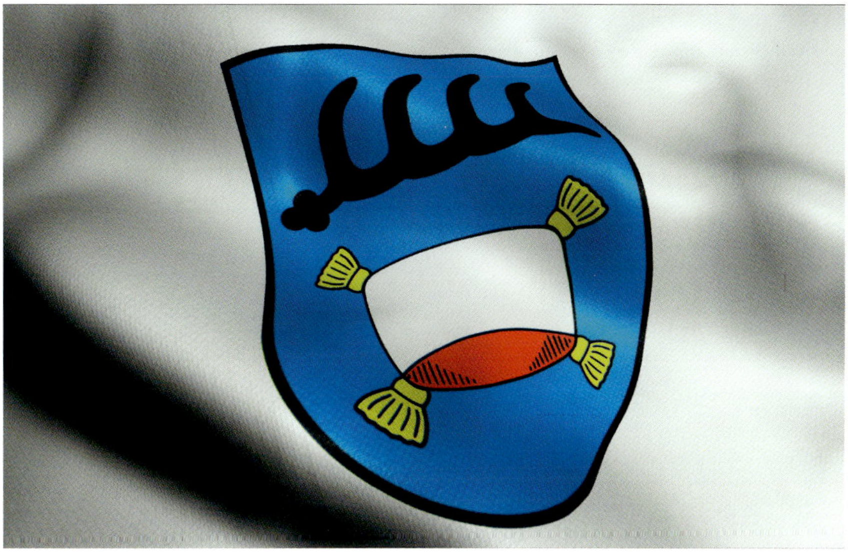

Eine Hirschstange im Wappen weist auf die Württemberger hin.

… das muss ich vergessen haben …« Der Knecht wurde nervös. Wie sehr konnte er sich auf seinen neuen Freund verlassen? »Sag mir, wie lautet der Plan? Kannst du ihn wiederholen?«, fragte er ihn nervös. Wieder kratzte sich der Riese am Kopf, bevor er antwortete: »Hmmm, nein … an einen Plan erinnere ich mich gerade nicht.« Der Knecht begann vor Aufregung zu schwitzen. »Also gut, ich bleibe hier auf deiner Handfläche und rufe dir immer den nächsten Schritt zu, einverstanden? Jetzt renn über die Wiese auf den Ritter zu!« Der Riese tat, wie ihm geheißen. »Schnapp ihn dir!«, brüllte der Knecht, als sie direkt vor dem Ritter standen, der erst verdutzt, dann mit Panik in den Augen zu ihnen hinaufblickte. Als der Riese den Ritter in der anderen Hand festhielt, rief der Knecht zu ihm hinüber: »Mein großer Freund und ich sind gekommen, um das Mädchen zu befreien. Gib uns den Schlüssel zur Hütte, und wir lassen dich laufen.« Der Raubritter nickte, so heftig er konnte. »Setz ihn wieder ab, aber halte ihn am Kragen fest«, sagte der Knecht zum Riesen, der seinen Worten Folge leistete. Kaum hatte er festen Boden unter

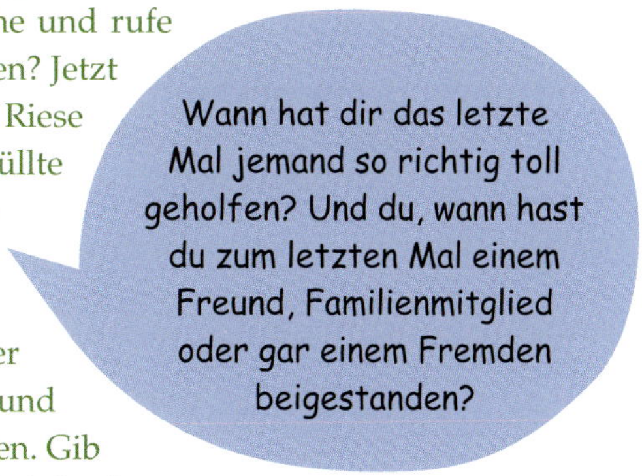

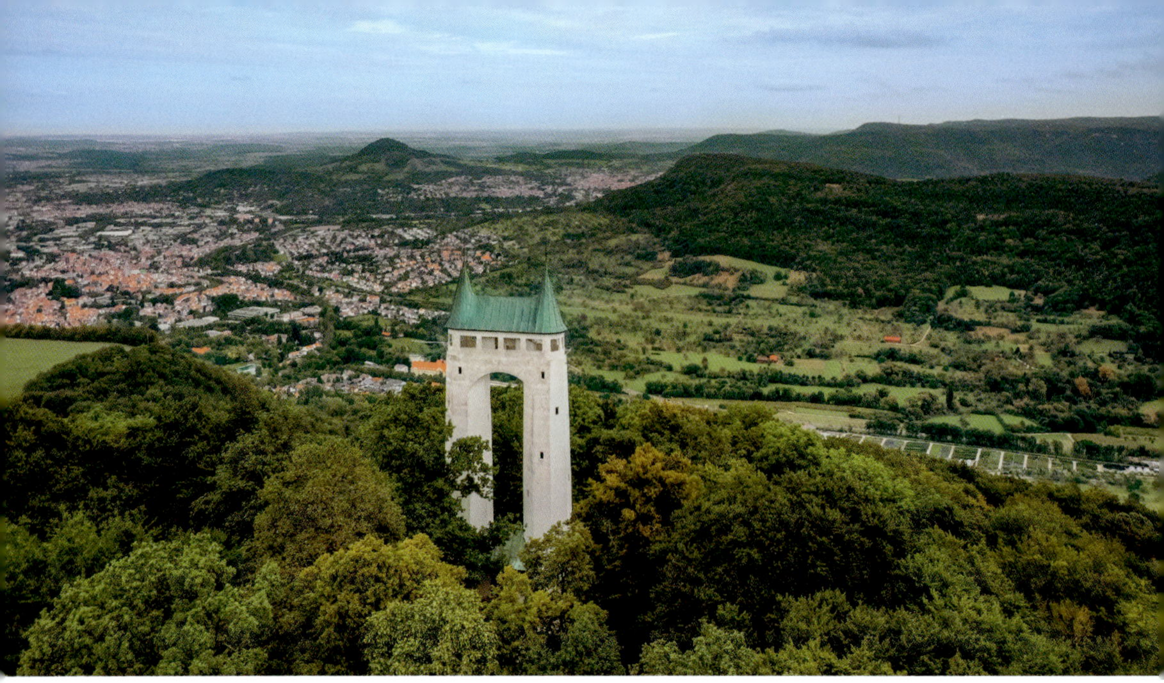

Auch aus der Luft ist der Schönbergturm ein beeindruckendes Bauwerk.

den Füßen, griff der Ritter in seine Tasche, zog einen Schlüsselbund heraus und warf ihn in hohem Bogen in die Luft. »Fang ihn auf!«, rief der Knecht. Der Riese ließ den Ritter los, der sofort schreiend vor Angst in den Wald rannte und nie wieder gesehen wurde, und griff nach dem Schlüssel. Er hob ihn sich dicht vor die Augen und fragte dann: »Was ist an dem Schlüssel denn so besonders?« Der Knecht seufzte tief, hatte aber schon akzeptiert, dass sein neuer Freund der vergesslichste Riese auf der ganzen Welt war.

Ein Aussichtsturm, der aussieht wie eine lange Unterhose und den man nur wie in einer Einbahnstraße besteigen darf? Das gibt's nur auf der Schwäbischen Alb!

Wir biegen am Won links ab und wandern auf dem mit dem blauen Dreieck markierten Weg hinab zum **Hinteren Sättele** ❷. Jetzt nehmen wir aber den rechten Weg, der mit dem roten Balken markiert und in Richtung »Schönberg Aussichtsturm« ausgeschildert ist. Nun steigt der Weg eine Weile an bis zu einem querenden Weg, der uns nach links zur Schönbergwiese bringt. Auf ihr gehen wir nach rechts zum **Aussichtsturm** ❺. Für Kinder interessant sein wird die Einbahnregelung: In der rechten Turmröhre steigt man hinauf, in der linken geht es wieder hinunter.

Gemeinsam liefen die beiden ungleichen Freunde so schnell sie konnten zum Gefängnis des Mädchens und befreiten es. Die

Freude der beiden Liebenden über das Wiedersehen war so groß, dass sie gar nicht bemerkten, wie sich der Riese in den Wald zurückzog. Erst als er nach einiger Zeit zurückkam und der Knecht und das Mädchen in seine Richtung blickten, staunten sie nicht schlecht und lachten dann laut los. »Was ist denn?«, fragte der Riese neugierig. »Wo warst du denn gerade?«, wollte der Knecht von seinem Freund wissen, während er mit Mühe sein Lachen unterdrückte. »Auf dem Klo«, antwortete der Riese und errötete. »Kann es denn sein, dass du etwas vergessen hast?«, fragte nun das Mädchen den Riesen und zeigte lachend auf etwas, das sich hinter ihm befand, in der Richtung, aus der er kam. Und als der Riese sich umdrehte, wurde ihm klar, warum seine Freunde so lachten: Er hatte seine lange Unterhose vergessen! Er fiel in das Gelächter ein und ließ die Unterhose Unterhose sein. Noch heute findet man deshalb die große, weiße Unterhose des Riesen auf dem Berg. Die Menschen haben eine Treppe hinein gebaut und benutzen sie heute als Aussichtsturm. Das war eine gute Idee, hat man doch eine prächtige Aussicht von oben!

Markant baut sich der Schönbergturm vor uns auf. Auf der Wiese davor: Tische und Bänke zum Rasten.

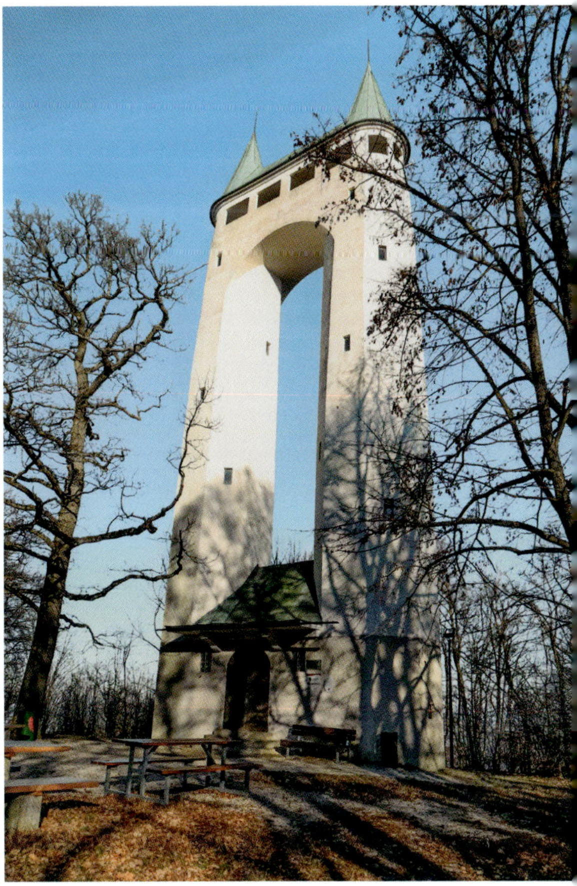

Hinter dem Turm gehen wir wieder hinab. Am besten nehmen wir den linken Weg, der uns zurück zu der Lichtung bringt, die wir schon vom Tourenanfang her kennen. Wir halten uns rechts und sehen bald links die bekannte Hütte. Gleich danach sind wir bereits wieder zurück an unserem Ausgangspunkt, dem Parkplatz.

Wer die Wanderung noch etwas verlängern will, geht am rechten Rand der Wannenwiese am Waldrand entlang zum **Trauf** 6, wo die Gleitschirm- und Drachenflieger starten. Bei Betrieb ist es sicher interessant, die Flugkünstler zu beobachten, ansonsten genießt man einfach die Aussicht. Nach links gelangt man zum Gedenkstein für den »Vater der Albfeste«. Geht man noch weiter, kommt man nicht nur zu einem weiteren Aussichtspunkt, sondern auch zu einer Grillstelle. Danach folgen wir dem Grasweg zurück zum **Parkplatz** E.

10 Entlang der Echaz durch Pfullingen

Rätselspaß auf dem WasserErlebnisPfad Echaz

Mittel	7 km	90 Hm	2 Std.

Alter
4–12

Tourencharakter
Wir gehen auf festen Wegen. Da diese Wanderung recht kurz ist, hat man anschließend noch Zeit. Interessant sind die Museen, zudem liegen das Hallenbad am Weg und das Freibad unweit des Ausgangspunkts.

Ausgangs-/Endpunkt
Pfullingen, Parkplatz 2 (Sandwiesenstraße)

GPS-Koordinaten
48.456283, 9.229262

Wegverlauf
Pfullingen/Parkplatz 2 – Museen – Schloss – Rathäuser – Klostersee – Urfall – Parkplatz 2

Karten
Stadtplan Pfullingen; Broschüre WasserErlebnispfad Echaz in Pfullingen (s. Information)

Information
www.pfullingen.de. Es empfiehlt sich, sich vorher die Begleitbroschüre zu besorgen unter tourismus@pfullingen.de.

Wasser ist immer etwas, das Kinder fasziniert. Bei diesem Weg durch Pfullingen entlang der Echaz kommen wir an vielen interessanten Stationen vorbei, bei denen die Kinder etwas über Wasser, Wassernutzung oder Tiere am Wasser erfahren. Apropos Tiere: Die kühle und schnell fließende Echaz ist ein ideales Gewässer für Forellen, und die Wasseramsel als Maskottchen dieses Weges weist auch auf eine der spezifischen Vogelarten der Echaz hin.

Auch die Museen sind sehenswert, und zudem liegen zwei Spielplätze am Weg. Da der Weg durch das Pfullinger Zentrum führt, lässt es sich dort auch gut einkaufen und einkehren. Mit kleineren Kindern kann man die Tour jederzeit abbrechen. Wo die Sandwiesenstraße nach der Klosterstraße nach links zur Einfahrt

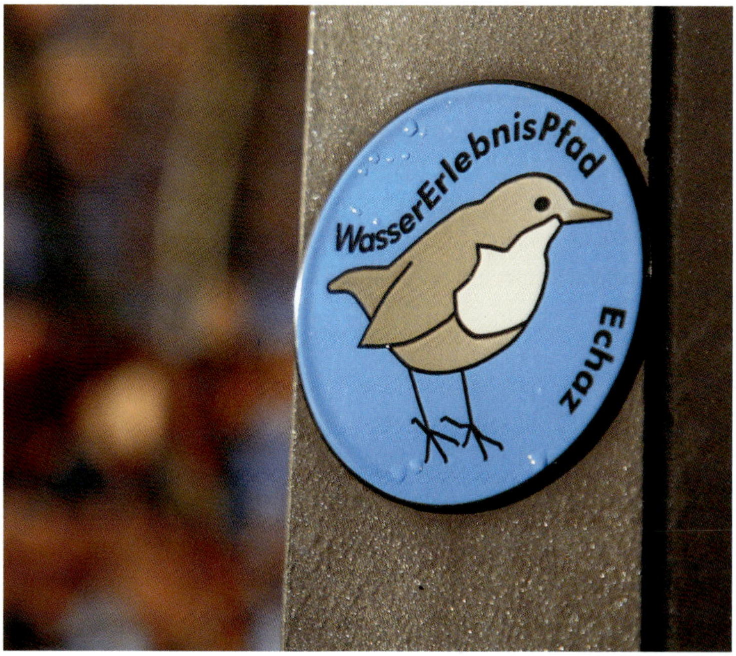

Das Wasseramsel-Symbol weist den Weg.

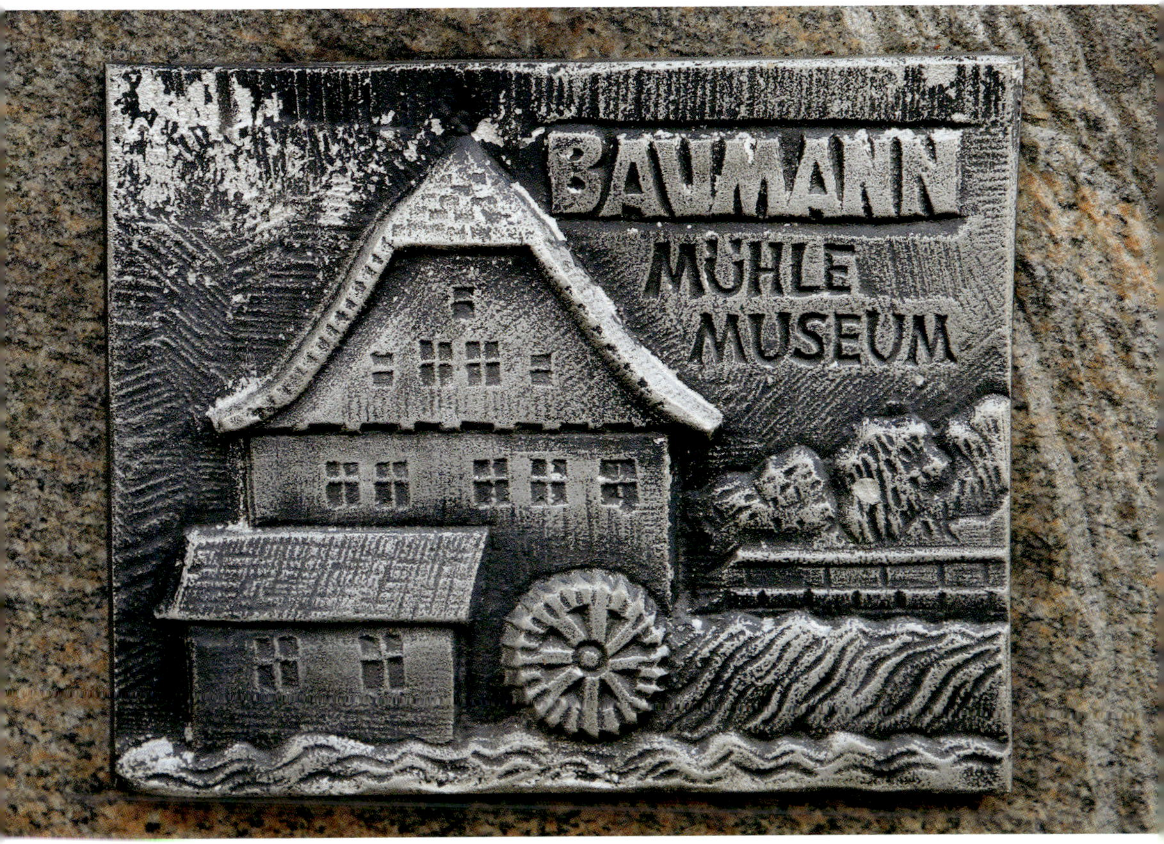

Die Baumannsche Mühle ist eine der beeindruckendsten an der Echaz.

in den **Parkplatz 2** Ⓐ zieht, spazieren wir in der Straße An der Urfall bis zum Ortsende und dort auf dem Radweg nach links. Kurz darauf treffen wir auf die **Echaz** ❶ mit einer Infotafel. Wir biegen links ab und folgen, vorbei an Wasserfällen, der Echaz auf ihrer linken Seite. Bald queren wir die Sandwiesenstraße und wandern weiter entlang des Bachs zu einer **idyllischen Stelle** ❷, wo die Kinder ans Wasser gelangen können.

Danach treffen wir auf eine Straße, folgen ihr kurz nach rechts und zweigen vor dem weißen Haus rechts ab. Wo wir die Echaz überqueren, sehen wir links, wie sie unter dem Gebäude hindurchfließt. Innen treibt sie eine Turbine an.

Wir gehen an dem Gebäude vorbei und über-

Wisst ihr, was eine Turbine ist und für was man sie benötigt?

Lösung: Der Name kommt vom lateinischen »turbare«, was auf Deutsch »drehen« bedeutet. Dies weist schon auf ihre Funktion hin: Eine Turbine ist eine Maschine, durch die Flüssigkeit oder Gas strömt und sie so zum Rotieren bringt. Dadurch wird Strom erzeugt.

queren danach die Klosterstraße. Das herrschaftliche Haus auf der anderen Straßenseite ist die **Villa Laiblin** ❸. Sie gehörte dem Fabrikanten Louis Laiblin, der u.a. den Schönbergturm, auch »Unterhose« genannt (s. Tour 9), erbauen ließ.

Wir folgen der Echaz weiter. Nach einem rechts liegenden großen Spielplatz kann man nach links zur Echaz gehen. Bald sto-

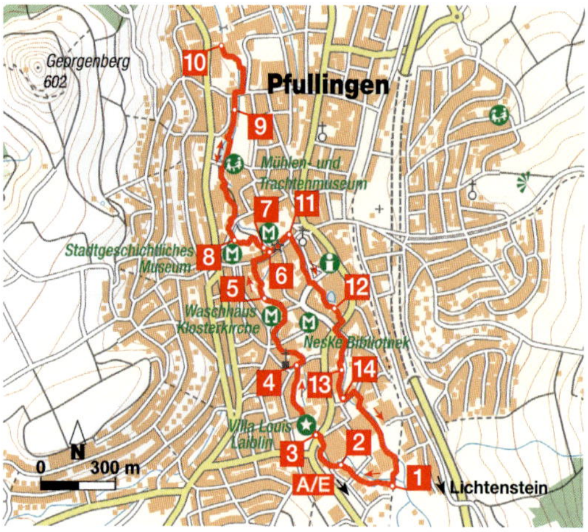

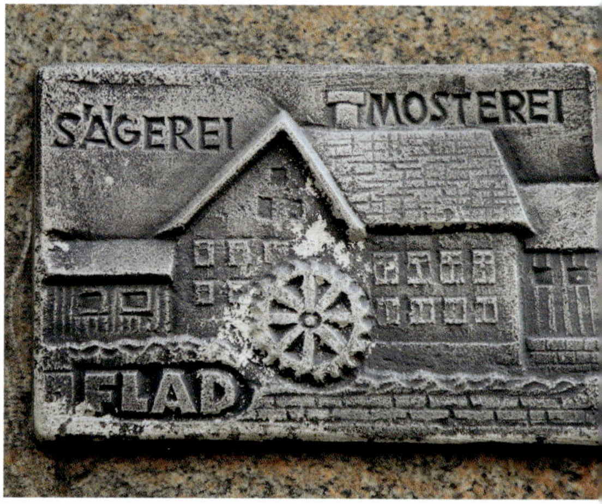

Auch die Fladmühle ist auf einem schönen Relief abgebildet.

ßen wir auf die Hohe Straße, wo wir uns rechts halten. Links steht das alte Gebäude der ehemaligen **Sägemühle Flad** ❹. Nach der Echaz biegen wir links ab. Es geht anfangs parallel zu dem alten Gebäude der Sägemühle weiter. Man sieht gut, wie ein Kanal durch das Mühlengebäude hindurchführt und sich danach wieder mit dem Bach vereinigt. Innen wurde durch ihn ein Wasserrad angetrieben, mit dem der Sägemüller seine Säge betrieb. Rechts steht ein mächtiger Mammutbaum.

Wisst ihr, was es noch für Mühlräder gibt und warum sie so heißen?

Lösung: Es gibt ober-, mittel- und unterschlächtige Mühlräder. Sie werden danach bezeichnet, wo das Wasser auf das Rad einwirkt: von oben herab, in der Mitte oder von unten, also wenn das Mühlrad mit den Schaufeln an der Unterseite ins Wasser eintaucht.

Danach kommen wir am Friedrich-Schiller-Gymnasium vorbei. Links liegt ein Wehr. Hier ziehen Fluss und Weg nach rechts. Wir treffen auf die Gönninger Straße und nehmen kurz darauf den nach der Echaz links abgehenden Weg, der uns am **Hallenbad** ❺ vorbeiführt. Das Zeichen weist uns auf die zweite Brücke nach links über den Bach. Bald treffen wir auf die Griesstraße, wo wir rechts abbiegen, auf die Kirche zu. Hierher kommen wir auf dem Rückweg wieder. Kurz darauf biegen wir vor dem Bach links ab und gehen auf die **Baumannsche Mühle** 6 zu. Im Vorbau zum Mühlengebäude sehen wir ein sogenanntes mittelschlächtiges Mühlrad.

Wir gehen an der Mühle vorbei und auf die beiden Fachwerkgebäude zu. Das rechte ist das sogenannte Schlössle, in dem heute das Stadtgeschichtliche Museum untergebracht ist. Wir gehen zwischen den beiden **Fachwerkgebäuden** 7 hindurch auf ein weißes Haus zu, das Doktorhaus genannt wird. Links sehen wir auf einer Brunnensäule eine Figur.

Könnt ihr euch denken, was diese Bronzeskulptur darstellt?

Lösung: Es ist ein Gerber, der ein Fell abschabt. Dies weist auf ein Gewerbe hin, das es früher in Pfullingen häufig gab.

Wir biegen zwischen dem Schlössle und dem Doktorhaus rechts ab und spazieren durch den Schlosspark. Das kleine Gebäude im Park birgt den Rest eines Mühlrads, die Schaufeln daran fehlen. Dies ist ein unterschlächtiges Wasserrad von 1835, das 1852–1950 in der Leder- und Treibrie-

Die kleine Skulptur des Gerbers vor dem Museum weist auf dieses Pfullinger Gewerbe hin.

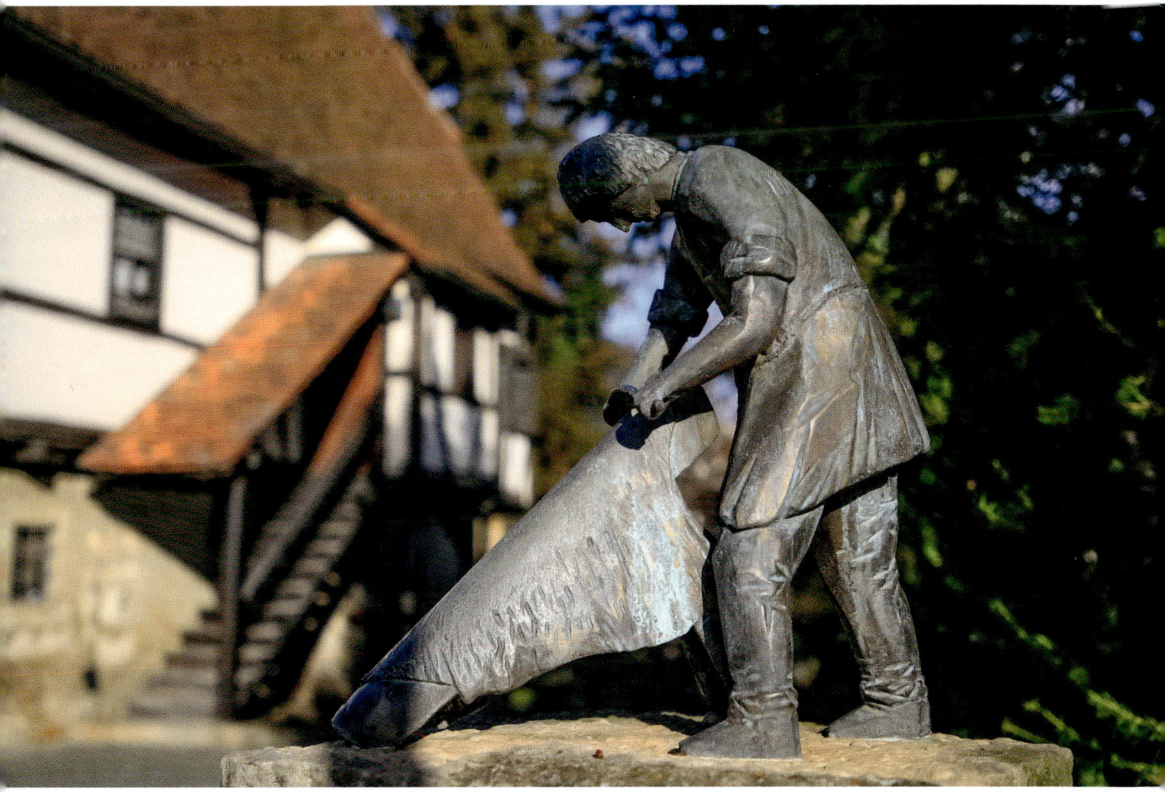

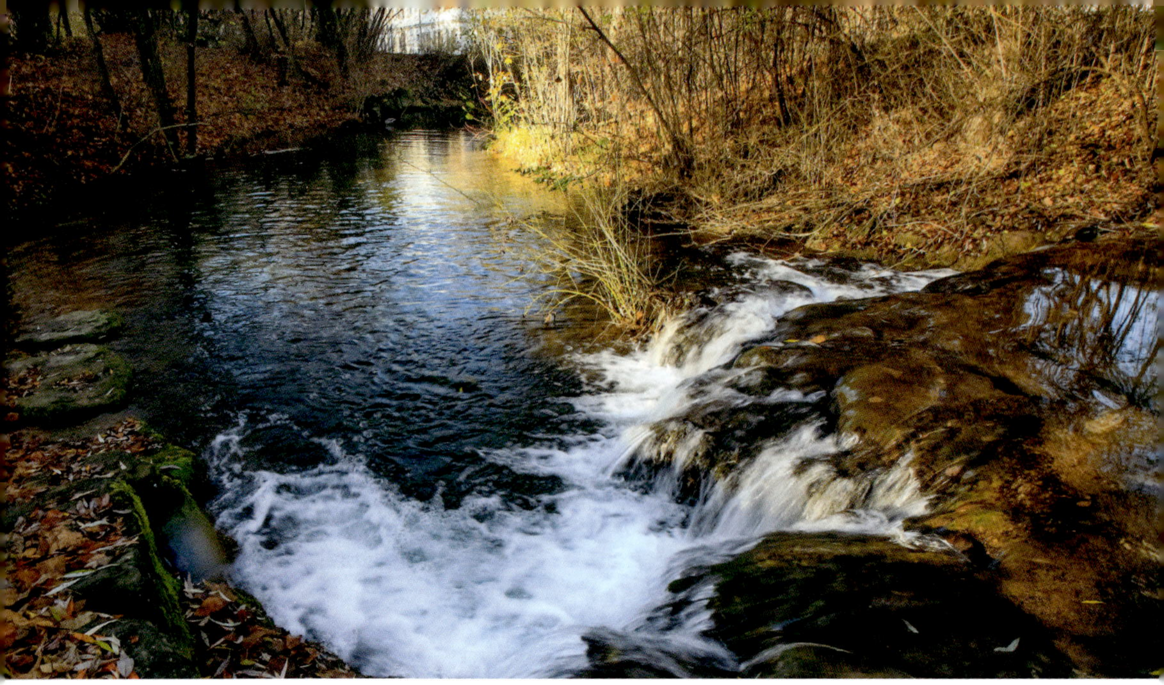

Idylle mit Wasserfall an der Echaz

menfabrik Gebr. Klemm in Betrieb war. Interessant ist auch, dass hier im Park weitere Mammutbäume stehen.

Der Weg bringt uns zur Schlossstraße, hinter der das **ehemalige Schloss** 8 steht. Die Straße führt über die historische Brücke; rechts hinter ihr finden wir einen weiteren großen Spielplatz. Unser Weg führt uns zwischen dem Schloss und der Mauer, hinter der die Echaz fließt, weiter. Bald können wir durch einen Mauerdurchlass auf einen Wasserfall der Echaz sehen.

Schaut, an welchen Mühlen ihr bei dieser Tour schon vorbeigekommen seid. Es folgen noch die ehemaligen Volk'sche Mühle und die Obere Mühle. Wie haben sie einmal ausgesehen?

Wir wandern nun mal links, mal rechts parallel zur Echaz dahin. Nach der querenden Kurzen Straße geht es rechts der Echaz weiter, wir wechseln aber bald wieder auf die linke Seite. Nach dem **Feuerwehrhaus** 9 quert die Bismarckstraße. Wir halten uns rechts und gehen nach der Echaz links in die Schlayerstraße. Bei Gebäude Nr. 6 zweigen wir links ab auf einen schmalen Weg, der oberhalb und parallel zur Echaz verläuft. Kurz darauf sehen wir unterhalb der auf der anderen Bachseite liegenden Firma Hecht einen **Wasserfall** 10, den Dragonerfall. Über diesen etwa drei Meter hohen Wasserfall gibt es einige Erzählungen. So soll er seinen Namen davon haben, dass sich hier einmal ein Dragoner, also ein berittener Soldat, hinabgestürzt hat. Auch wird erzählt, dass – noch viel früher – an ihm der heilige Georg den Drachen besiegt hätte.

Beim Dragonerfall sind wir am weitesten Punkt dieses Ausflugs angelangt – jetzt geht es wieder zurück. Wir folgen demselben Weg bis zur Griesstraße hinter der Baumannschen Mühle und biegen dort links ab. Vorbei am Rathaus III und IV gehen wir bis vor die **Martinskirche** ⓫ und biegen rechts ab in die Kirchstraße. Hier steht auch der Marktbrunnen, auf dessen Brunnentrog Reliefs zu sehen sind, die einen Bezug zu den Sagen des Sagenwanderwegs haben (s. Tour 11).

Bald zweigt rechts der Laiblinsplatz ab. Wir spazieren durch ihn hindurch bis zur querenden Klosterstraße (rechts) bzw. Badstraße (links). Auf der anderen Seite gehen wir rechts des Parkhauses in die Grünanlage mit dem **Klostersee** ⓬. Vor ihm steht rechts der Mühlenstein mit Abbildungen der ehemaligen und der heutigen Pfullinger Mühlen.

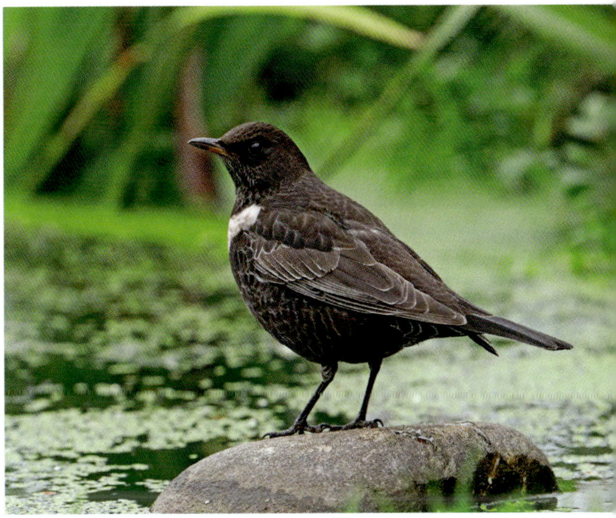

Wer sich still verhält, kann Wasseramseln beobachten.

Wir wandern am See entlang und kommen zur querenden Großen Heerstraße. Dort gehen wir kurz nach rechts bis dorthin, wo die Klosterstraße weiterführt. Hier biegen wir links ab in die Kraussstraße. Gleich darauf zweigen wir rechts ab und folgen, parallel zum 3/8-Kanal, weiter der Kraussstraße bis zu dem mächtigen Fachwerkgebäude mit der ehemaligen **Volk'schen Mühle** ⓭.

Wir gehen rechts an dem Gebäude entlang, danach steigt der Weg kurz an, und anschließend geht es auf einem Pfad weiter, immer noch direkt entlang des 3/8-Kanals, bis zur querenden Leonhardstraße. Hier steht die **Obere Mühle** ⓮; auch neben ihr stürzt das Wasser herab. Wir biegen links, nach der Mühle rechts ab zum Bauhof. Es geht aber rechts von ihm weiter auf einem Pfad entlang des Kanals.

An einem querenden Sträßchen liegt links ein Parkplatz. Kurz darauf treffen wir auf den Radweg. Nun biegen wir rechts ab. Links sehen wir hinaus auf die Wässerwiesen mit dem Naturschutzgebiet Echaz-Aue. Kurz danach erreichen wir wieder die **Echaz** ❶ mit dem 5/8-Kanal. Diese Stelle kennen wir schon vom Hinweg. Wir gehen jetzt aber weiter, bis die uns schon bekannte Straße An der Urfall nach rechts abzweigt. Auf ihr spazieren wir zurück zum **Parkplatz 2** Ⓔ.

11 Auf dem Pfullinger Sagenweg

Gute und böse Gestalten

Leicht | 4,5 km | 140 Hm | 1.30 Std.

Alter
4–12

Tourencharakter
Wir wandern auf Forstwegen und Pfaden, ein kurzes Stück ist seilgesichert. Der Weg ist mit Holzpfeilern (Hosenknopf-Symbol) und zeigenden Händen aus Holz markiert. Es gibt noch weitere Sagenstationen, die auf der beschriebenen Wanderung nicht berührt werden, um die Wanderung kindgerecht kurz zu halten.

Ausgangs-/Endpunkt
Pfullingen, Parkplatz am Elisenweg

GPS-Koordinaten
48.466236, 9.243405

Wegverlauf
Pfullingen/Parkplatz am Elisenweg – Sagenskulpturen-Weg – Parkplatz Remmselesstein – Parkplatz am Elisenweg

Karten
Schwäbischer Albverein e. V. 1:25 000, W242 Sonnenbühl; NaturNavi 1:25 000, Blatt 52-538 Reutlingen/Bad Urach

Grillmöglichkeit
In der Nähe des Parkplatzes

Information
Einen Flyer mit Karte und Beschreibung erhält man bei der Stadt Pfullingen, www.pfullingen.de.

Bei diesem Weg kann man verschiedene Sagen auf Schildern nachlesen. Dass es dazu jeweils eine geschnitzte lebensgroße Holzskulptur der Hauptperson zu sehen gibt, ist besonders interessant. Erwachsene erfreuen sich zudem am schönen Wald und der Aussicht.

Vom **Parkplatz** Ⓐ mit Spielplatz und Grillstelle am Elisenweg folgen wir kurz dem Wolfsgrubenweg und gehen dann mit dem blauen Dreieck in den Wald. Gleich darauf biegen wir für den Sagenweg links ab; nun führt uns der Forstweg in einem weiten Bogen um den Urselberg.
Bald sehen wir das **Gesicht der Urschel** ❶, der gütigen und hilfsbereiten Frau, die am Urselberg gelebt haben soll. Die Urschel ist die wichtigste Sagengestalt Pfullingens. Ihren Namen findet man nicht nur im Urselberg, sondern auch im Ursulabergtunnel. Danach gehen wir nach links hinab zum Ausweichparkplatz, wo es auch Spielmöglichkeiten und eine Grillstelle gibt. Der Waldweg führt zur Straße, der wir nach rechts folgen, nun etwas bergauf. Kurz darauf zweigen wir rechts ab auf den Wolfsgrubenweg. An einer Rechtskurve steht eine Tafel mit Informationen zu Vögeln und zum Wald, etwas weiter rechts finden wir den **Pelzmichel** ❷. Mit diesem drohte man unartigen Kindern. Er nahm die Rolle des

Ihr seht hier Skulpturen mit den Sagengestalten aus der Geschichte von Pfullingen. Aber sucht doch selbst Baumstämme, Totholz und Äste, die seltsam aussehen, ja vielleicht sogar Ähnlichkeiten mit Personen oder sonst bekannten Gegenständen haben. Seid ihr mehrere Kinder, könnt ihr das sogar um die Wette machen: Wer findet den nächsten Ast, der nach etwas »Echtem« aussieht? Und wer von den anderen errät, was es sein könnte?

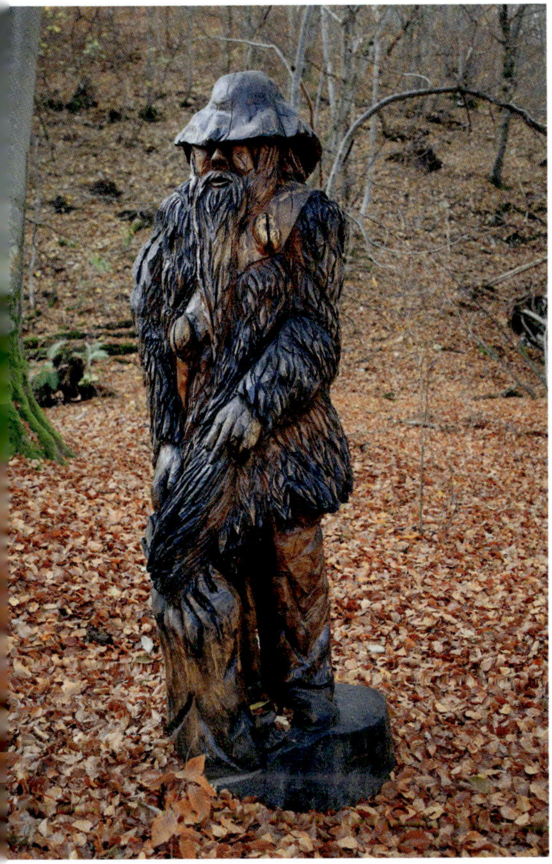

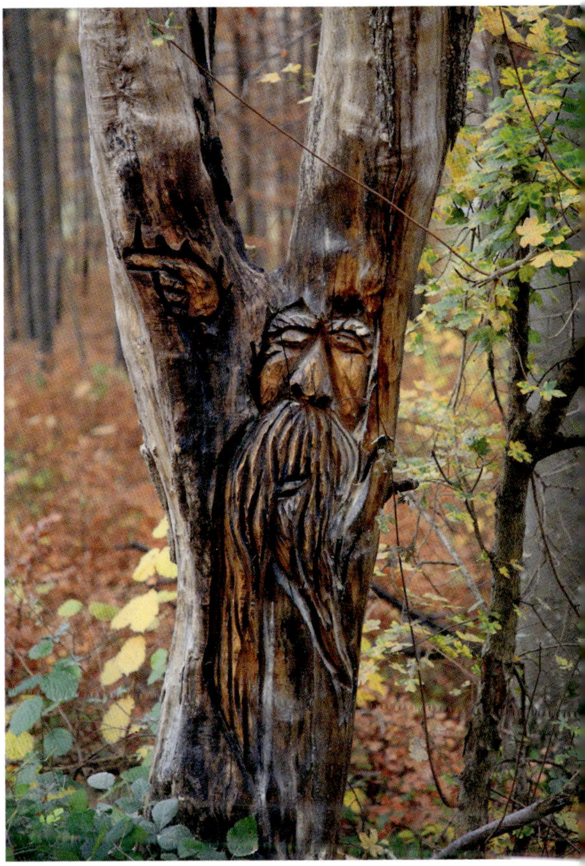

Hier geht's lang – der Gnom weist den Weg.

Links: Der Pelzmichel

St. Ruprechts ein: Mit seiner Rute für die bösen Kinder und einem Sack mit Äpfeln und Nüssen für die braven hat er sich um den Nikolaustag herum in die Stadt aufgemacht, um jedem Kind das Verdiente zu bringen.

Es folgt die Skulptur eines **Waldmännles** ❸. Diese Gestalten sind die Zwerge des Urselberges; sie sorgten für Ordnung im Wald und taten den Menschen Gutes, wie man lesen kann. Vorbei an einer geschnitzten Figur, welche die Funktion eines Wegweisers einnimmt, kommen wir zum **Haule** ❹. Dieser war ein Knecht, der zur Strafe mit dem Kopf unter dem Arm umgehen muss. Er soll seinen Vater umgebracht haben, um schneller an dessen Geld zu kommen.

Nachdem wir etwas bergab gewandert sind, biegen wir links ab auf einen schmalen Pfad. Er steigt etwas an und ist über ein kurzes Stück sogar wie im Gebirge mit einem Seil gesichert. Bald kommen wir zur **liegenden Figur der Urschel** ❺. Im Berginneren

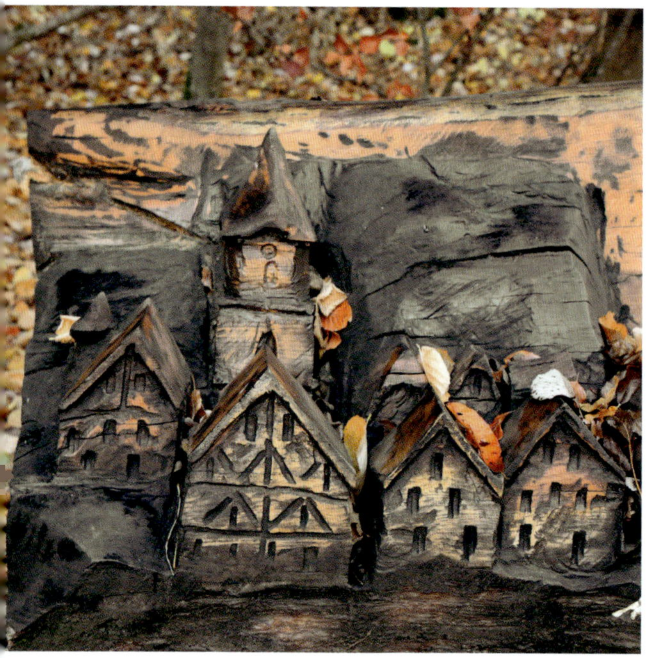

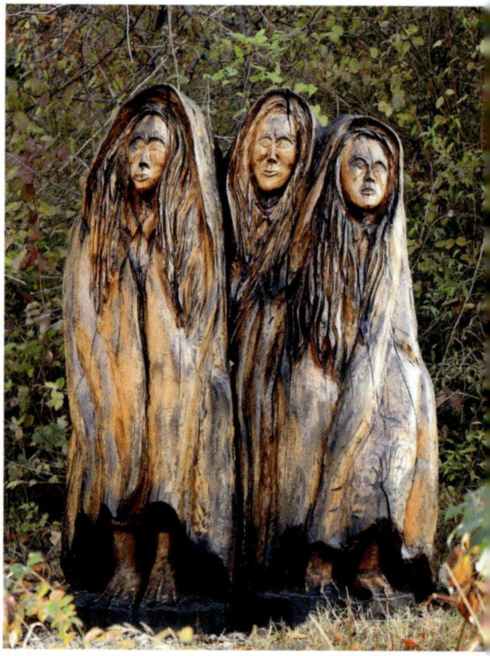

soll sie drei Schlösser besitzen. Ihr riesiger, ebenfalls im Berg aufbewahrter Schatz wird von einem Pudel mit feuerroten Augen bewacht. Für die Pfullinger war sie eine gute, hilfsbereite Frau. Deshalb sind unter ihrer Figur auch die Pfullinger Häuser, darunter eine Mühle (wer sieht sie?), abgebildet.

Kannst du auch gut schlafen? So gut, dass du morgens gar nicht aufstehen willst? Oder wachst du am frühen Morgen schon voller Tatendrang auf?

Etwas später treffen wir auf einen breiten Forstweg, dem wir nach rechts bergab folgen. Bald sehen wir linker Hand eine weitere liegende Figur, einen **schlafenden Grafen** ❻, der auf einer Jagd einmal abends nicht mehr heim fand und sich im Wald zum Schlafen legte. Als er am nächsten Morgen gefunden wurde, erzählte er, dass er auf dem Moos wunderbar wie auf einem Pfulben (= Kissen) geschlafen hätte.

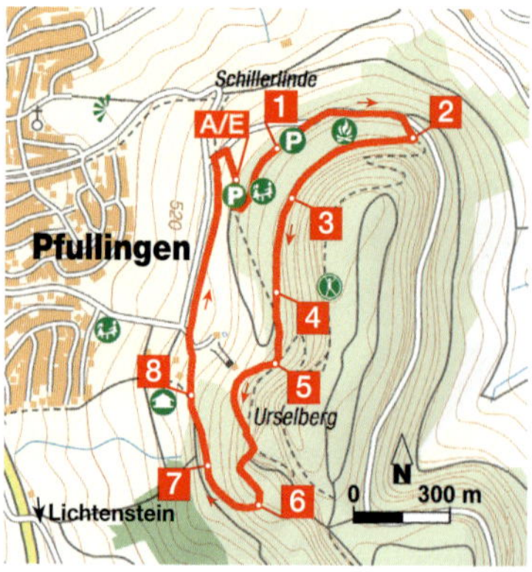

Bald erreichen wir einen großen Stein, den **Remmselesstein** ❼. Dort haben einst die

Oben links: Pfullingen-Abbildung auf der Skulptur der liegenden Urschel

Oben rechts: Die Nachtfräulein schämten sich, weil sie Entenfüße hatten.

Fuhrleute und Bauern der Ursel Remmsele geopfert, um eine gute Weiterfahrt zu erbitten. Remmsele sind Knöpfe mit fünf Löchern – und es sind in der danebenstehenden Holzhand sogar solche Remmsele (womöglich sogar Münzen) zu sehen.

Bald danach verlassen wir schließlich den Wald und kommen zum Parkplatz Remmselesstein; hier gibt es links im Waldcafé eine Einkehrmöglichkeit. Rechts am Waldrand steht eine Skulptur der **Nachtfräulein** 8 der Urschel. Diese wohnen zusammen mit der Urschel im Berginneren. Früher halfen sie den Menschen beim Spinnen. Weil sie Entenfüße haben, achteten sie immer darauf, dass diese nicht zu sehen waren.

Wie mag man wohl in einem Berg wohnen? Überlege dir, wie die Bergfräuleins sich ihre Höhle eingerichtet haben könnten.

Wir wandern auf der Zufahrtsstraße, später rechts daneben auf einem Pfad, weiter bis zum Elisenweg. Dort halten wir uns rechts und später wieder rechts zurück zu unserem Ausgangspunkt am **Parkplatz** E.

In der riesigen Hand sammeln sich Knöpfe; manchmal findet sich auch ein Geldstück darunter.

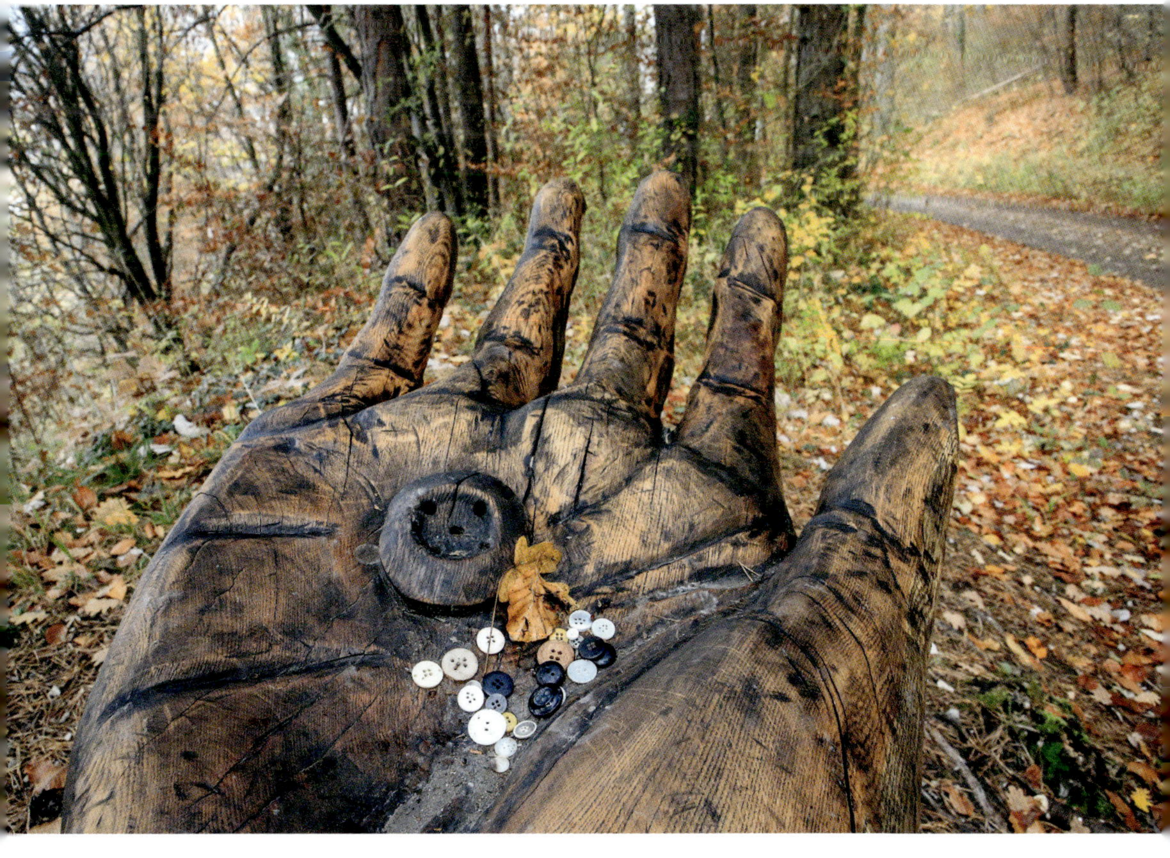

12 Zur Burg Derneck

Erde, Wasser, Luft – im Tal der Großen Lauter

Leicht | 4,5 km | 110 Hm | 1.30 Std.

Alter
4–12

Tourencharakter
Die Wanderung verläuft meist auf guten Wegen und nur nach der Burg Derneck und vor Wittstaig auf Pfaden. Den Parkplatz erreicht man, wenn man von der K 6750 dem Schild zur Burg Derneck folgt.

Ausgangs-/Endpunkt
Hayingen, Parkplatz Spielplatz Breitle

GPS-Koordinaten
48.312641, 9.496820

Wegverlauf
Hayingen/Parkplatz Spielplatz Breitle – Wittstaig – Lautertal – Burg Derneck – Parkplatz Spielplatz Breitle

Karte
Schwäbischer Albverein e. V. 1:25 000, W243 Bad Urach

Grillmöglichkeiten
Burg Derneck, Lautertal, Parkplatz

Information
www.hayingen.de; Burg Derneck ist ein Wanderheim des Schwäbischen Albvereins (im Winter geschlossen; www.schwaebischealb.de).

Die Kinder werden an dieser Tour ihre Freude haben, bietet sie doch mit dem idyllischen Lautertal, der Burg Derneck und dem großen Spielplatz viele Attraktionen. Zudem ist die Wanderung recht kurz, sodass man den Spielplatz und die verschiedenen Grillmöglichkeiten ausgiebig genießen kann. Wenn man Glück hat, sieht man auf der Lauter auch Kanufahrer.

Der **Spielplatz Breitle** Ⓐ am Ausgangspunkt ist schon so einladend, dass es vielleicht etwas Überredungskunst bedarf, die Kinder zum Wandern zu bewegen. Wir gehen an der Holzhütte in den Wald hinein. Bald zieht der Weg nach links abwärts, und wir queren das Ratzental. Nach dem Wald wandern wir am oberen Rand einer Wiesenfläche entlang, von der wir einen schönen Blick hinab ins Lautertal (und schon auf unseren Rückweg) genießen.

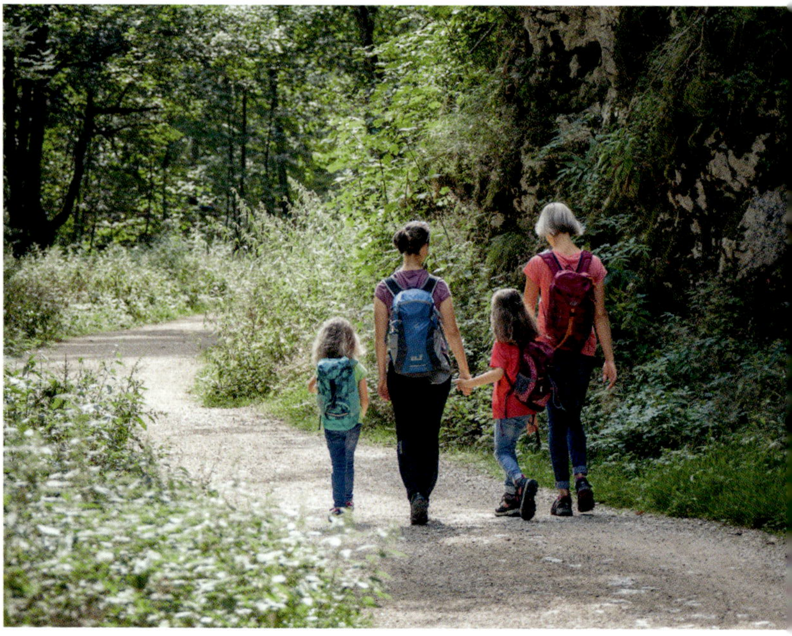

Gemeinsam wandern stärkt die Familie und macht allen Spaß.

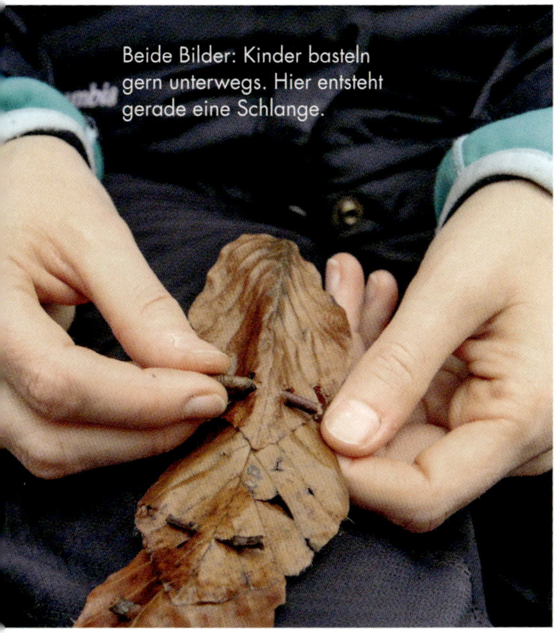

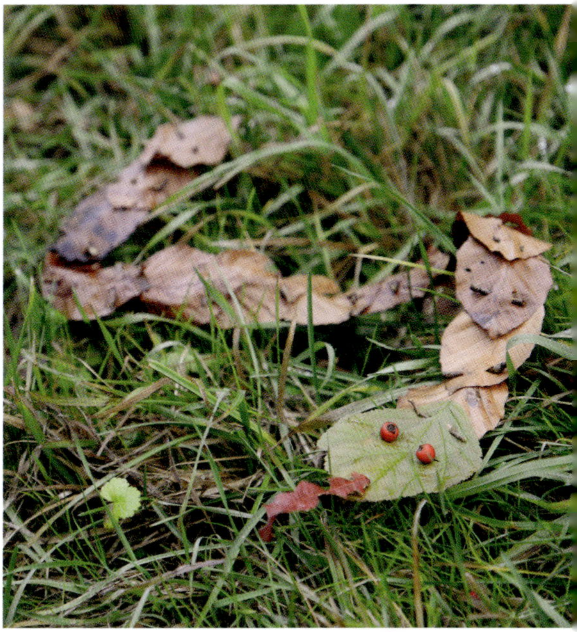

Beide Bilder: Kinder basteln gern unterwegs. Hier entsteht gerade eine Schlange.

Auf dieser Tour werden wir kreativ. Es lohnt sich, eine Tüte oder einen Rucksack dabeizuhaben, denn wir wollen am Wegrand Naturmaterialien einsammeln, mit denen wir später basteln können. Dazu brauchen wir:

- 15–20 schöne, große Blätter, 10 davon etwa gleich groß und gleichfarbig
- kleine, sehr dünne Äste, 5–10 davon sollten an einer Seite eine Gabelung haben
- Beeren oder, falls es gerade keine gibt, noch mehr Blätter

Diese Tour bringt uns den Elementen näher. Wir sind gerade durch ein Wäldchen gekommen. Auf der Erde dort haben wir vielleicht ein paar unserer Naturmaterialien eingesammelt. Nun wollen wir einen Bewohner jedes Elements basteln, beginnend mit der Erde. Über die Erde schlängeln sich z. B. gern Schlangen, in ihr leben viele Würmer. Welches der beiden Tiere ihr basteln wollt, dürft ihr entscheiden, die Anleitung ist dieselbe:

Legt die 10 gleichgroßen Blätter neben euch und dazu die dünnen Äste (die ohne Astgabelungen). Nun heften wir die Blätter der Reihe nach aneinander, die Äste dienen uns dazu als Stecknadeln. Wer eine Schlange basteln will, kann noch mit dem Fingernagel ein kleines Loch in das vorderste Blatt drücken und aus einem weiteren Blatt ein langes, dünnes Stück herauslösen, das wie die Zunge einer Schlange aussieht. Diese Blattstück steckt ihr nun in das Loch. Fertig ist euer Erdbewohner! Ihr könnt ihn in seine vertraute Umgebung schicken und hier auf dem Boden zurücklassen – der nächste Wanderer wird sich sicherlich über den Anblick der kunstvollen Schlange oder des schönen Wurms freuen. Oder ihr packt ihn vorsichtig ein und nehmt ihn mit nach Hause.

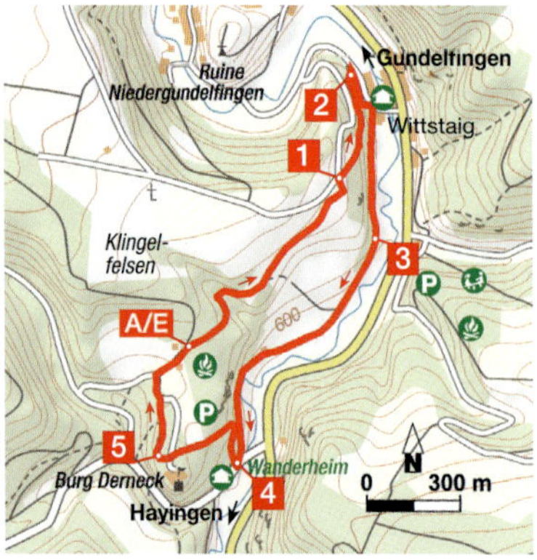

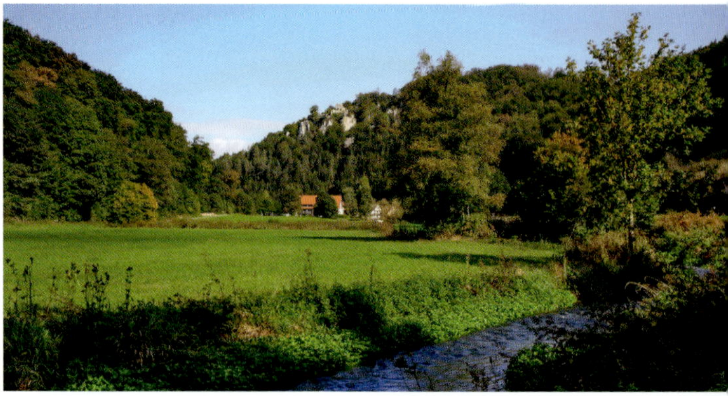

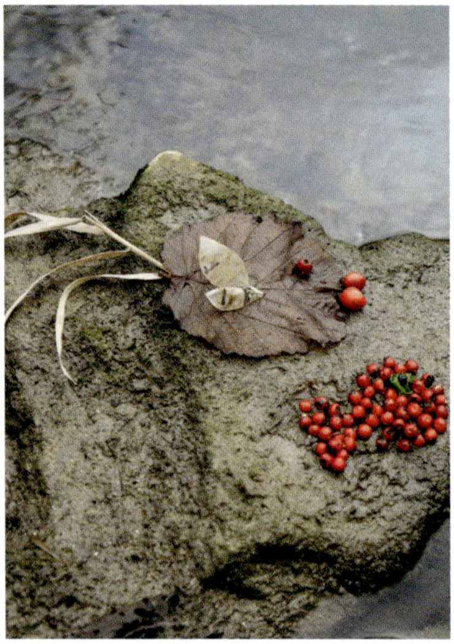

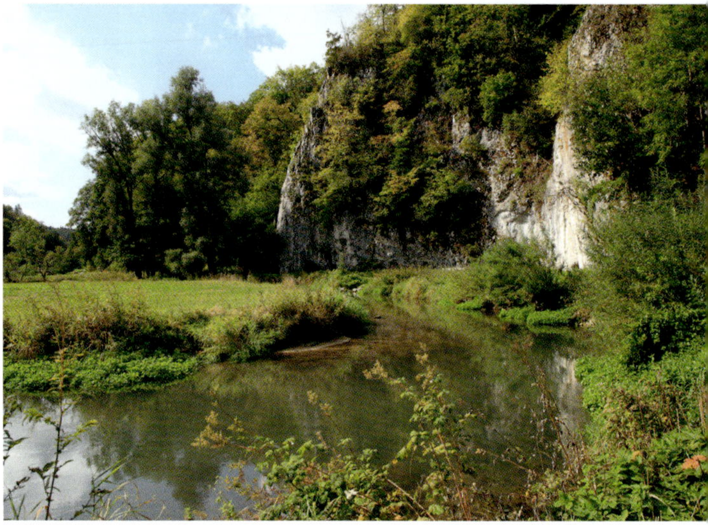

Oben: Wittstaig und Ruine Hohengundelfingen. Unten links: So kann man einen Fisch basteln. Unten rechts: Wanderweg zwischen Lauter und Felswänden

Etwas später treffen wir auf ein **asphaltiertes Sträßchen** ❶, werden mit dem Wanderzeichen roter Balken aber gleich wieder nach rechts auf einen Pfad verwiesen. Nun geht es hinab ins Lautertal, wo wir erneut auf ein asphaltiertes Sträßchen (Häldelesweg) treffen. Nach rechts bringt dieses uns nach **Wittstaig** ❷. Wir biegen rechts ab, und wo die Straße nach links zur K 6769 zieht, nehmen wir – praktisch geradeaus weitergehend – den rechts abzweigenden Weg. Auf ihm wandern wir nun durch das idyllische Lautertal. Vielleicht können wir dabei auch Kanufahrer auf der Lauter beobachten, was immer sehr spannend ist.

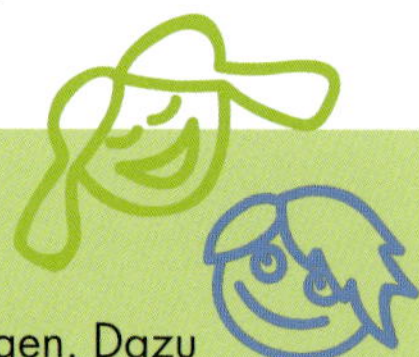

Nun wollen wir einen Wasserbewohner anfertigen. Dazu suchen wir uns einen einigermaßen flachen Untergrund. Wer Beeren gesammelt hat, kann diese nun zu einem Fisch legen. Es geht aber auch gut mit Blättern.

Bald sehen wir links von uns einen **Grillplatz** ❸. Etwas später, am Klingelfelsen, gibt es ebenfalls einen Rastplatz mit Tisch, Bänken und Grillstelle. Danach kommen wir zur **K 6750** ❹. Links sehen wir auf der Brücke zwei interessante Bronzeskulpturen mit einem Fisch und einem Korb, die auf die Lebens- und Berufswelt der früheren Bevölkerung hinweisen. Hier halten wir uns rechts. Kurz danach, noch vor dem Parkplatz, werden wir nach rechts Richtung AV-Wanderheim Burg Derneck auf einen Pfad in den Wald verwiesen. Nach einem freien Wegstück entlang einer Lichtung bieten sich uns zwei Wegmöglichkeiten: Geradeaus geht es steil hinauf zur **Burg** ❺ (100 m), nach rechts ist der bequemere Weg angezeigt (200 m).

Auf der Burg können wir von oben auf den Wald unter uns blicken. Hier ist auch ein guter Ort, um die Bewohner der Lüfte zu basteln und auf die Reise zu schicken. Hierzu brauchen wir die letzten Blätter und die kleinen Äste mit Gabelung, denn wir basteln nun einen Schwarm Schmetterlinge. Dazu stecken bzw. weben wir die dünnen Äste durch die Mitte der Blätter. Die Astgabelung ist der Kopf mit den Fühlern. Wenn wir fertig sind, können wir unsere Schmetterlinge in die Freiheit entlassen und über die Burgmauer in die Luft werfen. Schaut zu, wie sie hinunter in den Wald schweben.

Nach der Besichtigung der Ruine und vielleicht einer Erfrischung gehen wir zurück zum Eingang und halten uns dort mit dem Wanderzeichen roter Balken nach links. Wo nach einiger Zeit ein Weg links abzweigt, wandern wir noch geradeaus weiter bis zu einem geschotterten Weg. Diesem folgen wir nach links und kommen so zurück zum **Spielplatz Breitle** Ⓔ, hinter dem sich der Parkplatz befindet.

Links: Das Wanderheim in der Burg Derneck

Ein Teil der Burg ist nur als Ruine erhalten.

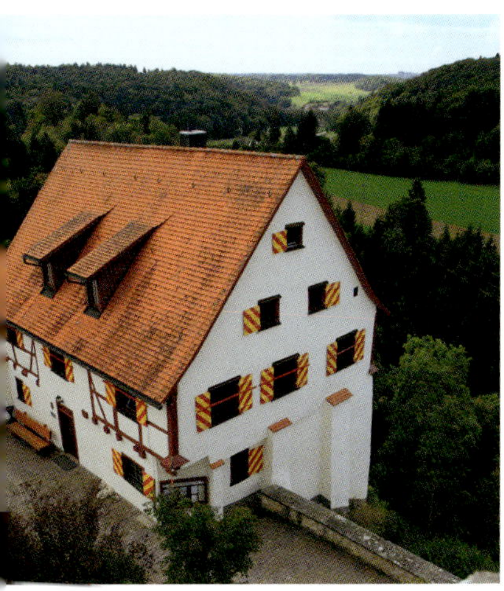

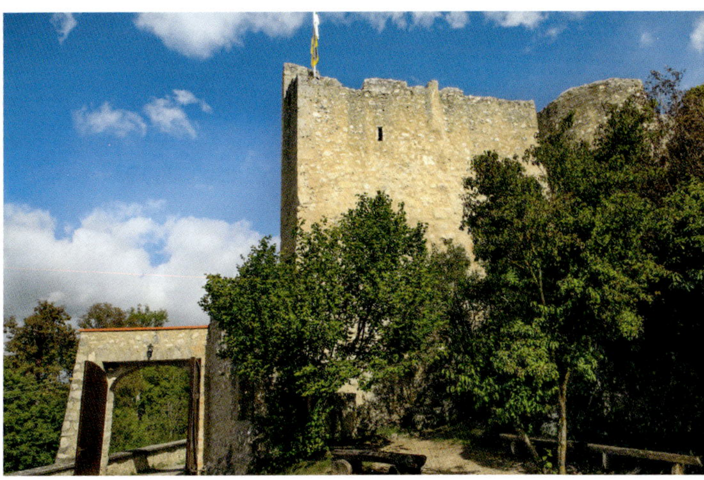

13 Auf den aussichtsreichen Raichberg

Der kleine große Drache vom Hangenden Stein

Mittel | 5,5 km | 160 Hm | 1.30 Std.

Alter
6–12

Tourencharakter
Wir wandern meist auf Pfaden, sonst auf Forstwegen. An den Steilabhängen vor dem Hangenden Stein sollte man gut auf die Kinder achten. Für Eltern mit Kinderwagen gibt es eine kürzere Variante.

Ausgangs-/Endpunkt
Albstadt-Onstmettingen/Zollersteighof

GPS-Koordinaten
48.303245, 8.981361

Wegverlauf
Albstadt-Onstmettingen/Zollersteighof – Zeller Horn – Backofenfelsen – Trauffelsen – Hangender Stein – Nägelehaus/Aussichtsturm – Zollersteighof

Karten
Landesamt für Geoinformation und Landentwicklung Baden-Württemberg (LGL) 1:50000, F523 Tübingen/Reutlingen; NaturNavi Wanderkarte mit Radwegen 1:25000, Blatt 50-536 Hechingen/Mössingen

Grillmöglichkeit
Beim Aussichtsturm

Information
www.albstadt.de/Onstmettingen

Der Blick vom Zeller Horn auf die Burg Hohenzollern zählt zu den bekanntesten Bildmotiven der Schwäbischen Alb und ist der erste Höhepunkt auf dieser Wanderung. Danach geht es durch einen schönen Wald mit prächtigen, uralten Buchen zum Hangenden Stein. Von dort wandern wir hinauf zum Nägelehaus des Schwäbischen Albvereins und zum Aussichtsturm.

Wir halten uns am **Parkplatz beim Zollersteighof** (A) rechts und folgen dem Feldweg in Richtung Zeller Horn.

Timmi und Pia steigen missmutig aus dem Auto ihrer Eltern. Schon wieder eine Wanderung! Viel lieber wären sie jetzt zu Hause bei ihren Spielsachen. »Auf geht's!«, ruft Papa fröhlich und marschiert los. »Nun macht nicht so lange Gesichter. Das wird bestimmt toll. Ein richtiges Abenteuer«, versucht Mama die Geschwister aufzumuntern. Timmi und Pia sehen sich an und verdrehen die Augen. Dann folgen sie ihren Eltern.

Der Weg zieht gleich darauf nach links, und wir wandern am Rand des Gehölzstreifens bis zum **Waldrand** (1).

»Ich muss hier kurz anhalten, mein Schuh ist offen!«, ruft Mama plötzlich und setzt sich auf eine Bank am Wegrand. Papa steckt mit der Nase tief im Wanderführer. »Komm, wir schauen uns mal an, was auf dem Hügel hinter der Bank ist«, flüstert Pia ihrem jüngeren Bruder zu. Sie ist bei den Geschwistern verantwortlich für die abenteuerlichen Ideen. Timmi nickt aufgeregt und folgt ihr in das kleine Wäldchen. Es geht kurz steil bergauf, dann stehen sie mitten zwischen alten, mehrstämmigen Eichen. Neben ihnen raschelt es. »Was ist das denn?«, fragt Timmi erschrocken. Vor ihnen auf dem Boden huscht ein kleines, grünes Wesen davon. Es springt an einen Baumstamm, klettert geschickt an ihm hinauf und bleibt in einer Astgabelung sitzen. Pia tritt nä-

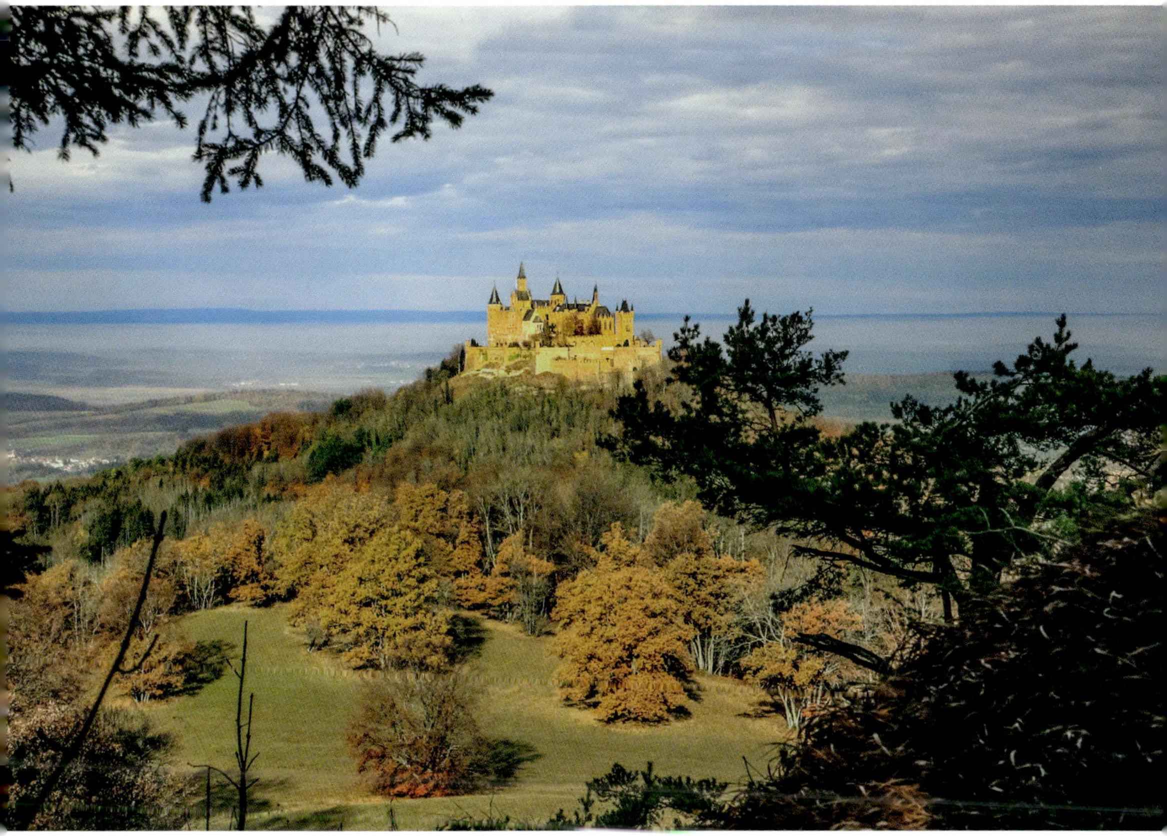

Wohl den schönsten Blick auf die Burg Hohenzollern genießt man vom Zeller Horn.

her an den Baum und schaut hinauf in zwei goldgelbe Augen. »Das sieht aus wie eine sehr dicke Eidechse«, sagt sie zu Timmi. Da öffnet das grüne Wesen sein Mäulchen und zischt: »Isssss??? Eine Eidessse? Entsssuldigung mal! Isss bin ein Drassse!« Timmi springt erschrocken hinter seine Schwester. Pia überlegt kurz, dann streckt sie die Arme aus, pflückt das Eidechsen-Drachen-Wesen aus dem Baum und sagt zu ihrem Bruder: »Mach schnell den Rucksack auf. Das Tier hier nehmen wir mit!«

Hier führt unser Weg zwar später nach rechts weiter; vorerst behalten wir aber unsere Richtung bei und kommen zum prächtigen Hohenzollern-Blick am **Zeller Horn** ❷.

Während Mama und Papa die Aussicht auf die Burg Hohenzollern genießen und ein Foto nach dem anderen machen, ziehen sich die Geschwister zu einem Baumstumpf neben einem Picknicktisch zurück. Pia öffnet Timmis Rucksack, greift hinein und zieht das zappelnde grüne Wesen heraus. »Lass misss los!«, zischt es. Pia tut ihm den Gefallen und setzt es auf den Baumstumpf. »Also noch mal: Du kannst sprechen. Und du bist ein Drache«, fasst Pia ruhig zusammen. »Genau!«, antwortet der kleine Drache. »Dass erkennt man dosss an meinen grünen Ssssuppen und meinen Flügeln!« »Wenn du doch Flügel hast, warum rennst du dann am Boden herum und kletterst auf Bäume? Warum fliegst du nicht?«, will Pia wissen. Da senkt der kleine Drache verlegen den Kopf. »Mir fehlen noch die Drasssenkräfte … Um die zu bekommen, muss isss noch drei Aufgaben lösen. Aber alleine ssssaffe ich das nissst.« »Und welche Aufgaben sind das?«, fragt Timmi. »Das kann mir nur die mehräugige weiße Frau mit den grünen Haaren verraten. Aber isss weiss nissst, wo isss die finde«, antwortet der Drache traurig. »Timmi! Pia! Wo seid ihr? Wir wollen weiter!«, hören die Geschwister ihre Mutter rufen. »Wir helfen dir, diese Frau zu finden und deine Aufgaben zu lösen. Aber jetzt versteck dich schnell wieder in Timmis Rucksack«, flüstert Pia und hält den Rucksack auf. Der kleine Drache nickt ihr dankbar lächelnd zu und kriecht hinein.

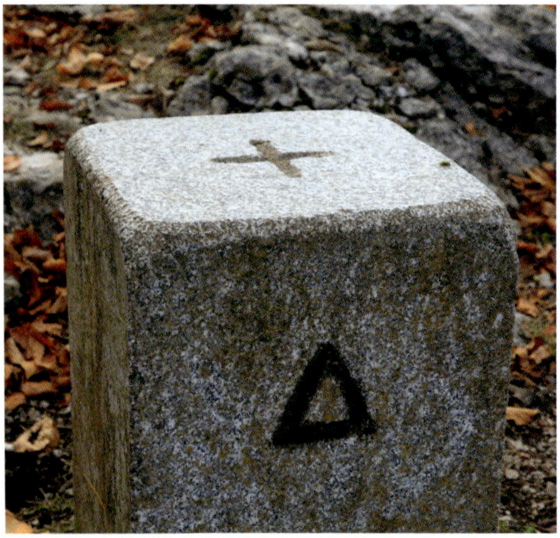

Jedes der Zeichen auf diesem Stein hat eine historische Bedeutung.

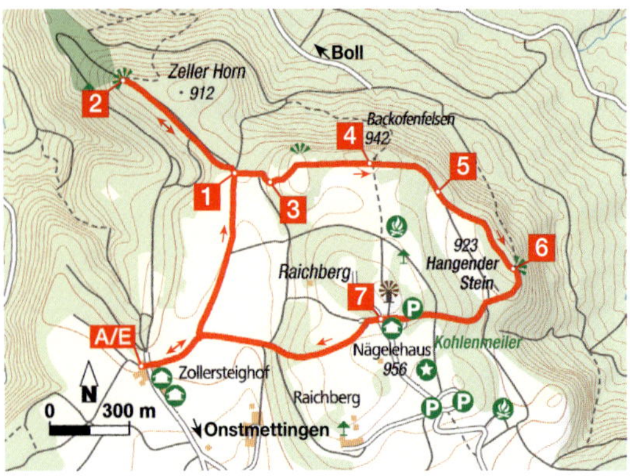

Danach gehen wir wieder zurück zum **Waldrand** ❶, wo wir mit dem Wanderzeichen rotes Dreieck links abbiegen.

»Pia, ich glaube, das ist sie!«, zischt Timmi seiner Schwester aufgeregt zu. Vor ihnen am Wegrand steht eine mehrstämmige Buche mit großen, weißen Flecken auf der Rinde. Ihren Stamm zieren mehrere runde Astnarben, die tatsächlich wie Augen aussehen, und ihre grünen Blätter wehen fast wie Haare im Wind. »Guck mal, ist das die mehräugige weiße Dame mit dem grünen Haar?«, fragt Pia an den Rucksack gewandt. Der kleine Drache schiebt seinen Kopf heraus und blinzelt ins Sonnenlicht. »Da brat mir einer nen Ritter! Ja, das muss sie sein! Nun muss isss sie mit dem Drasssenzaubersprusss aus dem Sssslaf wecken!« Mit diesen

Worten schlüpft der Drache ganz aus dem Rucksack und berührt den Stamm der Eiche mit seiner schuppigen Vorderpfote. »Gute alte Frau, die grünen Haare nass vom Tau, erwassse und gib mir Rat, damit isss kann sssreiten zur Tat!« Als der Drache diese Worte gesprochen hatte, ging ein Zittern durch die alte Eiche und sie zwinkerte mit all ihren Ast-Augen. Eine tiefe Stimme ertönte aus ihrem Stamm:

»Drei Aufgaben lösen muss ein Drachenkind,
bevor es wird getragen vom Wind.
Zuerst muss es erlösen vom Weinen
den Einsamen auf seiner Insel aus Steinen.
Dann werden ihm drei Zeichen Anstoß geben,
zu erkennen, was das Wichtigste ist im Leben.
Zuletzt muss es finden den Zauberring,
der ist ganz tief in der Spalte drin.
Erst dann kann es gehen durch das Drachentor
und fliegen in den Himmel empor.«

»Okay, dann halten wir jetzt die Augen nach einer tiefen Spalte offen«, verkündet Pia, nachdem der Baum wieder verstummt war.

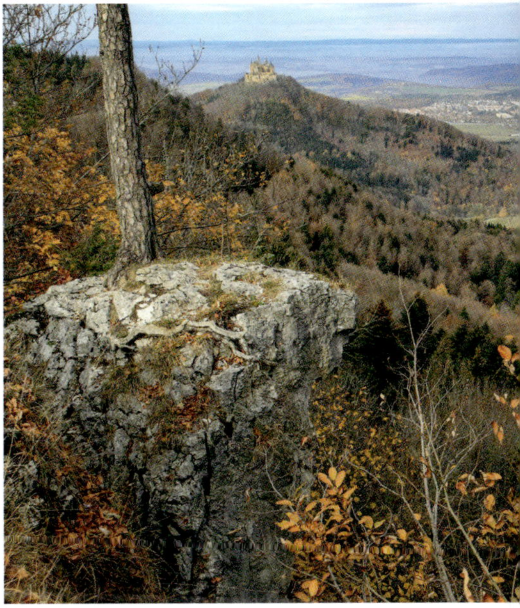

Am Backofenfelsen mit Blick auf Burg Hohenzollern

Wir gehen weiter bis zum **Backofenfelsen** 3. Auch hier sehen wir nach links die Hohenzollernburg.

Timmi und Pia trödeln langsam hinter ihren Eltern her. Plötzlich streckt der kleine Drache den Kopf aus dem Rucksack und fragt: »Hört ihr das ausss?« Und wirklich, der Wind weht ein leises Schluchzen durch den Wald. »Da weint jemand!«, ruft Timmi. Ohne ein weiteres Wort laufen sie schneller. Das Schluchzen wird immer lauter. »Das muss er sein, der weinende Einsame auf seiner Insel aus Steinen!«, ruft Pia und zeigt auf einen Baum. Der steht einsam und alleine auf einem Felsen. »He du, trauriger Baum!«, ruft der Drache, während er aus Timmis Rucksack klettert, um sich die Situation aus der Nähe anzusehen. »Isss verstehe, warum du so traurig bist. Du hast keine Freunde. Kein anderer Baum kann zu dir auf deinen Felsen kommen. Das muss sehr einsam sein.« Plötzlich glauben Timmi und Pia zwei

Magst du auch Drachen und Saurier? Dann denke dir eine Geschichte aus, was passieren könnte, wenn ein Kind einem solchen Wesen begegnete.

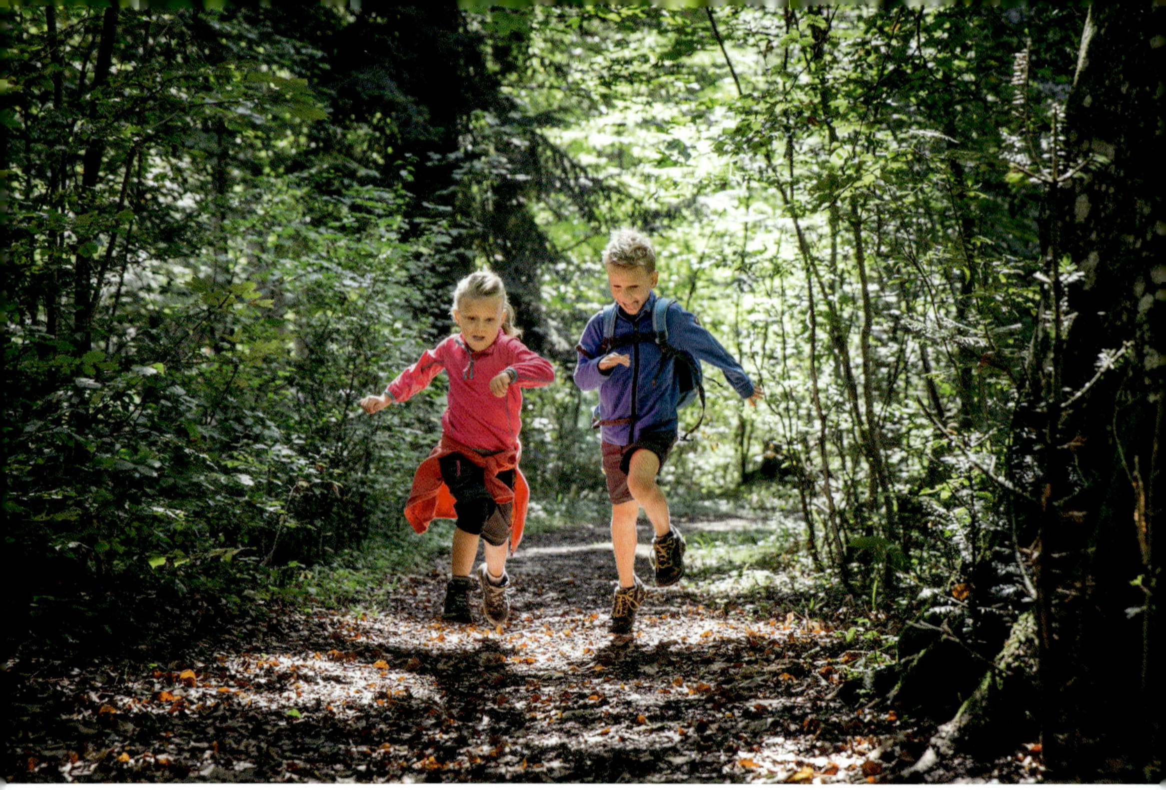

Um die Wette rennen oder Verstecken spielen …

Augen in der Rinde des Baums zu erkennen. Sie blinzeln, und Tränen fließen heraus. Eine krächzende Stimme ertönt: »Ja, da hast du Recht. Ich bin so traurig, weil ich so alleine bin. Alle anderen Bäume stehen beisammen, sie können sich an den Wurzeln festhalten und sind so nie einsam. Nur zu mir hier auf meinen Felsen reicht keine Wurzel. Ich werde nie Freunde haben.« Nun kullern auch dicke Tränen aus den Augen des Drachen. »Das ist wirklich traurig. Aber weißt du was? Wir können dosss deine Freunde sein! Wir können disss immer wieder besusssen kommen, und sobald isss fliegen kann, lande ich auf deinem Felsen!« Der gar nicht mehr so traurig wirkende Baum schaut ihn überrascht und dankbar an. »Das wäre herrlich! Dann hätte ich endlich drei Freunde!« Pia stellt sich neben den Drachen und legt ihre Hand auf seine Schulter. Er scheint etwas gewachsen zu sein, denn sie muss sich gar nicht bücken, um ihn zu berühren. »Ich glaube, du hast den traurigen Einsamen getröstet und damit die erste Aufgabe gelöst. Gut gemacht!«

Schau dich im Wald um. Findest du auch Bäume, die aussehen, als hätten sie Augen auf der Rinde? Oder sogar ganze Gesichter?

Nun haben wir die Höhe erreicht. Wir gehen weiter geradeaus bis zum **Trauffelsen** 4.

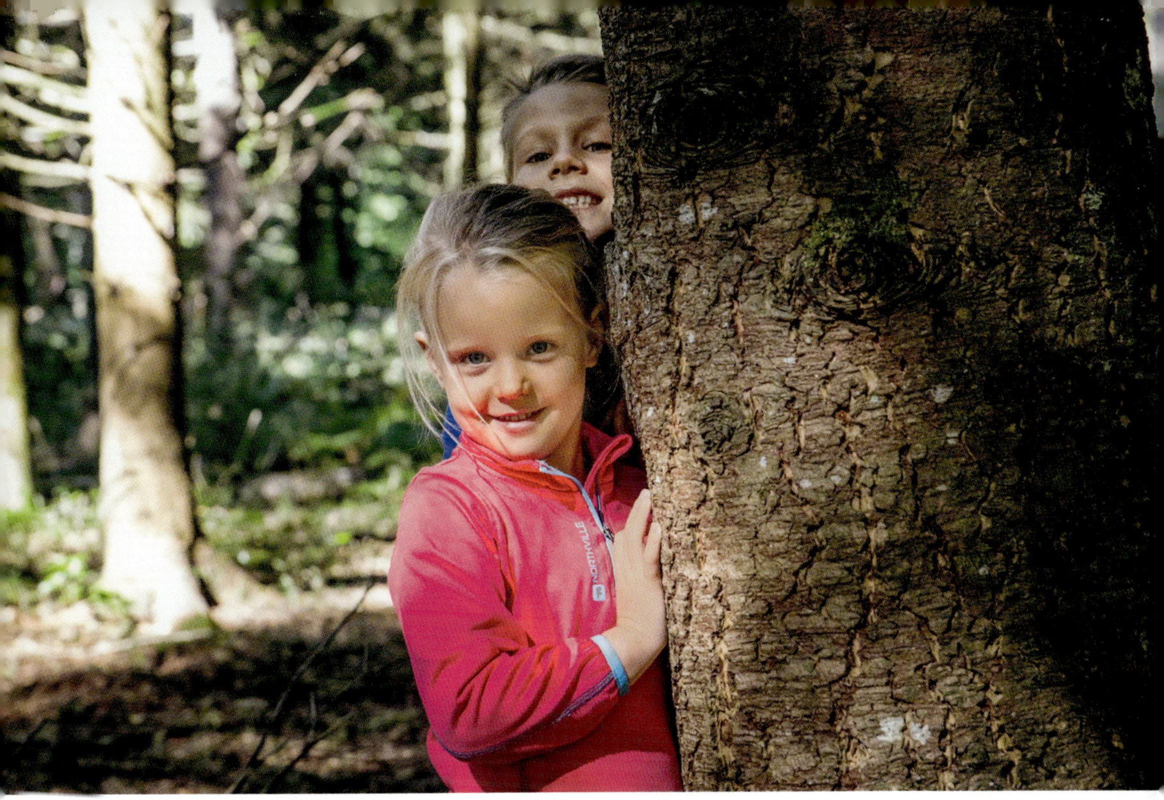

... bringt viel Abwechslung auf einer Wanderung.

»Geht ruhig schon weiter. Wir wollen nur noch ein wenig länger die Aussicht genießen!«, ruft Pia den Eltern zu, die weiterwandern wollen. Mit einem Seufzen drehen sich die beiden Erwachsenen um. Darauf hat Pia gewartet. Sie winkt dem Drachen zu, der mittlerweile zu groß für den Rucksack ist und ihnen mit etwas Abstand folgt. »Ich glaube, ich habe die drei Zeichen gefunden!«, ruft sie. Die drei Freunde stellen sich im Kreis um einen Stein, in den Symbole und Buchstaben eingraviert sind. »Isss sehe ein Kreuz, ein Dreieck und die Bussstaben TP. Was soll das bedeuten?«, fragt der Drache und runzelt die Stirn. »TP, das sind die Anfangsbuchstaben von Pias und meinem Namen. Timmi und Pia«, murmelt Timmi. »Und mit dir sind wir zu dritt. So wie die Ecken des Dreiecks«, sagt Pia aufgeregt. »Und das Kreuz könnte ausss ein Plus sein. Und ein Plus verbindet!«, ruft der Drache. Er macht eine kurze Pause und schaut zuerst Pia, dann Timmi in die Augen. »Isss glaube, isss weiss, wofür die Symbole stehen. Ich habe in den letzten Stunden selbst erfahren, was das wissstigste im Leben ist.« »Und was ist das?«, fragen Timmi und Pia gleichzeitig. »Freundssssaft! Ohne eusss beide wäre ich nie bis hierher gekommen. Und ihr habt dosss selbst gesehen, wie traurig der einsame Baum war, weil er keine Freunde hatte.« Pia fasste Timmi an der Hand und den Drachen an der Pfote. »Wie schön, dass wir uns haben«, sagt sie und strahlt ihren Bruder und ihren grünen, schuppigen Freund an. In diesem Moment wird der noch größer, und Pias und Timmis Hände verschwinden in seinen Pranken.

Danach wandern wir weiter durch den Wald und an markanten uralten Bäumen vorbei. Links sehen wir bald hinab in eine tiefe Schlucht. Da es hier einen ungesicherten Steilabfall gibt, sollte man äußerst vorsichtig sein und gut auf die Kinder achten! Insbesondere bei feuchtem Wetter kann man leicht ins Rutschen kommen, außerdem »laden« die Steine und Baumwurzeln auf dem Weg geradezu zum Stolpern ein.

Timmi, Pia und der große Drache suchen alsdann links und rechts am Wegrand nach einer Spalte im Boden. »Da vorne! Das muss sie sein! Da muss isss hinunter klettern!«, ruft der Drache, rennt, noch während er spricht, los und verschwindet kopfüber in einem Abhang. Pia legt ihrem kleinen Bruder beruhigend die Hand auf die Schulter. »Mach dir keine Sorgen. Der schafft das schon, er ist jetzt ja ein großer, starker Drache.« Da schiebt sich

Es lohnt sich, die beeindruckenden Baumgestalten auf dem Raichberg genauer anzusehen.

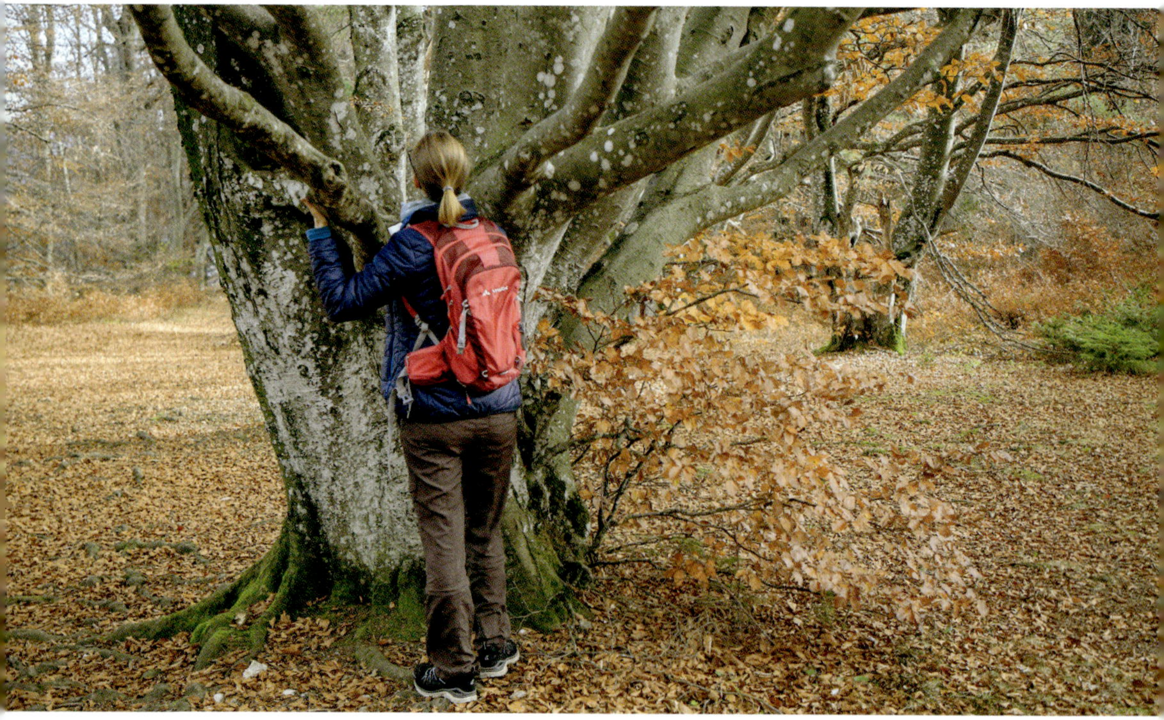

der grün geschuppte Kopf ihres Freundes aus der Abbruchkante hervor. Seine gelben Augen funkeln. »Ratet mal, was isss gefunden habe!«, ruft er und reckt triumphierend eine Vorderpfote in die Luft. An einem seiner grünen Finger steckt ein goldener Ring und glänzt im Sonnenlicht. »Das ist der Zauberring! Das hast du gut gemacht!«, ruft Timmi begeistert. »Der Ring hilft mir, endlisss Feuer zu spucken«, verkündet der Drache. Er holt tief Luft, bläht die Nüstern – und tatsächlich, aus seiner Schnauze kommt ein Feuerstrahl. »Dann hast du es geschafft, mein lieber Freund. Du hast alle drei Aufgaben gelöst«, sagt Pia mit Stolz in der Stimme. »Wir müssen zum Drasssentor. Und isss weiss ausss, wo das ist. Kommt mit!« Mit diesen Worten läuft der mittlerweile beachtlich groß gewordene Drache los, und Timmi und Pia haben Schwierigkeiten, mit ihm Schritt zu halten.

Wisst ihr, was das für Spalten beim Hangenden Stein sind? Hier reißt der Untergrund auseinander, und die Felsen fallen im Lauf der Zeit hinab.

Nach einem kurzen Stück bergab verläuft links des Wegs ein schmälerer Riss, den wir schließlich auf einer Brücke nach links zu einem Aussichtspunkt überqueren. Nun sind wir am **Hangenden Stein** 6 angelangt.

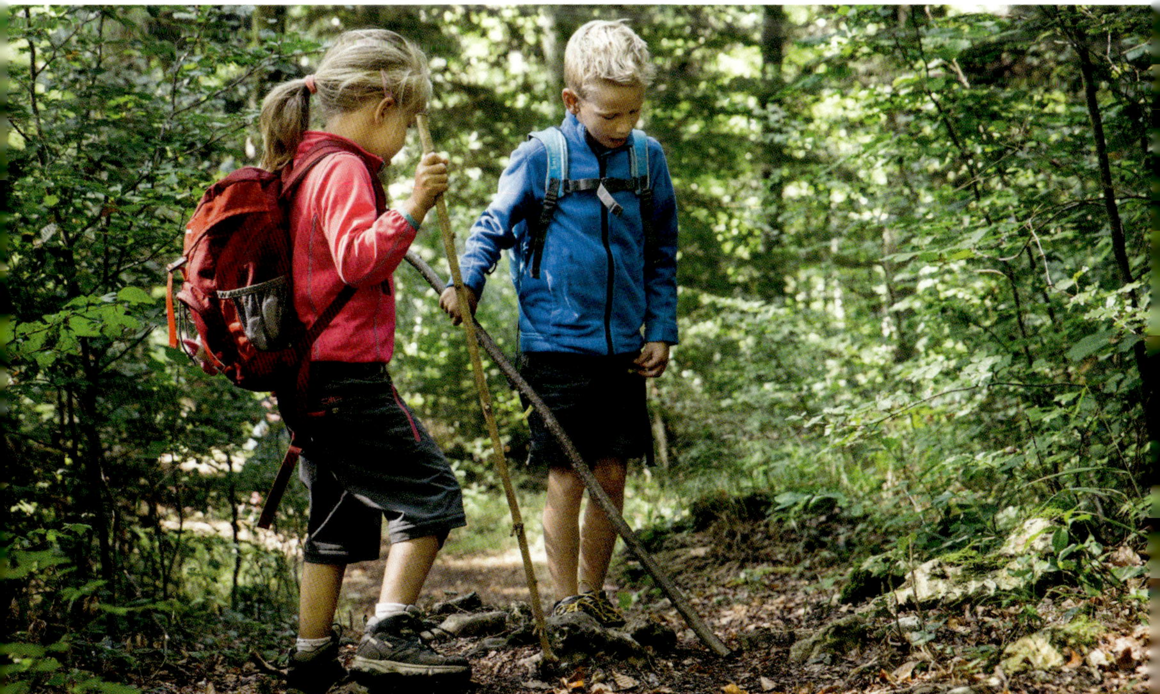

Ob hier wohl die nächste Wegetappe besprochen wird?

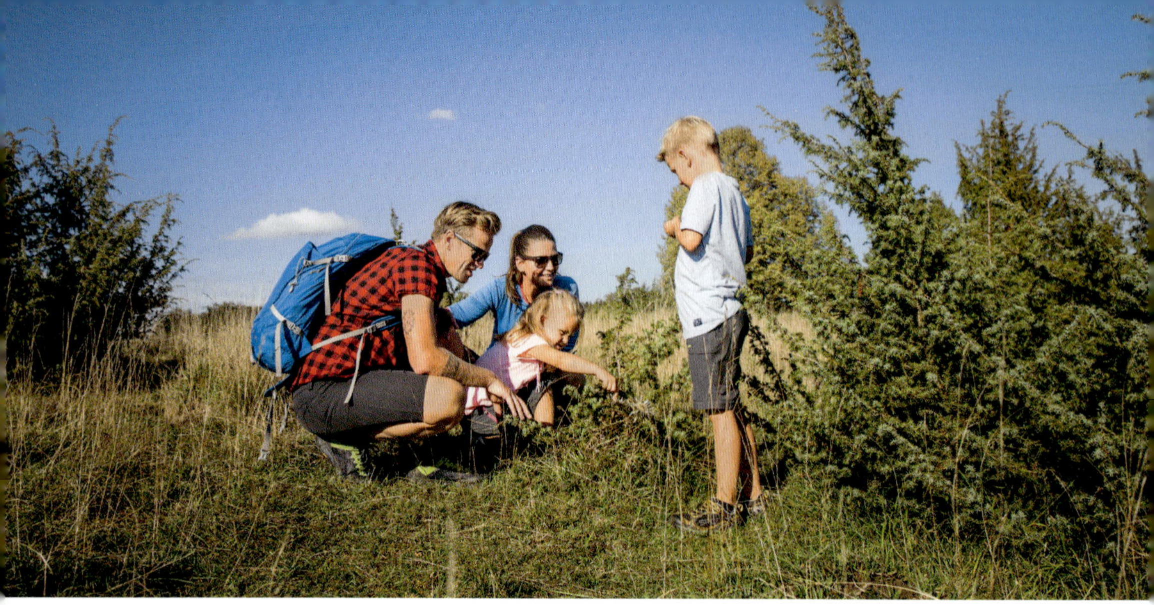

Auf einer Wacholderheide kann man vieles entdecken, z. B. Silberdisteln oder Enziane.

»Das Drachentor«, flüstern Timmi, Pia und der Drache gleichzeitig. Sie haben gerade eine kleine Brücke über eine weitere Felsspalte überquert – und da standen sie plötzlich vor ihnen: zwei Bäume, mit Rinde so schuppig wie Drachenhaut. Und dahinter … nichts. Nur Luft über dem Abgrund. »Isss glaube, diesen letzten Sssritt muss isss alleine gehen«, sagt der Drache. Er schließt Pia und Timmi in seine grünen Arme und drückt sie an seinen großen Bauch. Dann dreht er sich um und geht auf das Drachentor zu. In dem Moment, in dem er zwischen den Bäumen steht, beginnen diese grün zu leuchten. Grüne Blitze zucken um den Drachen und berühren seine Flügel. Der Drache strengt sich an, und plötzlich kann er die Flügel strecken und entfalten. Er bewegt sie auf und ab, erst langsam, dann immer schneller und kraftvoller. Plötzlich berühren seine Pfoten den Boden nicht mehr. Überrascht schaut er hinüber zu seinen Freunden. Timmi und Pia klatschen vor Freude in die Hände und nicken ihm ermutigend zu. Da schlägt der Drache noch fester mit den Flügeln und fliegt hoch in die Luft, über den Abgrund, dem Himmel entgegen. Er dreht Pirouetten, fliegt Saltos und winkt seinen Freunden zu, die weit unter ihm so klein wie Ameisen aussehen. Dann fällt ihm etwas ein. Er dreht ab, fliegt am Albtrauf entlang, bis er einen Felsen sieht, der in den Abgrund ragt. Er fliegt näher, wird langsamer und landet vorsichtig auf der Felskante. »Oh hallo, mein Freund!«, ruft der Baum überrascht. »Wie schön, dass du mich besuchen kommst!« »Und das wird nissst das letzte Mal sein, das verspressse isss

Was würdest du machen, wenn du fliegen könntest?

dir«, sagt der große Drache und schlingt seine Arme zärtlich um den Baum.
Timmi und Pia sehen sich lachend an. Was ein tolles Abenteuer sie auf dieser Wanderung erlebt haben. Und einen neuen Freund haben sie auch noch gefunden. Wunderbar! In diesem Moment kommen ihre Eltern um die Ecke eines Felsens. »Wir sollten zurück zum Auto«, sagt ihre Mutter mit besorgtem Tonfall in der Stimme und fügt mit einem Blick auf ihren Mann hinzu: »Papa behauptet, einen Drachen gesehen zu haben.« Der Vater hält sich den Kopf und zuckt verlegen mit den Schultern. »Ich bin wohl etwas überarbeitet«, murmelt er, bevor sich beide umdrehen und den Rückweg einschlagen. Timmi und Pia warten, bis ihre Eltern außer Hörweite sind, und brechen dann in lautes Gelächter aus.

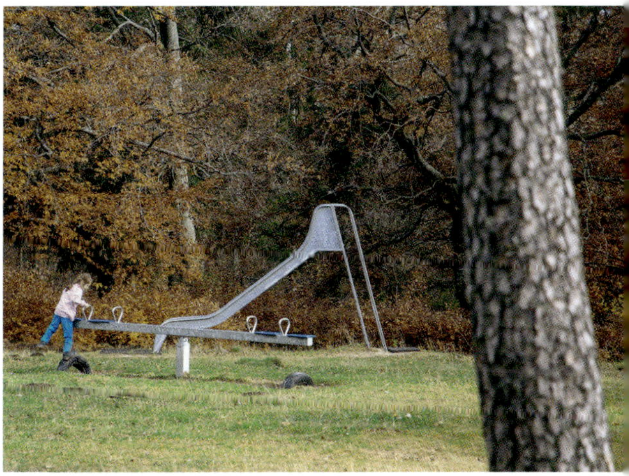

Nach der Wanderung spielt man gern noch, so wie hier auf dem Spielplatz beim Raichbergturm.

Kurz nach diesem zieht unser Weg nach rechts, und wir kommen hinab in ein lang gestrecktes Wiesentälchen. Auf der anderen Talseite gehen wir im Wald wieder aufwärts in Richtung Nägelehaus. Wir überqueren einen Forstweg und stehen kurz darauf vor dem Wanderheim des Schwäbischen Albvereins, dem **Nägelehaus** 7. Rechts davon sehen wir den Aussichtsturm, und vor ihm finden wir Bänke, einen Spielplatz und eine Grillstelle. Nach dem Nägelehaus gehen wir geradeaus weiter. In den Wiesen kommen wir zu einer Wegteilung, wo wir den linken Weg nehmen. Er führt uns in den Wald, fällt dann steil ab und führt uns danach durch die Wiesen zu dem Feldweg, den wir schon vom Anfang her kennen. Links davon sehen wir bereits den **Zollersteighof** E.

Variante Eltern, die mit dem Kinderwagen unterwegs sind, können das erste Highlight dieses Ausflugs trotzdem erleben: Sie gehen einfach wie beschrieben vom Ausgangspunkt zum Zeller Horn und wieder zurück (hin und zurück 2,8 km, 40 Hm, 45 Min.). Dieses Teilstück verläuft auf einem festen Weg; der Rest der Tour ist leider nicht kinderwagengeeignet. Wer zum Nägelehaus und zum Aussichtsturm möchte, fährt dieses einfach anschließend mit dem Auto an.

14 Am Traufgängerle Hexenküche

Tiere, Rätsel und eine tolle Aussicht

Mittel	4,1 km	129 Hm	1.30 Std.

Alter
4–12

Tourencharakter
Wir wandern meist auf Pfaden. Am Ausgangspunkt liegt ein Kletterpark, und das Waldheim selbst bietet einen Minigolfplatz. Außerdem findet man am Ausgangspunkt einen schönen Spielplatz.

Ausgangs-/Endpunkt
Albstadt-Ebingen, Waldheim

GPS-Koordinaten
48.220896, 9.038353

Wegverlauf
Albstadt-Ebingen/Waldheim – Wildgehege – Waldheim – Schlossfelsenturm – Hexenküche – Waldheim

Karten
Landesamt für Geoinformation und Landentwicklung Baden-Württemberg (LGL) 1:50 000, F526 Sigmaringen; NaturNavi Wanderkarte mit Radwegen 1:25 000, Blatt 51-534 Albstadt/Gammertingen

Information
www.albstadt.de/Ebingen; www.traufgaenge.de; www.kletterpark-waldheim.de

Auf dem Traufgängerle Hexenküche, einem kindgerechten Premiumwanderweg, kommt man an einem Wildgehege und an mächtigen Felsgebilden mit höhlenartigen Auskehlungen vorbei. Auch Erwachsene werden ihre Freude an der Strecke haben, bietet sie doch einige schöne Aussichtspunkte. Und wer am Schluss noch nicht genug hat, kann sich im Kletterpark austoben.

Beim **Waldheim** Ⓐ gibt es einige Parkmöglichkeiten. Hier gehen nach links und nach rechts Wanderwege ab. Wir gehen zuerst zum **Kletterpark** ❶ und folgen links von ihm den Wanderzeichen. Gleich darauf müssen wir links auf einen Pfad abzweigen. Dieser mündet später wieder in den breiten Forstweg, dem wir in Gehrichtung folgen. Etwas später zweigen wir erneut scharf links auf einen Pfad ab. Dieser fällt anfangs steil ab und bringt

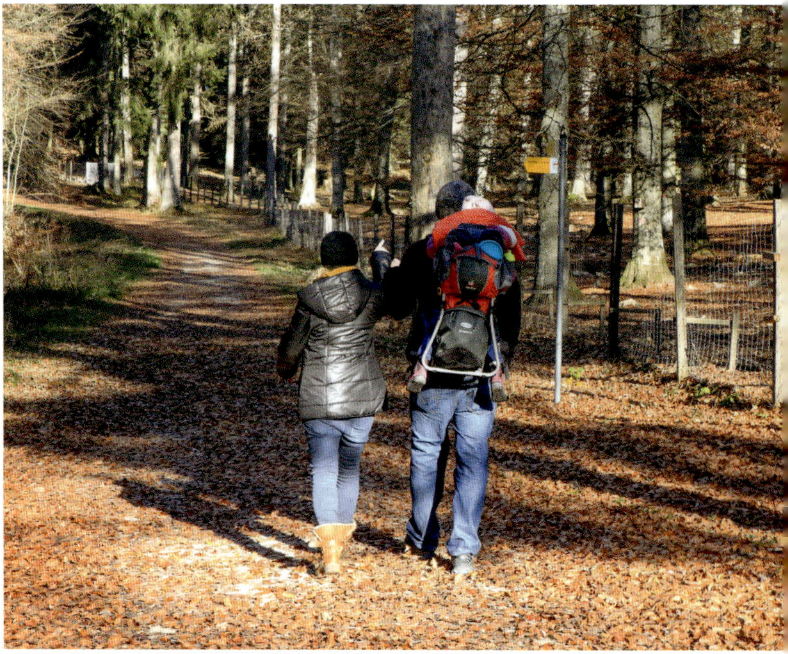

Auch die ganz Kleinen erfreuen sich an den lustigen Frischlingen.

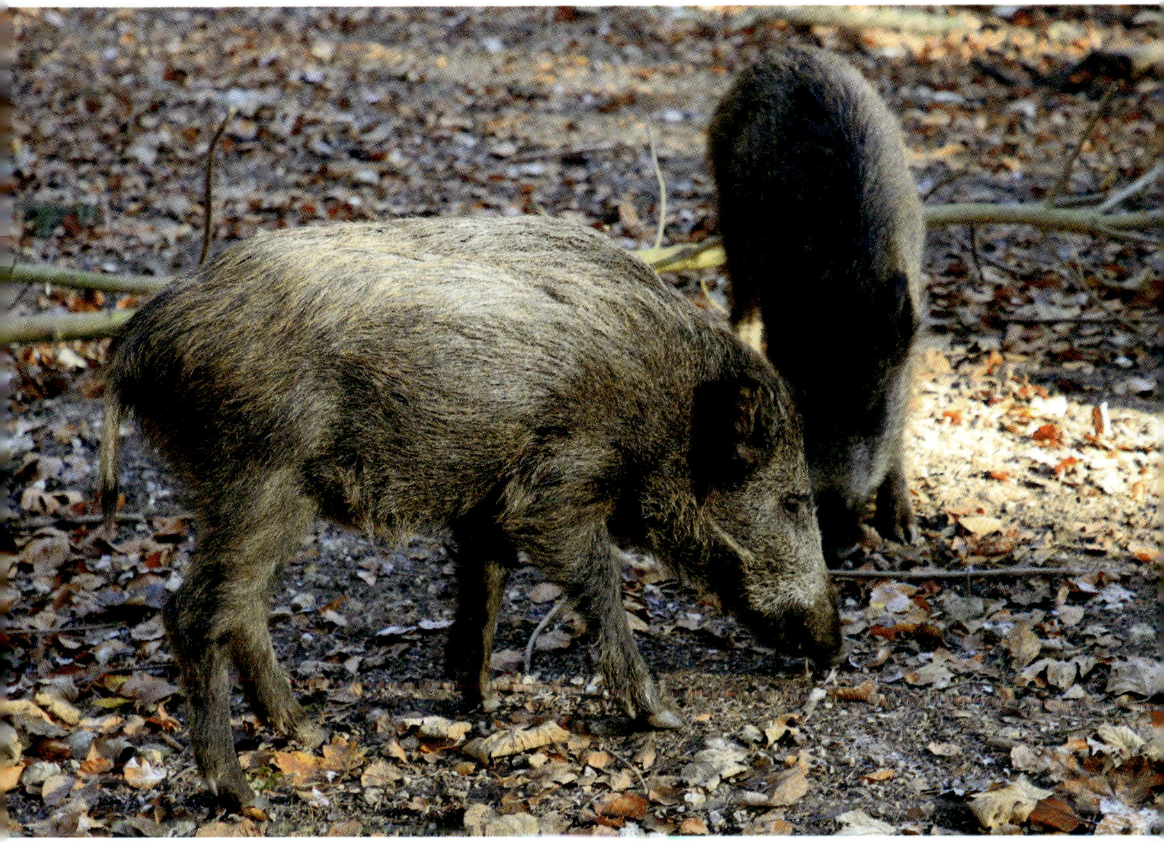

uns wieder auf den **Forstweg** ❷. Etwas nach links versetzt biegen wir rechts ab, und nun steigt der Weg an. Wo er weiter oben nach rechts abknickt, kommen wir zu einem Wildpark. Wir gehen nun am Zaun entlang nach rechts bis zum **Aussichtsturm** ❸.

Kaum zu glauben, wie groß und stark die anfangs kleinen Frischlinge werden können.

Wir folgen dem Weg weiter bis zum querenden Auchtenweg, in den wir rechts einbiegen. Etwas später werden wir nach links auf einen Pfad verwiesen. Er bringt uns hinab zum Parkplatz beim Waldheim, den wir nach dem Portal mit den umgedrehten Baumstämmen, bei denen die Wurzeln nach oben stehen, erreichen. Nun kann man einkehren oder den Spielplatz aufsuchen.

Bei den ausgesägten Tieren ist eines dabei, das bei uns (noch) relativ selten und zudem sehr scheu ist. Welches Tier ist das? (Lösung: Ein Luchs)

Und es gibt noch weitere Fragen zu beantworten:

Wie heißt die Mutter der kleinen Füchse? Wie heißen die ganz kleinen Wildschweine? Wie oft bekommen Rehböcke ein neues Geweih?

Die Lösungen findet ihr auf den Infotafeln.

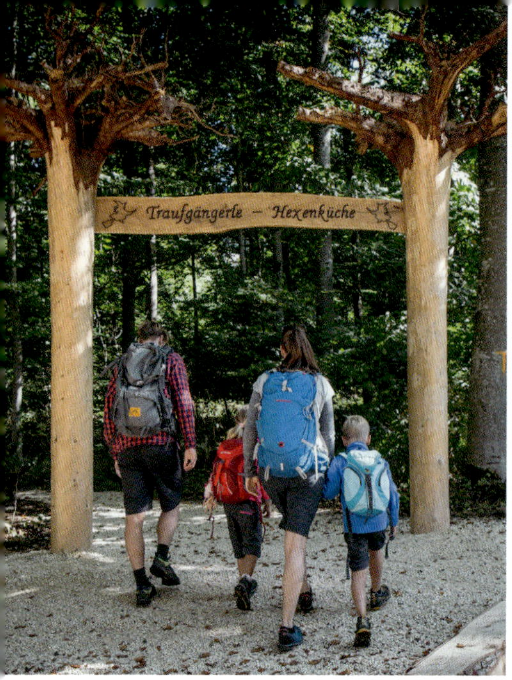

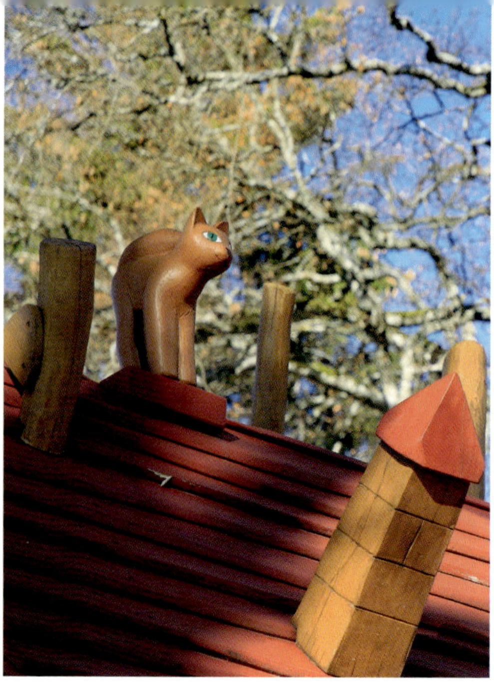

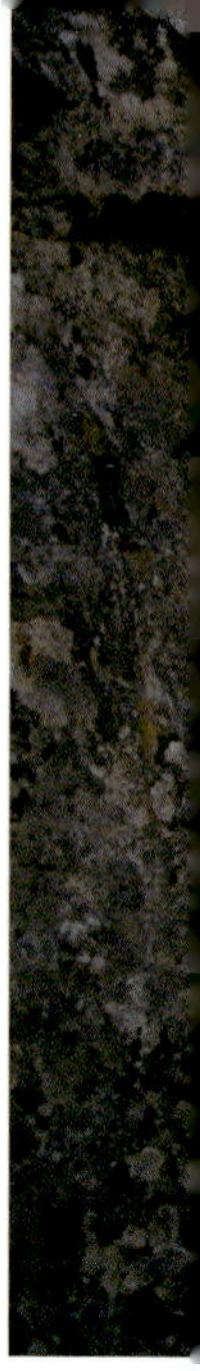

Eingangsportal zum Wanderweg

Rechts: Auf dem Hexenhäusle sitzt die Katze der Hexe.

Der Wanderweg geht auf der anderen Seite weiter. Wir halten uns nun am Portal etwas links, dann biegen wir zwischen dem Spielplatz und der Gaststätte Waldheim rechts ab. Im Wald zieht der Weg nach links und steigt etwas an. Später wandern wir rechts an einem Haus vorbei und gehen hinauf zum **Schlossfelsenturm** ❹.

Nach diesem wandern wir wieder etwas zurück, halten uns aber am Beginn der Treppe rechts. Nun geht es hinab zum **Rastplatz am Schlossfelsen** ❺, wo man einige

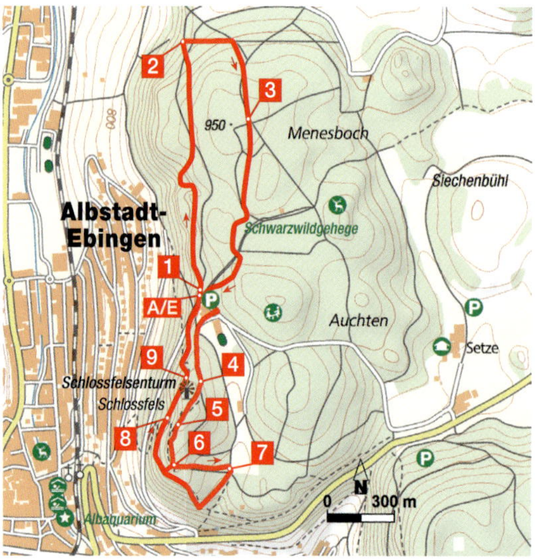

Auf dem Spielplatz steht ein kleines Häuschen mit recht schiefen Wänden. Wer könnte darin wohnen? Schaut euch die beiden Tierfiguren auf dem Dach ganz genau an, sie geben euch bestimmt einen Tipp.

Lösung: Das schiefe Gebäude sieht aus wie ein Hexenhäuschen. Die beiden Tiere auf dem Dach sind eine Katze und ein Rabe – beide werden gern mit Hexen in Verbindung gebracht.

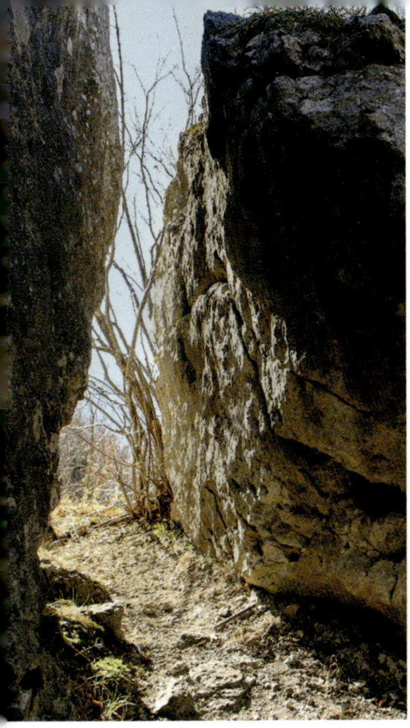

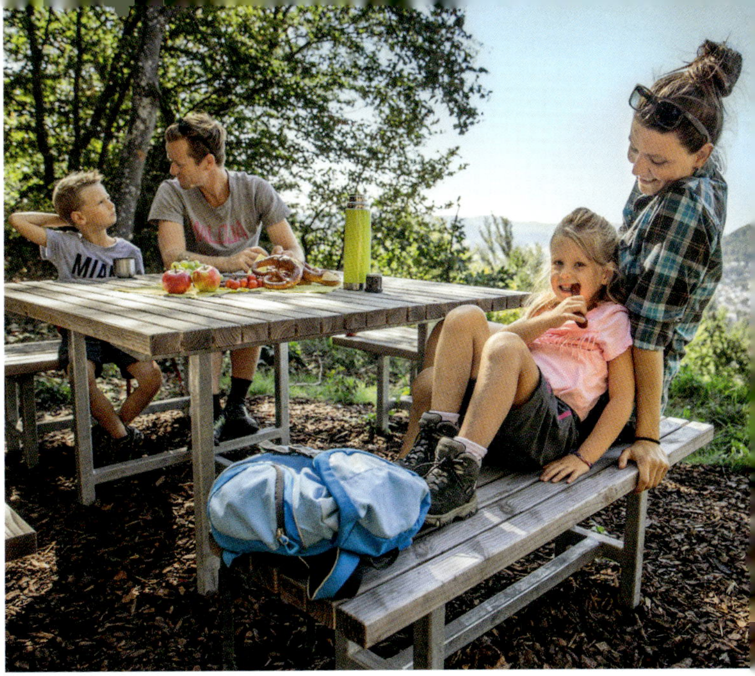

Holzplatten mit ausgesägten Umrissen bewundern kann. Wir gehen weiter geradeaus und sehen bald rechts einen weiteren **Aussichtspunkt mit einer Bank** 6. Wer will, kann hier die Tour abkürzen, denn direkt unterhalb der Bank verläuft der Rückweg. Für die vollständige Wanderung gehen wir aber nach links weiter und erreichen bald das **Leizental** 7, eine große Lichtung mit einer Wiese. Hier knickt der Wanderweg scharf nach rechts ab. Hinter einer höhlenartigen Grotte sind wir nun unterhalb des oben erwähnten Aussichtspunktes mit der Bank; wer abgekürzt hat, stößt dort wieder auf den Wanderweg.

Etwas später stehen wir vor einer großen Höhle. Hier kann man sich gut vorstellen, dass vor Urzeiten in dieser Felsennische Menschen und Tiere Unterschlupf gefunden haben. Oberhalb der Höhle sieht man den Aussichtsturm wie einen Zeigefinger in den Himmel ragen.

Danach erreichen wir die **Hexenküche** 8. Einst glaubten die Menschen, dass hier Hexen gekocht haben – sogar ihre Kochstelle soll noch zu sehen sein. Danach kommen wir am **Schlossfelsen** 9 vorbei; hier sieht man riesige Felsgebilde mit Höhlen und sogar einem Durchschlupf. Anschließend führt uns der Weg durch den Wald bis zu einer riesigen Buche. Rechts sehen wir bereits die Häuser um das Waldheim. Der Pfad führt uns nun direkt zum Spielplatz, hinter dem die **Parkplätze** E liegen.

Ausgiebig rasten und vespern erhält die Kräfte und macht Spaß.

Links: Markante Felsformation unterwegs

Findet ihr die angeschriebene Stelle, an der früher der Kochplatz gewesen sein soll?

15 Die Höhlen von Veringenstadt

Zurück in die Urzeit

Mittel	6,5 km	190 Hm	2 Std.

Alter
6–12

Tourencharakter
Wir wandern auf Pfaden und festen Wegen.

Ausgangs-/Endpunkt
Veringenstadt, Lauchertstraße

GPS-Koordinaten
48.178141, 9.213959

Wegverlauf
Veringenstadt – Burgruine – Göpfelsteinhöhle – Annakapellenhöhle – Mühlberghöhle – Nikolaushöhle – Laucherttal – Hagetorhöhlen – Veringenstadt

Karte
Landesamt für Geoinformation und Landentwicklung Baden-Württemberg (LGL) 1:50000, F526 Sigmaringen

Information
www.veringenstadt.de; www.laucherttal.de

Es gibt wohl keinen Ort im Land, in dem auf so engem Raum so viele Höhlen zu finden sind wie rund um Veringenstadt. Sie alle haben eine interessante Vorgeschichte, wovon die Urmenschskulptur an der Lauchertbrücke und die Bärenfigur in der Mühlberghöhe künden. Zudem besuchen wir auf dieser Tour noch eine Burgruine und erkunden die Altstadt mit ihren Fachwerkhäusern. Interessant ist auch der Lehrweg entlang der Lauchert.

Wir gehen von den **Parkplätzen in der Lauchertstraße** Ⓐ zurück zur Kreuzung. Links zweigt von der links abgehenden Straße Im Städtle die Straße Kirchberg ab. Über sie steigen wir bergan. Nach der Kirche folgen wir dem rechts am Hang in Richtung Burgkapelle hinaufziehenden Pfad. Er bringt uns zur **Burgruine** ❶, wo auch die Burgkapelle steht. Nach der Besichtigung der Ruine folgen wir dem von der Burg abwärts führenden Weg geradeaus zu den Häusern. Dort stoßen wir auf die querende

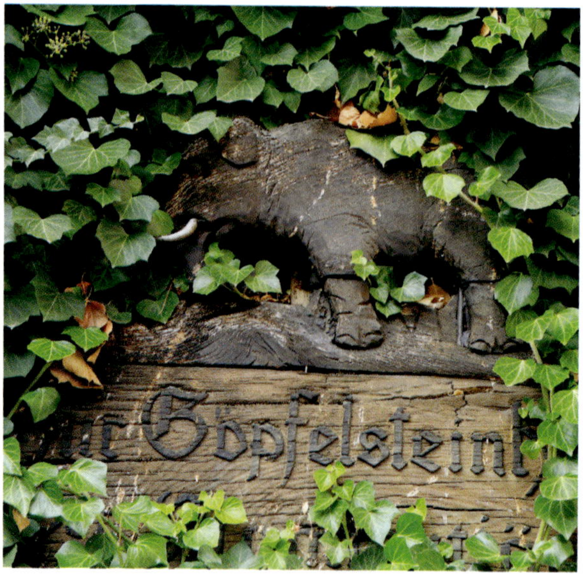

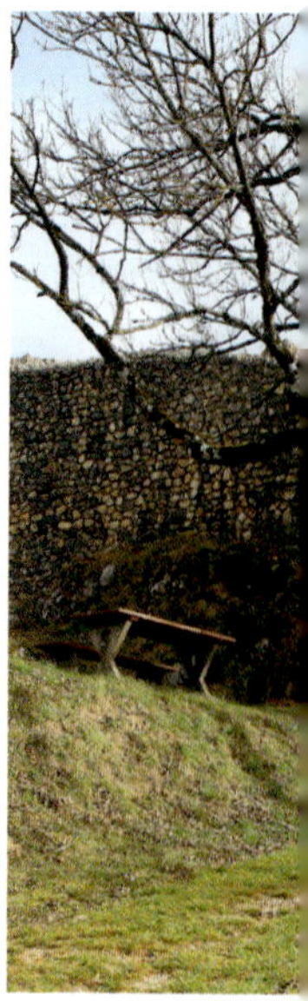

Das Mammut weist den Weg und erinnert an alte Zeiten.

Rechts: Durch die Schildmauer geht es in die Burg Veringen.

Rechte Seite: Die Hagetorhöhlen sind beeindruckende Naturerscheinungen.

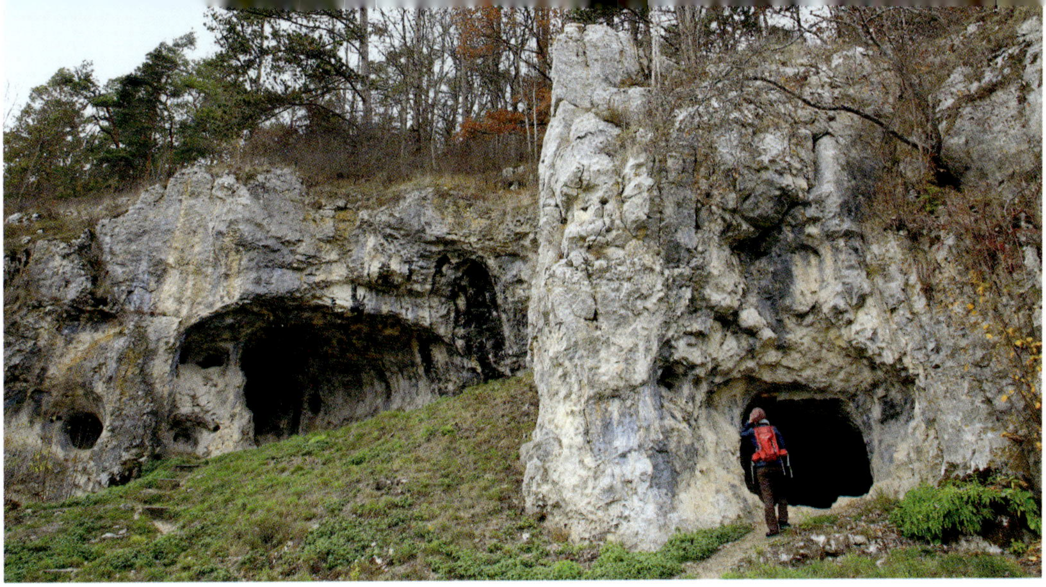

Straße Burgweg. Wir halten uns rechts, dann gleich links in Richtung Göpfelsteinhöhle. Ein schmaler Pfad bringt uns hinab zur **Göpfelsteinhöhle** ❷. Danach gehen wir zurück zum Burgweg und folgen ihm etwas nach links. Nach einem Bildstock weist uns ein Schild nach links zur **Annakapellenhöhle** ❸. Danach gehen wir auf dem Burgweg zurück. An der Verzweigung vor der Kirche nehmen wir den rechten Weg (Burgweg) und spazieren hinab ins Zentrum von Veringenstadt, wo wir beim Rathaus und dem schö-

An einer Mauer, fast überwuchert von Efeu, können wir den ersten Zeugen längst vergangener Zeiten entdecken – wer sieht ihn zuerst?

Lösung: An der Mauer ist das Relief eines Mammuts zu sehen.

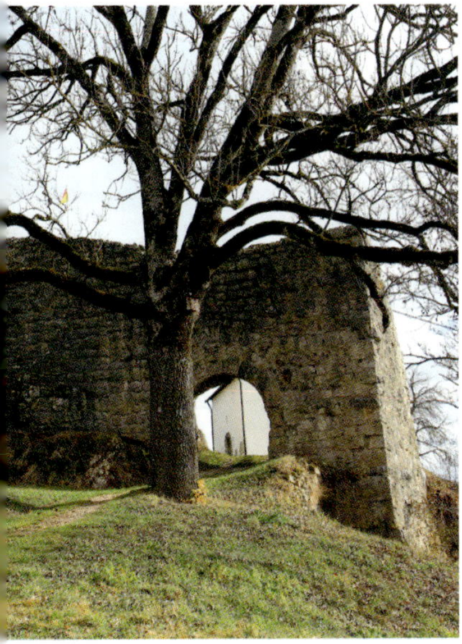

Die Göpfelsteinhöhle war viele Zehntausend Jahre lang ein »Hyänenhorst«. Habt ihr eine Idee, was das bedeuten könnte?

Lösung: »Horst« bedeutet so viel wie Nest oder Bau. In dieser Höhle lebten in der letzten Eiszeit immer wieder Hyänen. Eigentlich verständlich, konnten sie es sich doch hier schön gemütlich machen und waren vor Wind und Wetter geschützt. Heute findet man Hyänen nur noch in Afrika oder Asien. Wissenschaftler haben hier aber nicht nur Knochen der Höhlenhyäne selbst, sondern auch angenagte Knochen ihrer Beutetiere gefunden. Was archäologische Grabungen sonst noch zu Tage gefördert haben, erfahrt ihr auf der Infotafel an der Höhlenwand.

Auf der Brücke steht eine Skulptur aus Stein. Schaut sie euch genau an. Was stellt sie dar?

Lösung: Vor euch sitzt die Nachbildung eines Neandertalers. Neandertaler können als Urmenschen bezeichnet werden und sind wahrscheinlich vor 30 000 Jahren ausgestorben. Obwohl wir nicht direkt von ihnen abstammen, sind sie doch mit uns verwandt. Wissenschaftliche Funde belegen, dass hier in der Umgebung und in den Höhlen einige Neandertaler lebten. Der steinerne Neandertaler auf der Brücke soll an diese Urmenschen erinnern.

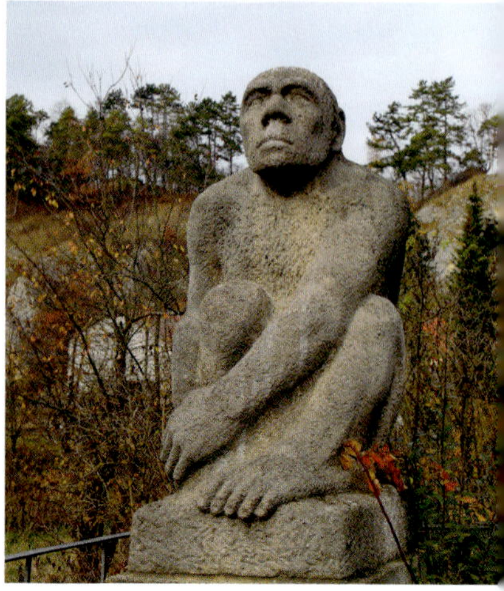

Die Figur des Neandertalers sitzt auf der Lauchertbrücke.

nen Brunnen auf die Straße Im Städtle treffen. Wir biegen rechts ab und kommen zur **Lauchertbrücke** ❹.

Nun biegen wir nach Überquerung der Lauchert links ab in den Weg Bei der Lohmühle. Kurz darauf liegt rechts die **Mühlberghöhle** ❺.

Jetzt muss man sich entscheiden. Für eine Kurztour geht man ab der Urmenschenbrücke auf der anderen Seite der Lauchert zurück. Ansonsten spaziert man nach der Mühlberghöhle weiter, bis man in Richtung Nikolaushöhle verwiesen wird. Der Weg steigt an und verläuft erst kurz parallel zum Weg am Flussufer, dann knickt er scharf rechts ab und bringt uns zur **Nikolaushöhle** ❻.

Von der Höhle aus seht ihr drei alte Bekannte: die Göpfelsteinhöhle, die Ruine und den Eingang der Mühlberghöhle. Erkennt ihr sie alle wieder?

Anschließend wandern wir etwas zurück, dann zweigen wir rechts ab auf einen wieder ansteigenden Pfad. Nach einem Rechtsknick erreichen wir den Waldrand mit dem **Schild »Bei der Kleebuche«** ❼. Hier halten wir uns rechts in Richtung Aussichtspunkt Hagentorhöhle.

Gleich führt der Weg an einem Baum vorbei, der wie eine 4 aussieht.

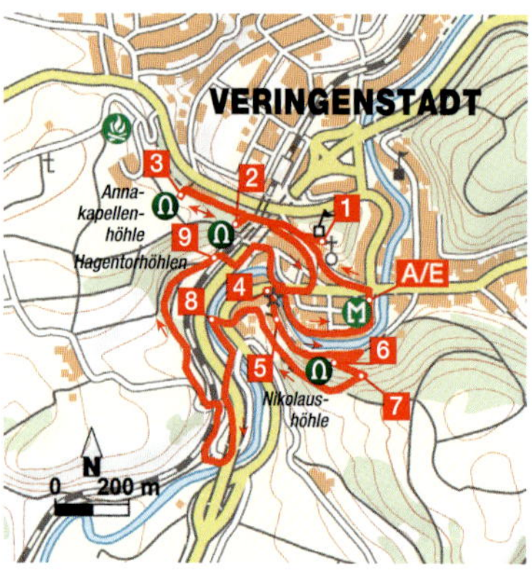

Rechts von diesem Baum befindet sich ein Aussichtspunkt. Unser Rückweg verläuft links der Kiefer. Nach etwas Bergab passieren wir einen weiteren Aussichtspunkt, danach kommen wir zu den ersten Häusern. Nach

Haus Nr. 8 biegen wir rechts ab in die Straße Mühlberg, die uns zur **Straße Unterstadt** 8 bringt. Wir orientieren uns links und überqueren kurz danach die Lauchert.
Nun spazieren wir eine Weile entlang der B32, bis unser Weg die Bundesstraße überquert. Danach biegen wir rechts ab und wandern an der Bahnlinie entlang. Unser Weg überquert bald die Gleise, gleich danach halten wir uns rechts und wandern weiter entlang der Bahnlinie. Nach einigen Kleingärten sehen wir links die **Hagetorhöhlen** 9.
Nach diesen Höhlen unterqueren wir die Bahnlinie und folgen gleich danach dem Hagetorweg nach links. Vor dem Portal des Tunnels, direkt unterhalb der Göpfelsteinhöhle, knickt der Weg rechts ab. Gleich danach halten wir uns wieder rechts in Richtung Lauchertbrücke. Bald haben wir wieder die **Lauchertbrücke** 4 mit der Urmenschfigur erreicht. Nun nehmen wir den oben beschriebenen Weg links der Lauchert und erreichen, vorbei an den Tafeln des Lehrwegs, in einem weiten Linksbogen wieder unseren Ausgangspunkt bei den **Parkplätzen** E.

Wie haben die Neandertaler wohl in ihren Höhlen gelebt? Wie könnte der Alltag von Höhlenhyänen oder -bären ausgesehen haben? Die Hagetorhöhlen eignen sich wunderbar zum Nachspielen der verschiedensten Szenarien.

Grüßt oder droht der Höhlenbär?

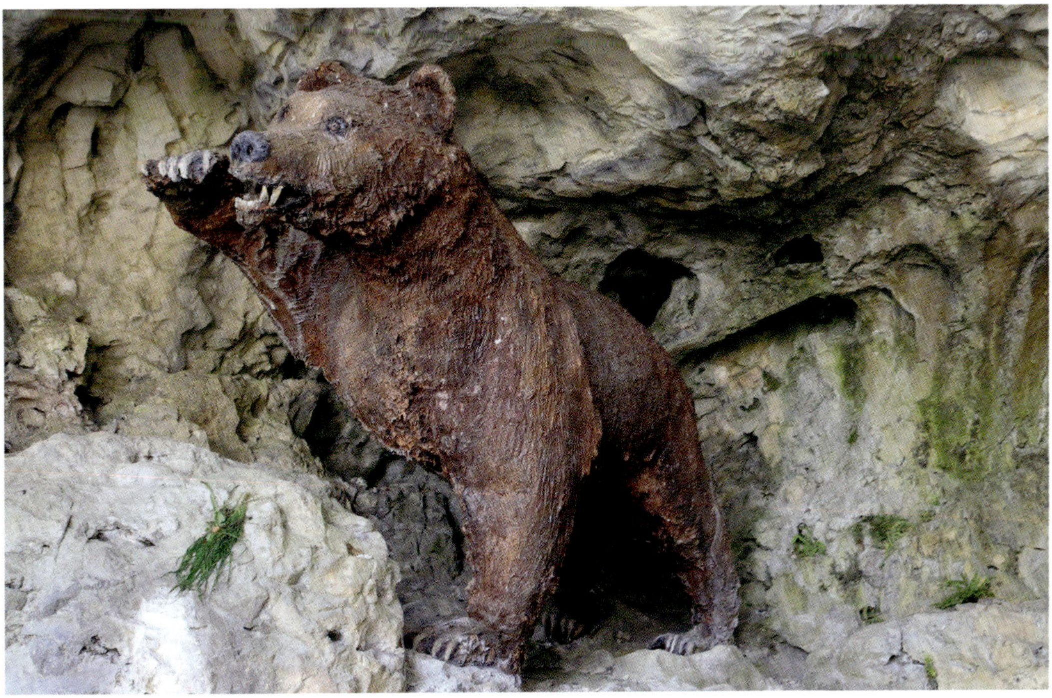

16 Auf dem Historienweg Veringenstadt

Rätselparcours für kluge Kids

Leicht | 4 km | 90 Hm | 1.30 Std.

Alter
4–12

Tourencharakter
Wir wanden auf Forstwegen. Zum Ausgangspunkt kommt man, wenn man in Veringenstadt der L415 in Richtung Inneringen folgt; gleich nach den letzten Häusern weist ein Schild nach rechts zum Historienweg.

Ausgangs-/Endpunkt
Veringenstadt, Parkplatz Veringer Hütte

GPS-Koordinaten
48.168779, 9.241423.

Wegverlauf
Parkplatz Veringer Hütte – Lesesteinwall – Erzgruben – Schwammriff – Hutewald – Siedlungsstelle – Parkplatz Veringer Hütte

Karte
Landesamt für Geoinformation und Landentwicklung Baden-Württemberg (LGL) 1:50000, F526 Sigmaringen

Grillmöglichkeit
Veringer Hütte. Wer hier am Grillplatz den Tag ausklingen lassen will, muss sich vorher im Rathaus anmelden (Tel. 07577/930-0).

Information
www.veringenstadt.de

Der Historienweg bei Veringenstadt bietet Informationen, die für alle Altersklassen interessant sind. Man sieht Exponate des ehemaligen Eisenerzabbaus, eine hölzerne Schweinefamilie und Reste einer uralten Siedlung. Da am Ausgangspunkt ein großes Freizeitgelände mit Grillstellen und zwei Schutzhütten liegt, bietet es sich an, hier den Tag ausklingen zu lassen. Da hier auch das Auto steht, muss auch nichts getragen werden.

Wir gehen rechts vom Freizeitgelände und dem **Parkplatz Veringer Hütte** Ⓐ vorbei an den Infotafeln in den Wald. Nach einer Weile kommen wir am **Lesesteinwall** ❶ vorbei, der am Rand einer Lichtung liegt. Danach verläuft der Weg wieder im Wald und zieht nach einer Weile nach rechts. Bald darauf sehen wir hinter einem Rechtsknick, dem der

- Wie wird in der Bergwerkssprache der Eingang in einen Stollen genannt?
- Wie tief konnten die ausgegrabenen Gruben werden?
- Mit was waren die Eimer gefüllt, die hochgezogen wurden?
- Wie wurden die hölzernen Wagen genannt, mit denen man das gefundene Erz zum Schmelzen fuhr?
- Für was hat man Holzkohle gebraucht?
- War es in unserer Gegend früher kalt wie am Nordpol oder eher warm wie im Dschungel?
- Vor wie vielen Jahren wurde hier zum letzten Mal Erz gefördert? Vor 20, 80, 140 oder 200 Jahren?

Die Antworten auf all diese Fragen sind auf den Infotafeln zu lesen.

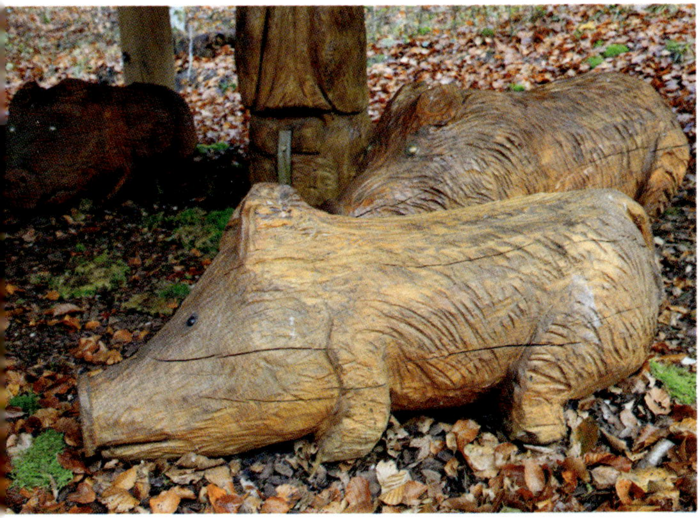

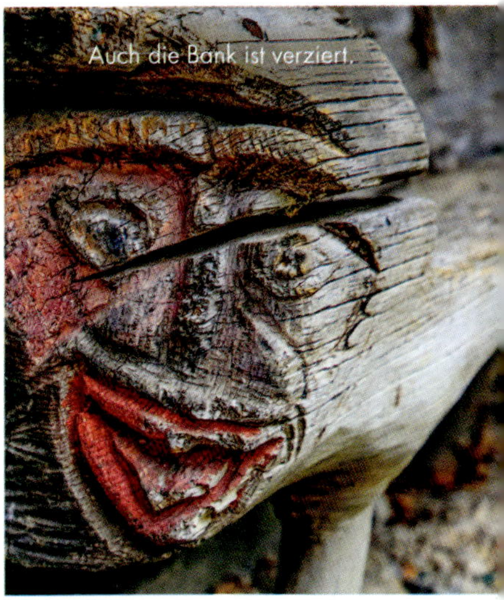

Auch die Bank ist verziert.

Rundweg folgt, die **Erzgruben** ❷. Nun folgen wir dem rechts abknickenden Weg. Kurz darauf weist uns ein Schild nach links zum **Schwammriff** ❸. Danach gehen wir wieder zurück zum Abzweig und folgen dem Weg weiter nach links. Rechts liegt bald die **Station Hutewald** ❹.

Links: Wildschweinskulptur aus Holz

Danach fällt der Weg ab, und wir wandern an einer rechts liegenden Lichtung vorbei bis zu einem Asphaltsträßchen. Hier halten wir uns rechts. Gleich danach gehen wir aber nach links in den Wald zur **Siedlungsstelle** ❺. Danach folgen wir dem Sträßchen zurück zum **Parkplatz Veringer Hütte** Ⓔ.

Welche Tierarten wurden früher in den Wald getrieben?

Wie viele Häuser standen früher hier?

Was wurde im Keller gefunden?

Die Antworten sind auf den Infotafeln zu lesen.

- Warum gibt es auf den Äckern auf der Schwäbischen Alb so viele Steine?
- Welche dieser Tiere leben in den Steinhaufen: Eidechsen, Feuersalamander, Schildkröten, Schlingnattern, Kreuzottern, Steinhummeln, Grabwespen?

Die Antworten auf all diese Fragen sind auf den Infotafeln zu lesen.

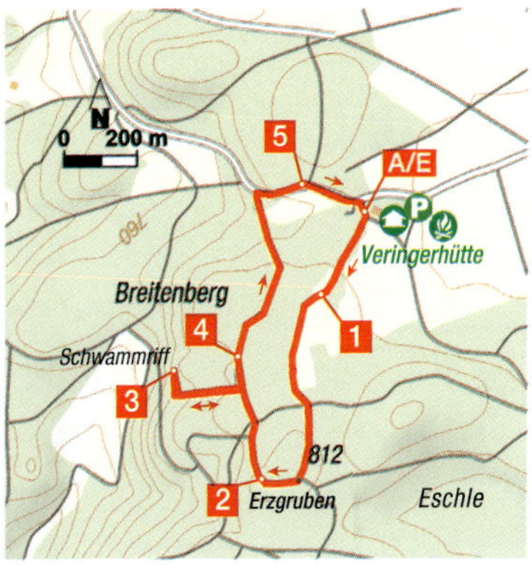

17 Felsruine und Eiszeit – im Donautal

Auf den Spuren der Grausamen Drei

Mittel	7 km	120 Hm	2 Std.

Alter
6–12

Tourencharakter
Wir wandern auf Pfaden und festen Wegen. An den Steilabstürzen sollte man auf die Kinder achtgeben.

Ausgangs-/Endpunkt
Sigmaringen, Parkplatz Ruine Gebrochen Gutenstein an der L277, westlich von Inzigkofen

GPS-Koordinaten
48.079696, 9.155704

Wegverlauf
Sigmaringen/Parkplatz Gebrochen Gutenstein – Blick zu Gebrochen Gutenstein – Erratischer Block – Zigeunerfels – Parkplatz Gebrochen Gutenstein

Karten
Landesamt für Geoinformation und Landentwicklung Baden-Württemberg (LGL) 1:50 000, F526 Sigmaringen; NaturNavi 1:25 000, Wanderkarte mit Radwegen, Blatt 51-532 Oberes Donautal

Grillmöglichkeiten
Am Parkplatz, Zigeunerfelsen

Information
www.sigmaringen.de

Zuerst können wir von unten die außergewöhnliche Burgruine Gebrochen Gutenstein bewundern. Danach geht es durch den Wald zum Erratischen Block, einem mächtigen Findling, und zu einer Felshöhle, dem Zigeunerfels. Abschließend wandern wir entlang der idyllischen Schmeie mit ihren mächtigen Felsen.

Vor langer, langer Zeit, als hier in der Gegend noch Zwerge, Riesen und andere fantastische Wesen lebten, wohnte auf der Burg Gutenstein ein Königspaar mit seiner Tochter. Diese war aber anders als die üblichen Prinzessinnen. Sie hasste lange Kleider und liebte es, die Felsen in der Umgebung hinaufzuklettern. Eines Tages wurde die Burg überfallen. Keiner sah die Eindringlinge, doch sie stahlen das ganze Gold des Königspaars, verriegelten das Burgtor von außen und brannten die hölzerne Treppe nieder, die der einzige Zugang zur Burg war. Die königliche Familie saß mit ihren Wachen und Gefolgsleuten in der

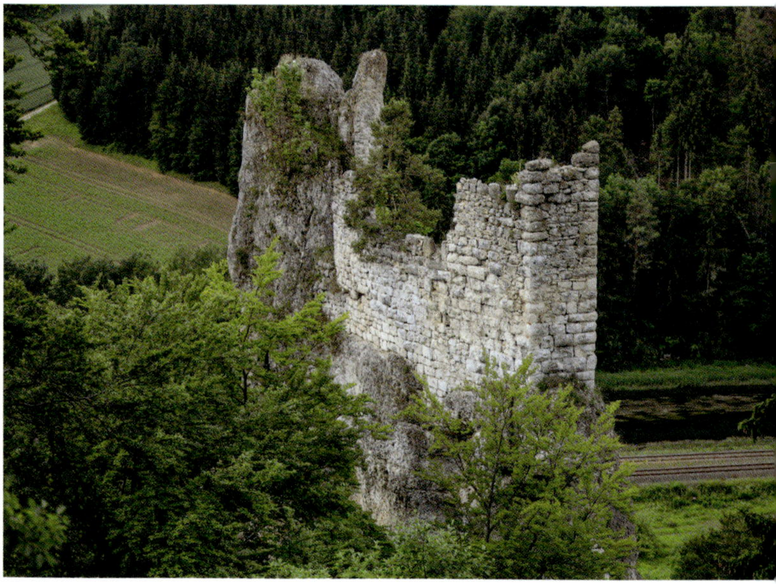

Wie wohl die Burgbewohner einst hier hinaufgekommen sind?

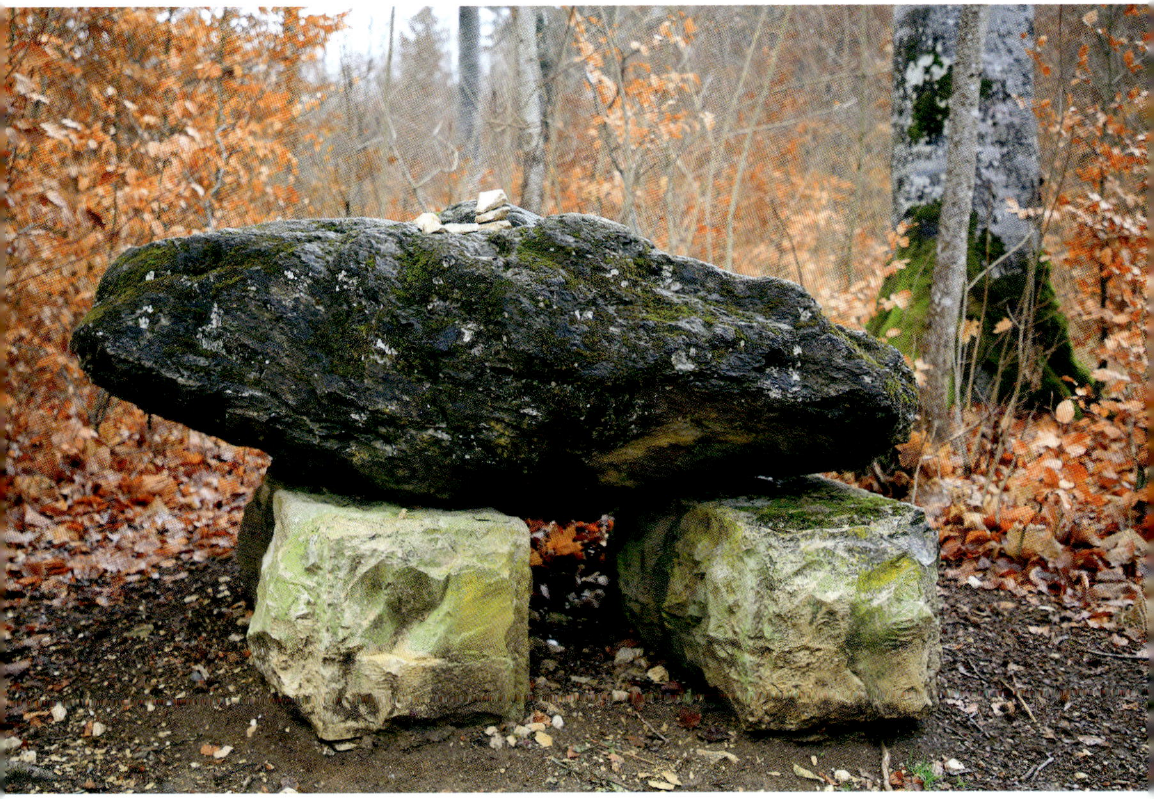

Der Erratische Stein wurde von Eiszeitgletschern hierher verfrachtet.

Burg fest. In all dem Trubel merkte keiner, wie die Prinzessin still und heimlich aus dem Fenster stieg und an der Burgmauer hinunterkletterte. Sie war fest entschlossen, sich die Schätze ihrer Familie von den Räubern zurückzuholen. An einem Felsen nahe der Burg bemerkte sie ein mit roter Farbe bemaltes Dreieck – das Zeichen der Grausamen Drei, einer besonders gefürchteten Räuberbande. Die Prinzessin nahm all ihren Mut zusammen und ging weiter.

Wir überqueren am westlichen Ende des **Parkplatzes** Ⓐ unterhalb der Ruine Gebrochen Gutenstein die Straße und halten uns auf der anderen Seite rechts. Wir wandern mit dem Wanderzeichen rotes Dreieck kurz parallel zur Straße, dann geht der Weg in einen Pfad über. Bald parallel zur Bahnlinie unterqueren wir die Straßenbrücke und folgen dem schmalen Pfad bis zum **Wanderschild »Schmeietal«** ❶. Hier biegen wir rechts ab in Richtung »Gebrochen Gutenstein, Inzigheimer Grotten«. Gleich darauf biegen wir noch einmal rechts ab und steigen aufwärts.

Nach einiger Zeit werden wir von unserem Pfad weg nach rechts zu einem Aussichtspunkt verwiesen. Hier haben wir nicht nur einen prächtigen Blick zur Ruine Gebrochen Gutenstein, hier gibt es auch ein Buch mit Erklärungen zu charakteristischen Felspflanzen. Auf dem weiteren Weg kommen wir zu einem Informationsschild am Standort des ehemaligen Gundelfinger Guts.

Die Prinzessin folgte weiterhin dem Räuberzeichen und kam so an einem Gutshof vorbei. Dort traf sie auf den Sohn des Gutsbesitzers. »Bist du nicht die Prinzessin?«, fragte dieser verwundert. »Ja, das bin ich. Und ich verfolge die Grausamen Drei. Sie haben unsere Burg überfallen. Sind sie hier vorbeigekommen?«, wollte die Prinzessin von ihm wissen. Der Junge kratzte sich am Kopf und antwortete schüchtern: »Aber bislang hat doch noch keiner die Grausamen Drei gesehen. Ich habe nur gehört, dass sie fürchterlich sein müssen. Und stark und unerschrocken und riesengroß. Sonst könnten sie all diese schrecklichen Raubzüge ja gar nicht machen.« Die Prinzessin nickte gedankenverloren. Das hatte sie auch schon über die Räuberbande gehört. Aber es half ja alles nichts. Sie war die Einzige, die das Gold ihrer Familie zurückholen konnte. Also verabschiedete sie sich von dem Sohn des Gutsbesitzers und ging weiter, immer dem blutroten Dreieck nach.

Unten rechts: Die Ruine Gebrochen Gutenstein wirkt wie verwachsen mit dem Felsen.

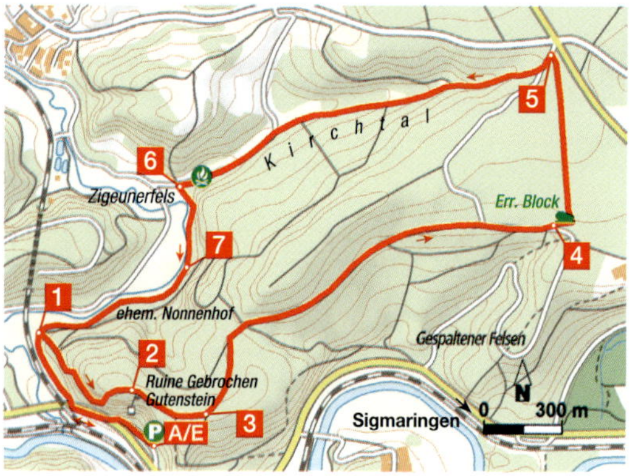

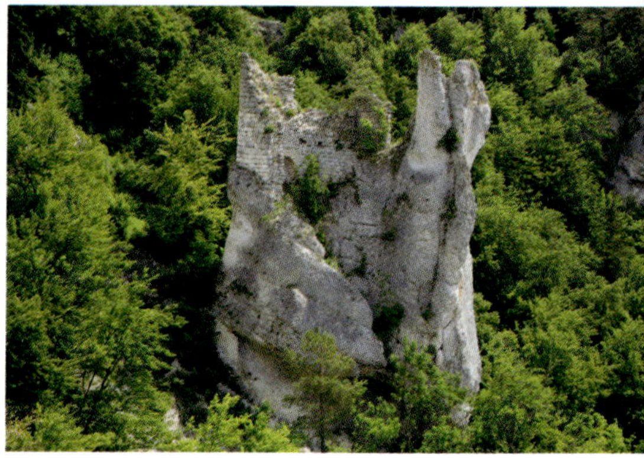

Bald darauf folgt ein weiterer **Aussichtsfelsen** ❷, der den wohl prächtigsten Blick auf die Ruine Gebrochen Gutenstein bietet. Etwas später kommen wir zum **Wanderschild »Scheuerlebühl«** ❸. Wir wandern mit dem Zeichen rote Gabel links weiter, später auf einem festen Weg, bis zum **Erratischen Block** ❹.

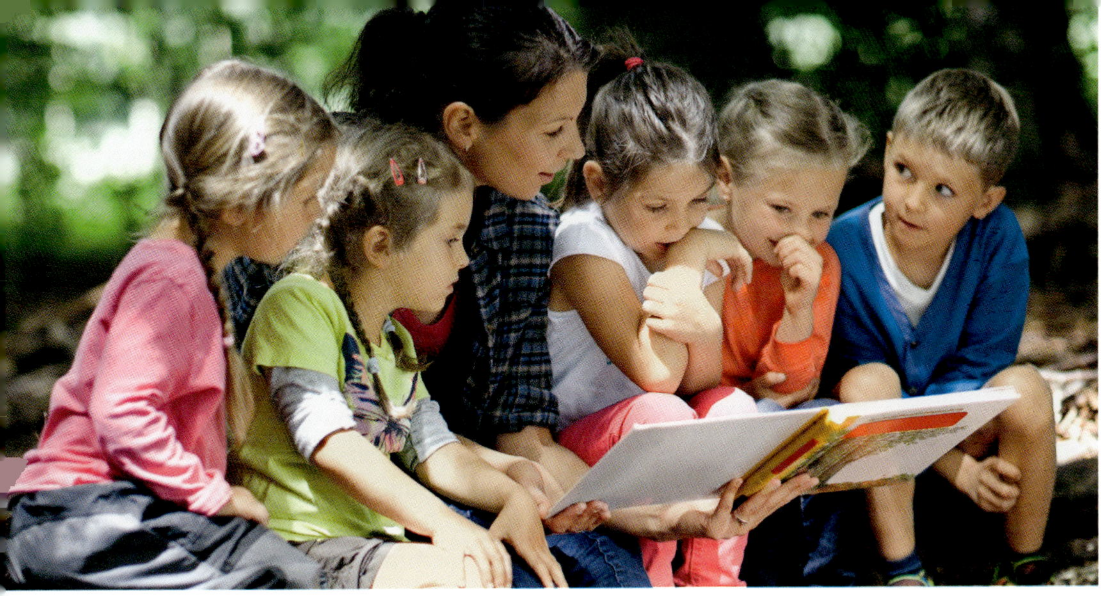

Die Prinzessin sah bald eine riesige Gestalt auf einem großen Stein am Wegrand sitzen. »Das muss ein Riese sein«, dachte sie und fragte sich gerade, ob er vielleicht Teil der Grausamen Drei sein könnte, als sie sah, dass der Riese ihr freundlich zuwinkte. Sie nahm all ihren Mut zusammen und ging auf ihn zu. »Ich bin auf der Suche nach den Grausamen Drei. Wisst Ihr vielleicht, wo sie sich verstecken könnten?«, fragte sie den Riesen mit fester Stimme. Während sie sprach, wurden die Augen des Riesen immer größer und er sah sich ängstlich nach allen Seiten um. »Die Grausamen Drei? Aber Kind, was willst du denn von denen?«, flüsterte er ängstlich. »Weißt du denn nicht, dass sie barbarisch sind und kein Erbarmen kennen? Und Zauberkräfte haben sie auch, erzählt man sich. Sonst hätten sie ihre bösen Taten ja nicht umsetzen können, ohne jemals dabei gesehen zu werden. Ich rate dir nach Hause zu gehen und nie wieder an diese schreckliche Bande zu denken!« Mit diesen Worten stand der Riese auf, sah sich noch einmal ängstlich in alle Richtungen um und verschwand dann hastig im Wald. Die Prinzessin seufzte. Umkehren konnte sie nicht. Sie musste das wagen, was sich bisher nicht einmal die tapfersten Ritter getraut hatten: die Grausamen Drei aufsuchen. Und das Gold ihrer Familie zurückverlangen. Mit einem großen Kloß im Hals ging sie weiter.

Mit einer spannenden Geschichte im Ohr wandert es sich gleich doppelt so gut.

Was würdest du machen, wenn du zaubern könntest?

Kurz nach diesem Felsklotz biegen wir links ab und wandern bis vor die **Landstraße** 5. Dort halten wir uns links und gleich darauf rechts. An der nächsten Verzweigung nehmen wir den linken Weg. Er führt uns durch das Kirchtal zum **Zigeunerfelsen** 6, wo sich auch eine Grillstelle befindet.

Es war bereits dunkel, als die Prinzessin in der Ferne das Flackern eines Feuers bemerkte. Leise schlich sie sich näher. Ein Lagerfeuer prasselte vor einem ausgehöhlten Felsen. Drei Gestalten standen dahinter, schwarz wie die Nacht und so groß wie der Felsblock, der vom Feuer erhellt wurde. »So viel Gold hatten wir noch nie!«, hörte sie eine der Gestalten johlen. »Und dann war das noch so einfach: rein, raus, Tor zu, Treppe weg!«, lachte die zweite Gestalt. »Auf uns, Brüder, auf die Grausamen Drei!«, rief die dritte und erhob ein riesiges schwarzes Glas. »Moment, das kann doch nicht sein …«, sagte die Prinzessin zu sich selbst und kniff die Augen zusammen, um besser sehen zu können. Leise schlich sie näher. Sie war nun nur noch ein paar Meter vom Feuer entfernt und traute ihren Augen kaum: Was sie für die riesigen Räuber gehalten hatte, waren nur lang gezogene Schatten, die das Feuer an die Felswand warf. Direkt hinter dem Feuer standen drei kleine Männlein, die ihr kaum bis zum Bauchnabel reichten. Sie war nun so wütend, dass sie all die Geschichten über diese drei Gauner vergaß und schwungvoll zu ihnen ans Feuer trat: »Ihr seid also die Grausamen Drei? Die starken Riesen mit Zauberkräften, die bisher noch keiner zu Gesicht bekommen hat? Dass ich nicht lache! Ihr wurdet bisher nur noch nie bei euren Raubzügen bemerkt, weil ihr so klein seid! Und jetzt verlange ich das Gold meiner Familie zurück.« Die Felswand hatte ihre Stimme noch verstärkt und warf ihren Hall mit doppelter Wucht zurück auf die drei Zwerge. Diese standen stumm und starr und sahen sie mit großen, angsterfüllten Augen an. »Ach herrje«, flüsterte der erste Zwerg, ohne den Blick von der vor Wut bebenden Prinzessin abzuwenden, »was machen wir denn jetzt?« »Keine Ahnung. Weglaufen?«, zischte ihm der zweite zu. »Das schaffen wir nie, ihre Beine sind viel länger als unsere«, erwiderte der dritte mit zitternder Stimme. Die Prinzessin blickte erstaunt von einem zum anderen – und fiel in großes Gelächter. Sie musste sich sogar den Bauch halten, so sehr lachte sie. Die Zwerge warfen sich verunsicherte Blicke zu. »Na hör mal, das ist jetzt aber gemein«, sagte der erste Zwerg beleidigt. »Unser ganzes Leben lang werden wir schon ausgelacht und nicht ernst genommen, weil wir so klein sind«, beschwerte sich der zweite mit zitternder Stimme. »Wie sollen wir denn sonst unseren Lebensunterhalt verdienen? Keiner will uns anstellen, weil wir so schwach sind. Da müssen wir ja klauen«,

Versuche einmal, auch Schattenspiele zu machen. Das geht gut, wenn die Sonne scheint. Oder, wie hier bei den Zwergen, nachts mit Beleuchtung.

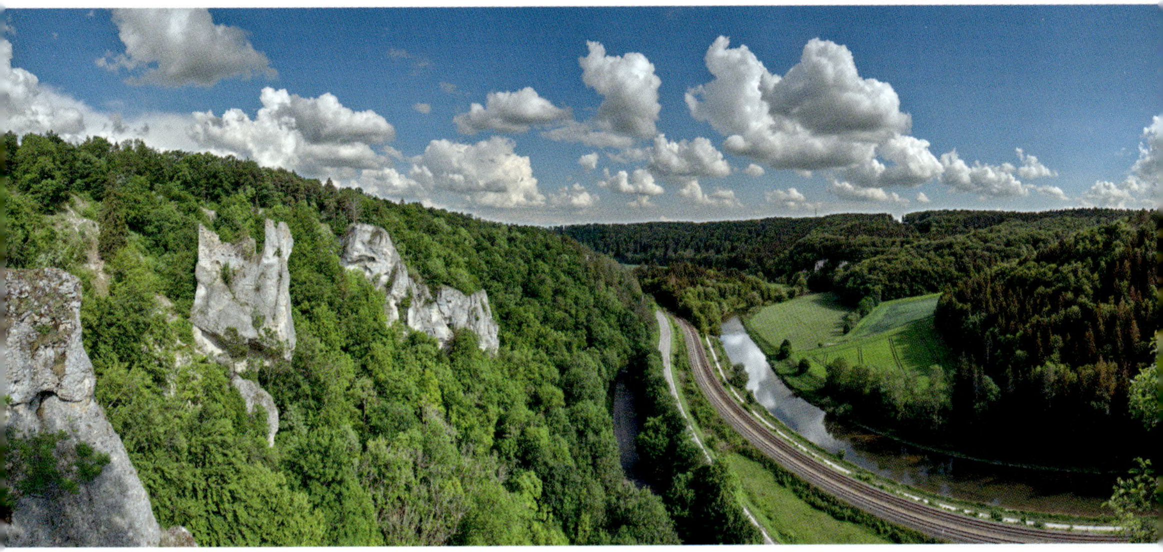

Blick ins Donautal. Links sieht man die Ruine Gebrochen Gutenstein.

fügte der dritte mit Tränen in den Augen hinzu. Als die Prinzessin das gehört hatte, beruhigte sie sich wieder, überlegte kurz und sagte dann: »Also gut, ich verrate euch jetzt, wie wir das machen …«

Hier biegen wir links ab und kommen, bald vorbei an mächtigen **Felsen** 7 und direkt entlang der idyllischen Schmeie, zum Abzweig beim **Wanderschild »Schmeietal«** 1, das wir schon vom Beginn der Tour kennen. Nun wandern wir auf bekanntem Weg zurück zum **Parkplatz** E.

Die kluge Prinzessin hatte sich einen Plan überlegt, mit dem ihre Familie ihr Gold wiederbekam und die drei Zwerge ihre Gesichter wahren konnten: Zuerst mussten die Zwerge das Gold zurück zur Burg schaffen und dort eine Leiter bauen, mit der die Prinzessin zum Tor hinaufsteigen und alle, die darin gefangen gehalten waren, befreien konnte. Dann erzählte sie ihren Eltern, dass die drei Zwerge ihr dabei geholfen hatten, die Grausamen Drei zu verfolgen und zu überwältigen. Das Königspaar belohnte die Zwerge für ihre vermeintliche Heldentat nicht nur reichlich, auf Anraten ihrer Tochter stellte es die drei auch als persönliche Leibwächter der Prinzessin ein. Die Zwerge konnten ihr Glück kaum fassen und lebten von nun an ein ehrliches und aufrichtiges Leben. Heimlich gaben sie sich einen neuen Namen: die Überglücklichen Drei.

18 Inzigkofen - Sitz der rätselhaften Fürstin

Grotten, Brücke und ein mächtiger Fels

Mittel | 4,5 km | 120 Hm | 1.30 Std.

Alter
4–12

Tourencharakter
Wir wandern auf Pfaden und festen Wegen. An den Steilabstürzen sollte man gut auf Kinder aufpassen.

Ausgangs-/Endpunkt
Inzigkofen, Parkplatz in der Straße Nickhof nach dem ehemaligen Bahnhof Inzigkofen an der L277

GPS-Koordinaten
48.079065, 9.167815

Wegverlauf
Inzigkofen/Parkplatz Nickhof – Grotten – Kloster – Amalienfels – Teufelsbrücke – Parkplatz Nickhof

Karten
Landesamt für Geoinformation und Landentwicklung Baden-Württemberg (LGL) 1:50 000, F526 Sigmaringen; NaturNavi 1:25 000, Wanderkarte mit Radwegen, Blatt 51-532 Oberes Donautal

Grillmöglichkeit
Zwischen dem ehemaligen Bahnhof und den Grotten

Information
www.inzigkofen.de. Führungen durch Kloster und Klostermuseum kann man unter Tel. 07571/7398-0 buchen.

Bei dieser Tour folgt eine Attraktion auf die andere: Wir kommen an einigen tief ausgehöhlten Grotten vorbei, die einst schon die herrschaftliche Familie aus Sigmaringen anlockte. Besonderheiten der Wanderung sind auch das Känzele, die Teufelsbrücke und der Amalienfelsen sowie die Klosteranlage. Dort sollten wir auf jeden Fall einen Blick in die Kirche werfen, und auch der Kräutergarten und das Bauernmuseum sind einen Besuch wert.

Am **Parkplatz** A folgen wir mit den Zeichen rotes Dreieck und dem Premium-Wanderweg Kloster-Felsenweg auf dem dort abgehenden Weg in Richtung Känzele.
Nach einiger Zeit kommen wir an einem Grillplatz vorbei. Danach zweigen wir mit dem Wanderzeichen rotes Dreieck links auf einen Pfad ab. Er trifft wieder auf den breiten Weg, hier sehen wir das **Wanderschild »Unterm Känzele«** 1. Ihm folgen wir auf einem Pfad steil aufwärts. Schließlich kommen wir zu einer Verzweigung beim Schild »Inzigkofen, Grotten«. Hier gehen wir geradeaus weiter auf das Felsentor zu, umgehen es aber, in dem wir gleich da-

Auf dieser Wanderung begeben wir uns zurück in die Zeiten von Königinnen und Königen, Fürstinnen und Fürsten. Der Fürstliche Park Inzigkofen, durch den wir auf dieser Wanderung kommen, wurde auf Geheiß von Fürstin Amalie Zephyrine 1811–1829 angelegt. Wir versetzen uns nun also gedanklich in diese Zeit und stellen uns vor, wie Fürsten und Könige auf diesen Wegen gewandelt sind. Was haben sie wohl für Kleidung getragen? Über was haben sie sich möglicherweise unterhalten? Vielleicht habt ihr Lust, euch einen königlichen Namen zu geben und euch vorzustellen, ihr wärt selbst eine Prinzessin oder ein Prinz.

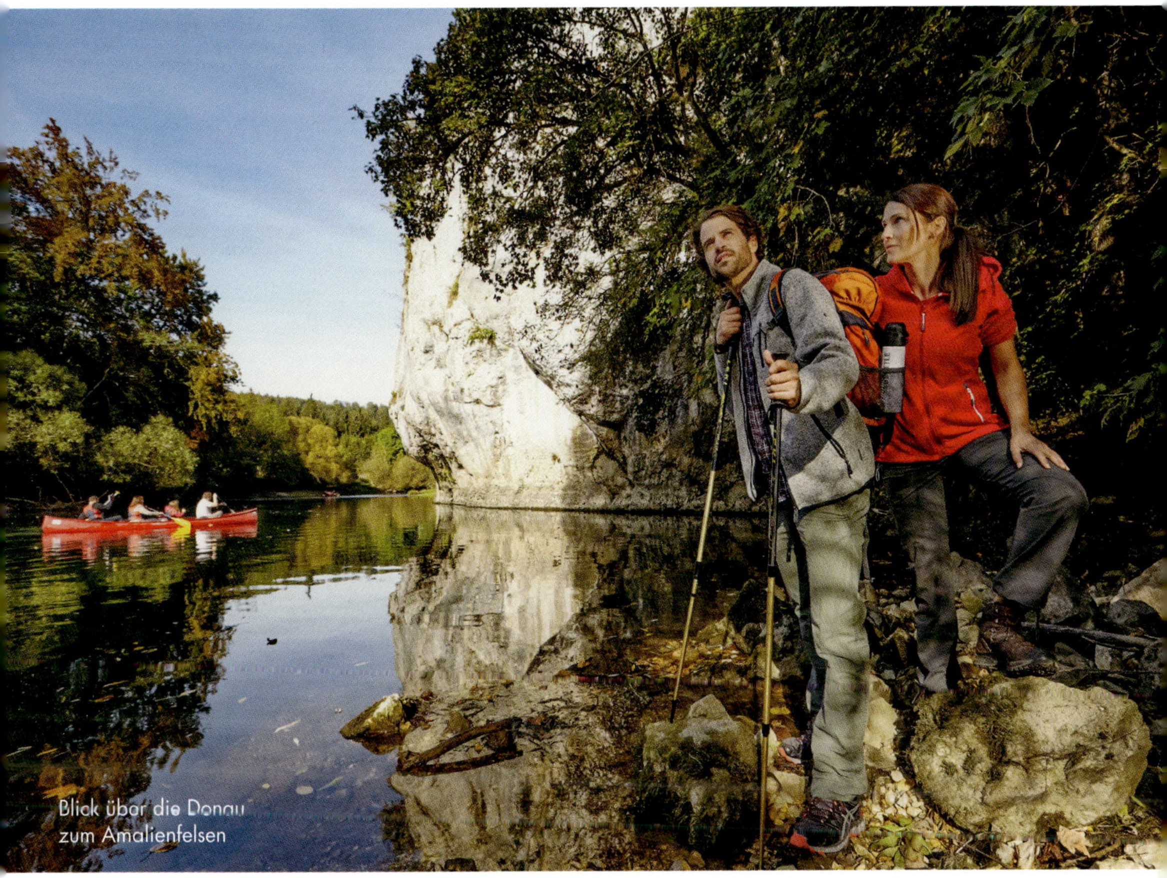

Blick über die Donau zum Amalienfelsen

rauf rechts abzweigen. Kurz darauf sind wir schließlich bei den mächtigen **Grotten** ❷.

Dahinter geht es nach links zum **Aussichtspunkt Känzele** ❸. An schönen Sommertagen können wir von hier aus immer wieder Kanuten beobachten – für Kinder ist es sicherlich ein schönes Erlebnis, ihnen zuzuwinken.

Danach nehmen wir von den beiden rechts abgehenden Wegen den rechten. Nach einem kleinen Anstieg verlassen wir den Wald und wandern durch die Lindenallee geradeaus weiter bis zu einem **Asphaltsträßchen** ❹. Dort folgen wir dem links der Klostermauer verlaufenden Schotterweg, der uns durch eine weitere

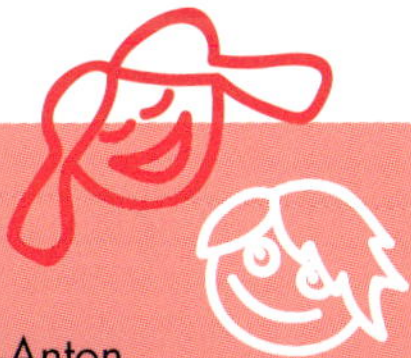

Auf einem Schild erfahren wir, dass Erbprinz Karl-Anton in den 1840er-Jahren die Nebelhöhle in sein privates Speisezimmer umgestaltet hat. Hier standen Tische und Holzbänke, und die Höhle war mit alten Waffen dekoriert. Stellt euch vor, wie das damals ausgesehen haben könnte. Würdet ihr auch gern eine eigene Höhle haben, in der ihr euch mit Freunden treffen könntet? Wie würdet ihr sie einrichten?

Baumallee führt. Bald betreten wir die Klosteranlage durch ein Tor in der mächtigen Klostermauer. Hier sollten wir uns ein wenig umsehen – interessant sind insbesondere der **Bauerngarten** ❺, zu dem ein Schild nach rechts weist, das Bauernmuseum danach und die Kirche.

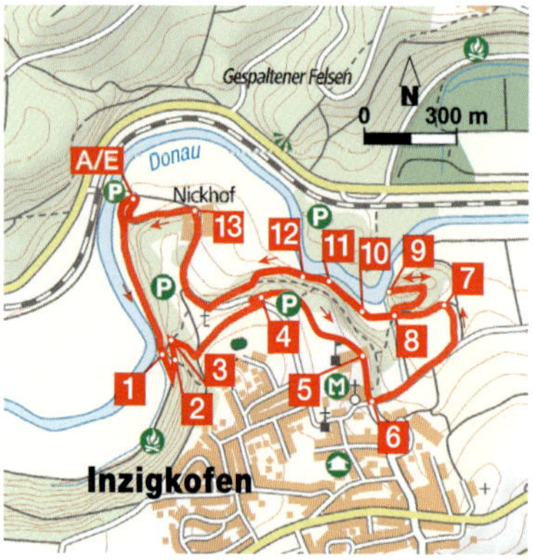

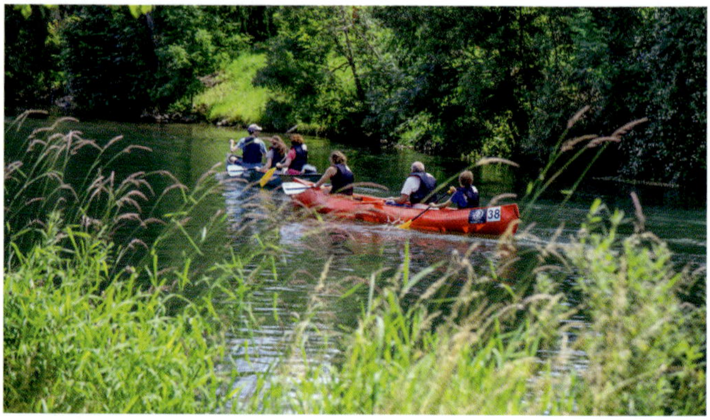

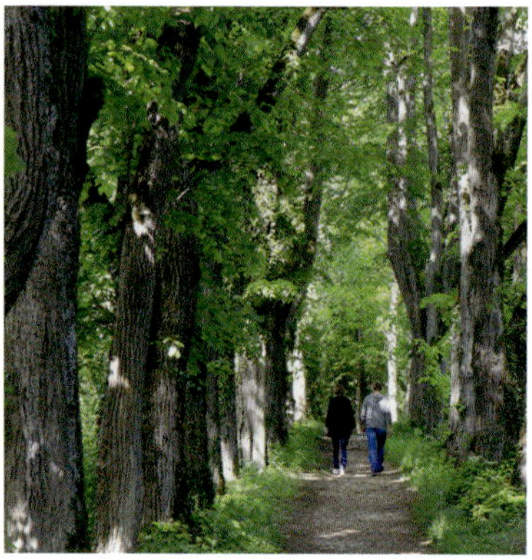

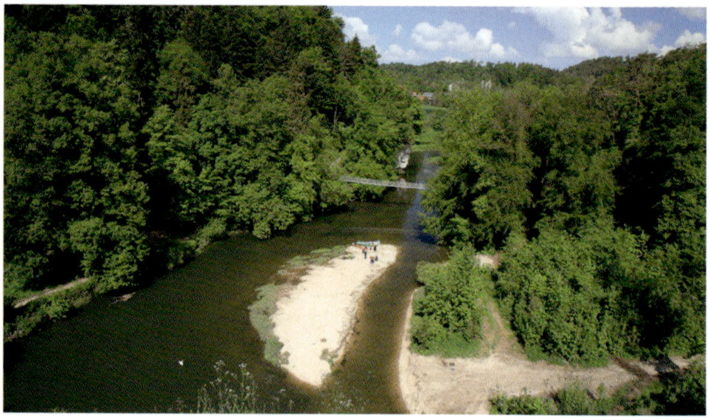

Ganz oben: Kanufahrer auf der Donau

Unten links: Die Baumallee führt zum Gipfel des Amalienfelsens.

Unten rechts: Blick über die Donau beim Teufelsfelsen

Links der Kirche am **Schild »Kloster Inzigkofen«** ❻ biegen wir links ab und wandern etwas bergab. Es geht an der Kläranlage vorbei, dann biegen wir links ab und kommen zu einer Verzweigung beim **Schild »Amalienfelsen Südost«** ❼. Wir folgen dem nach links ziehenden Weg zum Waldrand mit dem **Schild »Amalienfelsen«** ❽. Nun machen wir nach rechts einen Abstecher zum Amalienfelsen. Der Pfad zieht sanft nach oben, und nach einem Linksknick begleitet uns wieder die Lindenallee. Bald erreichen wir den **Amalienfelsen** ❾, von dem man eine schöne Sicht hinab zur Donau genießt.

Danach gehen wir wieder zurück zum **Schild »Amalienfelsen«** ❽. Die Wiese vor uns ist die schöne Steinwiese, die einst schon das fürstliche Paar und andere Hoheiten zum Picknickmachen verlockt hat. Hier haben wir zwei Möglichkeiten, um zum nächsten Ziel, zur Teufelsbrücke, zu kommen: Der bequemere, aber etwas weitere Weg führt nach links, später nach rechts weiter. Steiler, aber kürzer und vor allem abenteuerlicher ist der

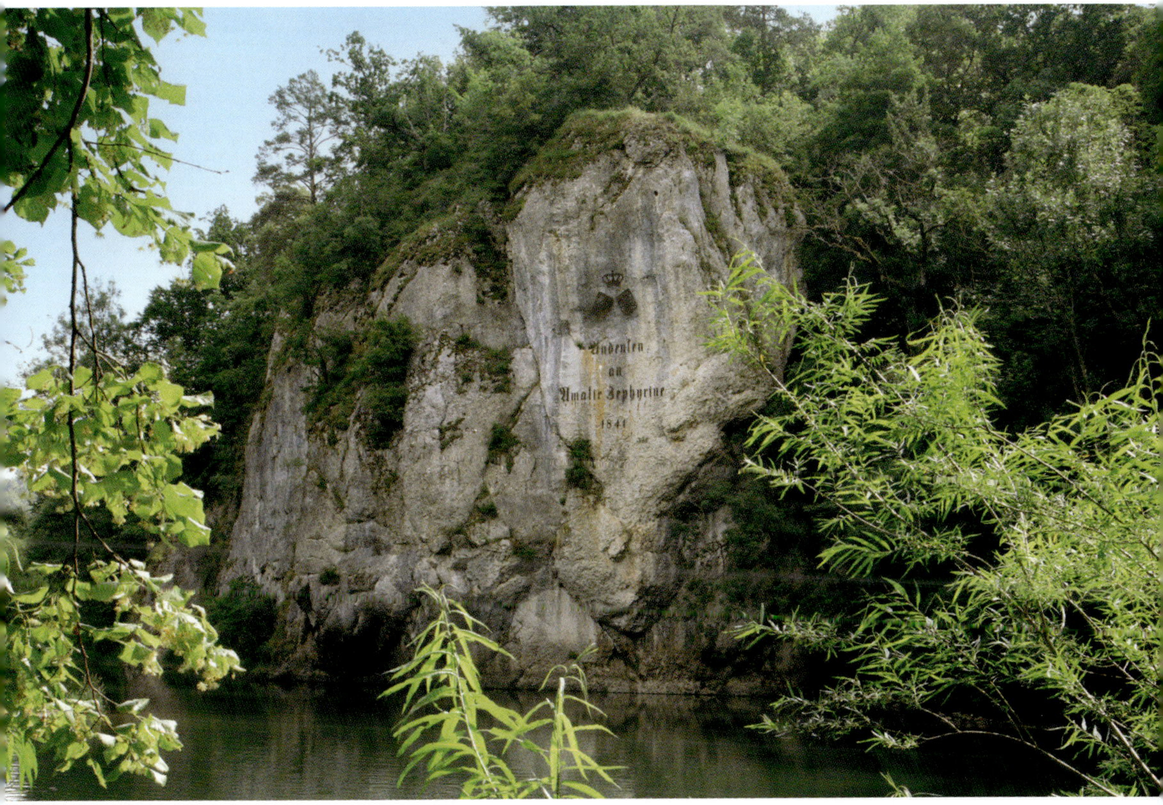

Der Schriftzug am Amalienfelsen erinnert an die Fürstin Amalie Zephyrine.

rechte Weg. Er verläuft anfangs parallel zur Donau. Wenn wir zurückblicken, haben wir einen **schönen Blick** 10 auf den Amalienfelsen mit der Inschrift »Amalie Zephyrine«. Amalie Zephyrine von Salm-Kyrburg wurde 1760 in Paris geboren und 1782 mit dem Erbprinzen Anton Aloys von Hohenzollern-Sigmaringen verheiratet. Sie war eine für ihre Zeit recht außergewöhnliche Frau und hatte ihren eigenen Kopf. Im Vergleich zu Paris erschien ihr Sigmaringen als einengend, weswegen sie nach der Geburt ihres ersten Sohns als Mann verkleidet floh. Sie lebte für die damaligen Verhältnisse sehr frei und selbstbestimmt. Nach 20 Jahren kehrte sie nach Inzigkofen zurück und ließ den Landschaftspark anlegen, in dem wir hier heute stehen.

Rechte Seite: Von der Teufelsbrücke gibt es eine alte Sage.

Nun stoßen wir auf einen querenden Weg beim Schild »Amalienfels« und halten uns rechts. Gleich darauf führt die **Hängebrücke** ⓫ nach rechts in den Parkabschnitt mit der Eremitage. Wer will, kann sich hier ein wenig umsehen und kehrt anschließend wieder hierher zurück.

Danach steigt der Weg steil an. Es geht immer noch parallel zur Donau, aber hoch über ihr weiter. Zwar wurde ein Geländer angebracht, dennoch sollte man hier mit Kindern etwas vorsichtig sein. Am Schluss dieses Steilabschnitts erreichen wir einen querenden Weg. Links sehen wir das Schild »Bei der Teufelsbrücke«. Hier biegen wir rechts ab und überqueren bald die **Teufelsbrücke** ⓬.

Könnt ihr euch vorstellen, wie Amalie hier entlangspaziert ist? Wie könnte sie sich die Zeit im Park vertrieben haben? Mit wem könnte sie sich hier getroffen und über was gesprochen haben?

Um die Teufelsbrücke rankt sich eine Sage: Als Fürst Karl seinen Baumeister mit der Errichtung der Teufelsbrücke beauftragte, soll dieser geantwortet haben: »Die soll von mir aus der Teufel bauen, aber nicht ich!« Da stand auch schon der Teufel da und erbot sich, die Brücke über den Abgrund zu bauen. Bedingung war, dass ihm die Seele jenes Geschöpfs gehören sollte, das als Erstes die Brücke überquerte. Man ließ sich auf den Handel ein, und als die Brücke fertig war, jagte man einen räudigen Hund über sie – und betrog so den Teufel um seinen Lohn.

Auf dieser Hängebrücke kommt man über die Donau zur Eremitage.

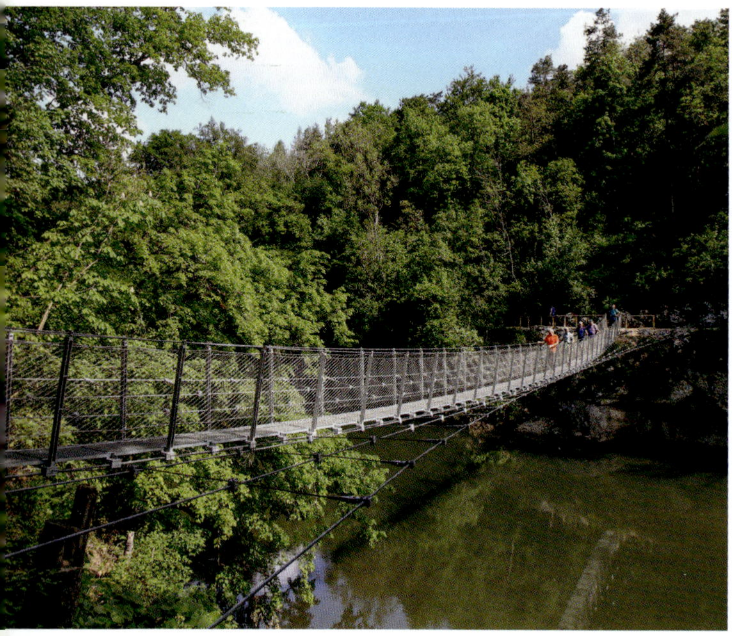

Nach einem Felsentor kommen wir zu einem mächtigen Felsen mit dem Schild »Westliche Teufelsbrücke«. Wir folgen dem Pfad weiter geradeaus, halten uns an einer Verzweigung rechts und stoßen bald auf ein Sträßchen. Ihm folgen wir nach rechts bergab. Wir durchqueren den **Nickhof** ⓭ und erreichen nach weiterem Bergab wieder unseren Ausgangspunkt, den **Parkplatz** Ⓔ.

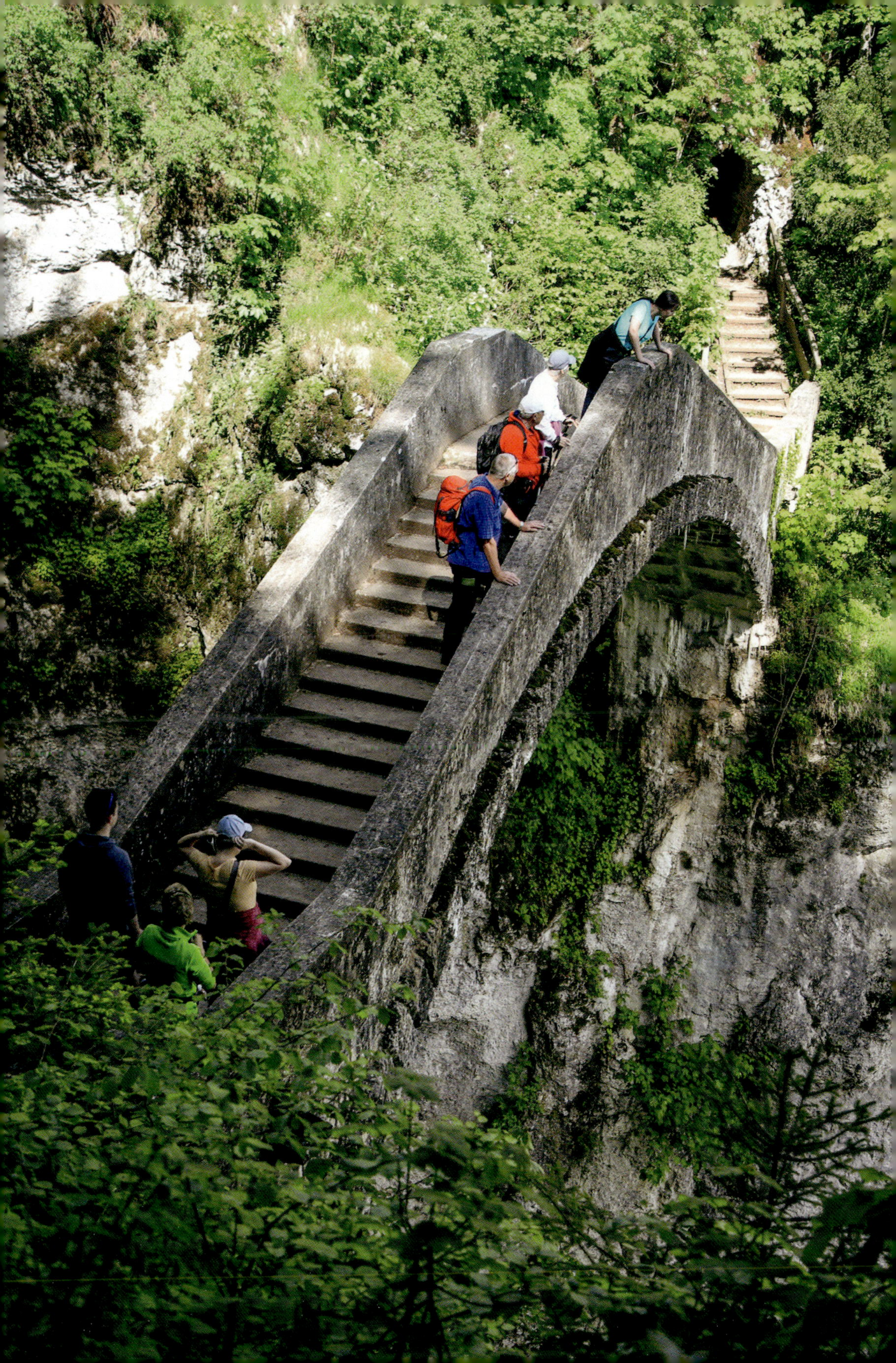

19 Am Schaukelweg Laiz-Sigmaringen

Spaß für jedes Alter

Leicht | 4 km | 20 Hm | 1 Std.

Alter
4–12

Tourencharakter
Auf dem Hinweg wandern wir auf einem Natur- bzw. geschotterten Weg, beim Rückweg auf einem asphaltierten Weg. Man kann die Tour auch in Sigmaringen beginnen. Auf dem Rückweg kommt man am Freibad vorbei. An den Stellen, an denen die Kinder direkt an die Donau gelangen können, sollte man besonders auf sie achten.

Ausgangs-/Endpunkt
Sigmaringen-Laiz, Parkplatz Festhalle (Hauptstr. 52)

GPS-Koordinaten
48.076769, 9.194443

Wegverlauf
Sigmaringen-Laiz/Parkplatz Festhalle – Wasserkraftwerk – Donauweg – Sigmaringen – Donauweg – renaturierte Donau – Parkplatz Festhalle

Karten
Landesamt für Geoinformation und Landentwicklung Baden-Württemberg (LGL) 1:50 000, F526 Sigmaringen; NaturNavi 1:25 000, Wanderkarte mit Radwegen, Blatt 51-532 Oberes Donautal

Information
www.sigmaringen.de

Ganz so, wie es die Überschrift verspricht, ist dieser Spaziergang zwar nicht, denn man schaukelt natürlich nicht den ganzen Weg. Er heißt aber Schaukelweg, weil hier eine Schaukel auf die andere folgt. Das ist natürlich für Kinder etwas Besonderes, und so läuft es sich fast von allein. Interessant sind auch die Infotafeln des Bienenlehrwegs und natürlich das Wehr, an dem das Wasser hinabschießt.

Auch die renaturierte Donau und der Aussichtsturm – mit ab und zu einem Graureiher im Blickfeld – sind sehenswert und werden auch den Erwachsenen gefallen. Und wer möchte, macht am Wendepunkt einen Abstecher ins Zentrum von Sigmaringen bzw. zum Schloss.

Wir gehen am **Parkplatz** Ⓐ hinab zur Donau. Dort biegen wir links ab und wandern nun die gesamte Strecke dieser Tour parallel zum Fluss weiter. Nach der Straßenbrücke kommen wir an einem Wehr bzw. **Wasserkraftwerk** ❶ vorbei.

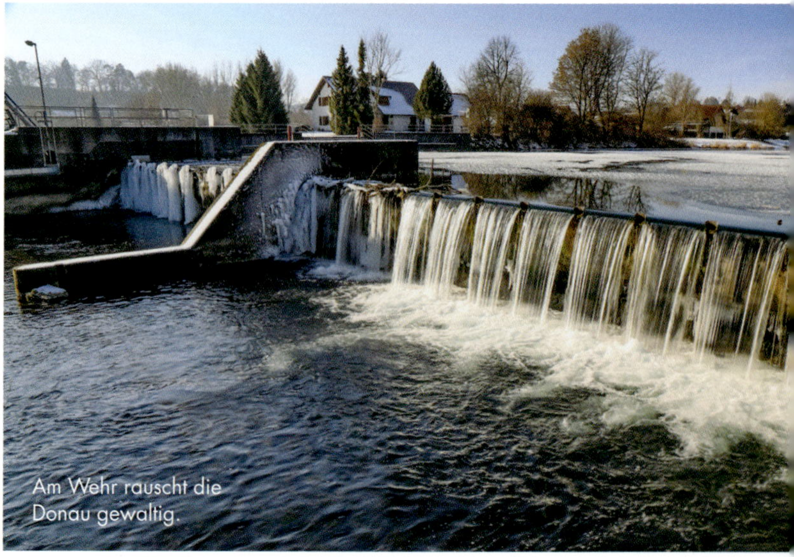

Am Wehr rauscht die Donau gewaltig.

Danach liegt links schon die erste Schaukelstation. Nun folgen mehrere Spielplätze mit Schaukeln; auf Tafeln ist meist erklärt, wer sie gespendet hat.
Nachdem wir die B32 unterquert haben, kommen wir zu einer stählernen **Hängebrücke** ❷, hinter der wir einen schönen Blick zum Sigmaringer Schloss erhaschen. Hier haben wir auch die letzte Schaukelstation auf dieser Donauseite passiert. Man kann die Donau nun entweder auf dieser Brücke überqueren, oder – wenn man die Stufen meiden will und vielleicht einen Kinder-

Links: Am Schaukelweg findet man verschiedene Schaukeln.

Ob die Betonliegen wohl bequem sind?

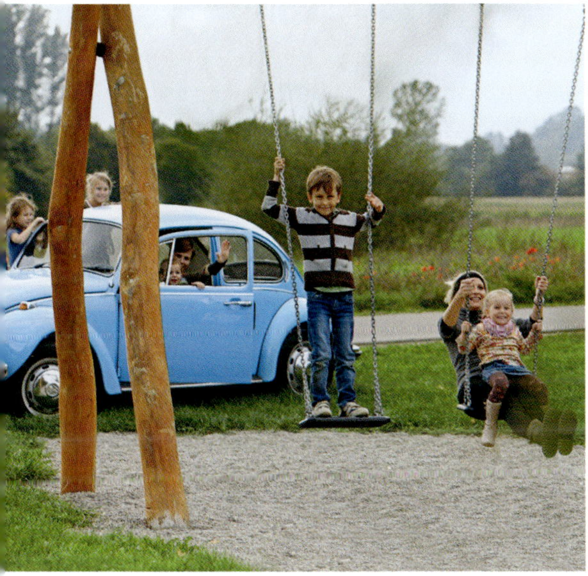

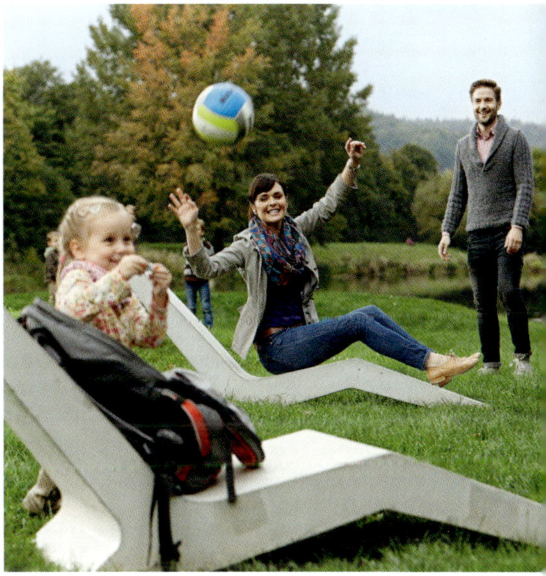

wagen dabeihat – man geht noch etwas weiter und überquert die Donau barrierefrei auf der Straßenbrücke. Dann halten wir uns auf der anderen Seite rechts; von hier aus kann man übrigens auch ins Zentrum und zum Schloss von Sigmaringen wandern. Hinter der Stahlbrücke liegt die erste Schaukelstation auf dieser Seite. Nun wandern wir entlang der Donau zurück. Interessant sind bald die Spielbrücken aus Beton, wo man auch Liegen aus Beton vorfindet.
Danach passieren wir das Freibad (links) und erreichen bald die renaturierte Donau. Vorbei an weiteren Schaukelstationen und dem Wasserkraftwerk kommen wir wieder nach Laiz, überqueren dort die Brücke und gelangen zurück zum **Parkplatz** Ⓔ.

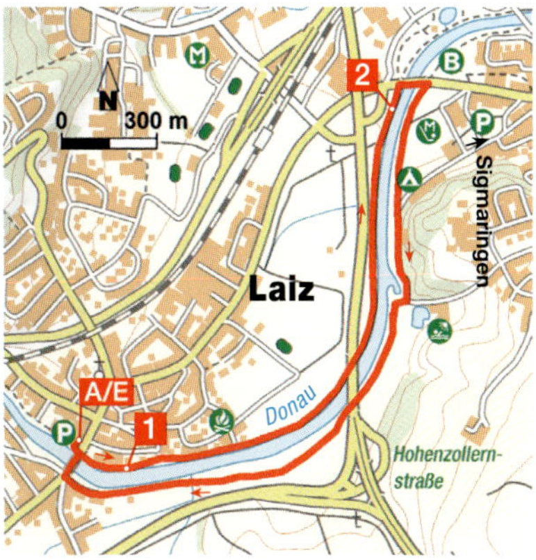

20 Zur Ruine Hornstein

Rätsel-Parcours durchs wilde Bittelschießer Täle

Leicht | 4 km | 100 Hm | 1.30 Std.

Alter
4–12

Tourencharakter
Wir wandern auf festen Forstwegen und Sträßchen.

Ausgangs-/Endpunkt
Bingen, Parkplatz Fäulesloch

GPS-Koordinaten
48.110093, 9.262897

Wegverlauf
Bingen/Parkplatz Fäulesloch – Bittelschießer Täle – Bittelschießer Höhle – Hornstein – Ruine Hornstein – Parkplatz Fäulesloch

Karte
Landesamt für Geoinformation und Landentwicklung Baden-Württemberg (LGL) 1:50000, F526 Sigmaringen

Information
www.bingen-hohenzollern.de

Diese Wanderung ist etwas für Kinderherzen aller Altersgruppen. Sie beginnt mit einem Gang durchs wildromantische Bittelschießer Täle, durch das die Lauchert mäandert und wo bemooste Baumstämme kreuz und quer liegen. Dazu ist das Tälchen von mächtigen Felsmassiven umgeben, in denen es Höhlen zu entdecken gibt, wie z.B. die Bittelschießer Höhle mit dem Durchguck in der Decke. Das abschließende Highlight der Tour bildet dann die Ruine Hornstein.

Wer sieht den gelben Hirsch zuerst?

Lösung: Er befindet sich auf dem Wappen, das an der Brücke angebracht ist.

Wir gehen vom **Parkplatz Fäulesloch** Ⓐ auf die andere Straßenseite, überqueren die Lauchert und halten uns nach ihr und dem Wanderschild »In der Au« rechts. Der Weg führt uns zum Waldrand, wo wir den ersten von zahl-

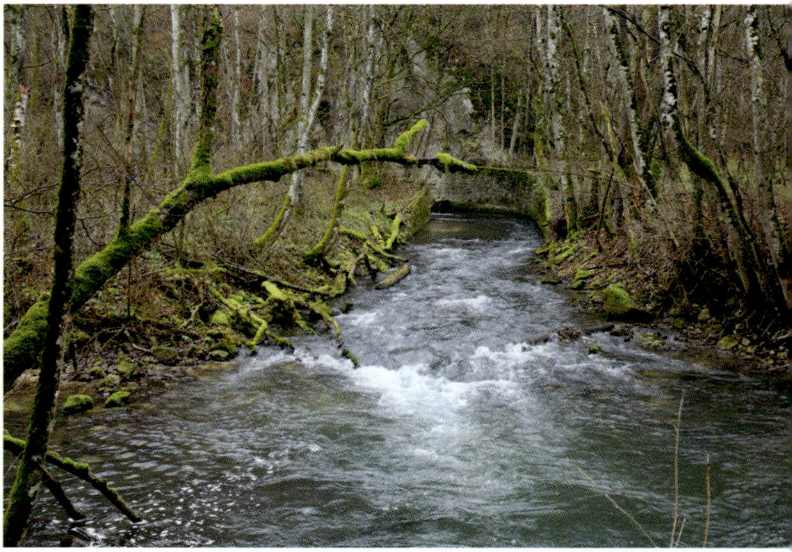

Im Bittelschießer Täle gebärdet sich die Lauchert recht wild.

Rechte Seite: Die Bittelschießer Höhle besitzt ein mächtiges Portal.

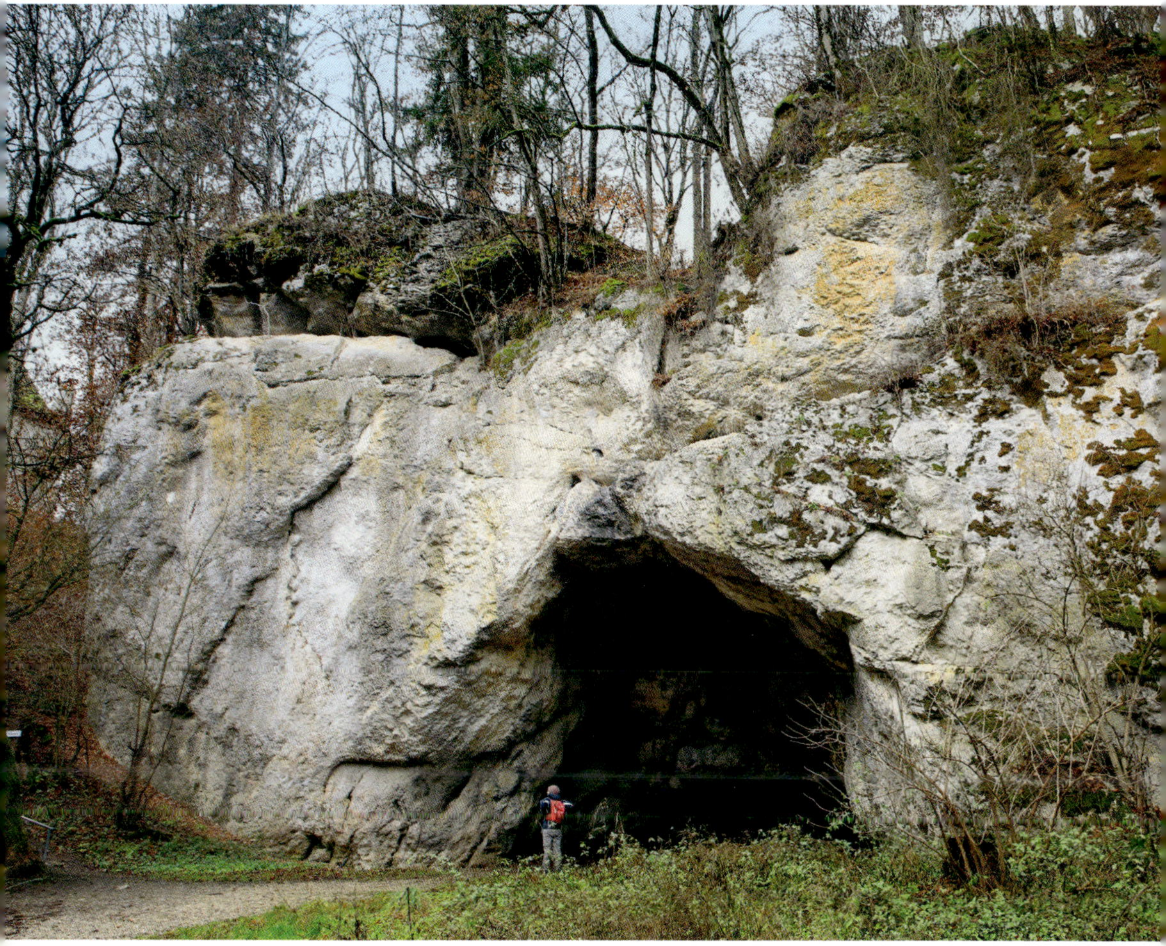

reichen riesigen Felsbrocken sehen. An seinem Fuß finden wir auch die **erste Höhle** ❶ dieser Tour. Ihr Eingang wird durch einen Steg unterbrochen. Nach dem Felsen biegen wir rechts ab. Das Flüsschen vereint sich hier wieder mit einem Kanal, der zuvor von ihm abgezweigt ist.

Nun wandern wir durch das Tal, das von mächtigen Felsgebilden, die z. T. von Höhlen durchlöchert sind, umgeben ist. Nach einer Weile überqueren wir die Lauchert auf einem Steg. Dahinter halten wir uns am Schild »Lauchertsteg« links und erreichen bald die mächtige **Bittelschießer Höhle** ❷. Links der Höhle führt ein Pfad hinauf zu ei-

Links und rechts des Wegs können wir nun unzählige Höhlen entdecken, große und kleine. Wie viele seht ihr? Und wer oder was könnte darin leben oder gelebt haben? Kleine Tiere? Oder Fabelwesen? Vielleicht fallen euch zu der einen oder anderen Höhle Geschichten über die Bewohner ein.

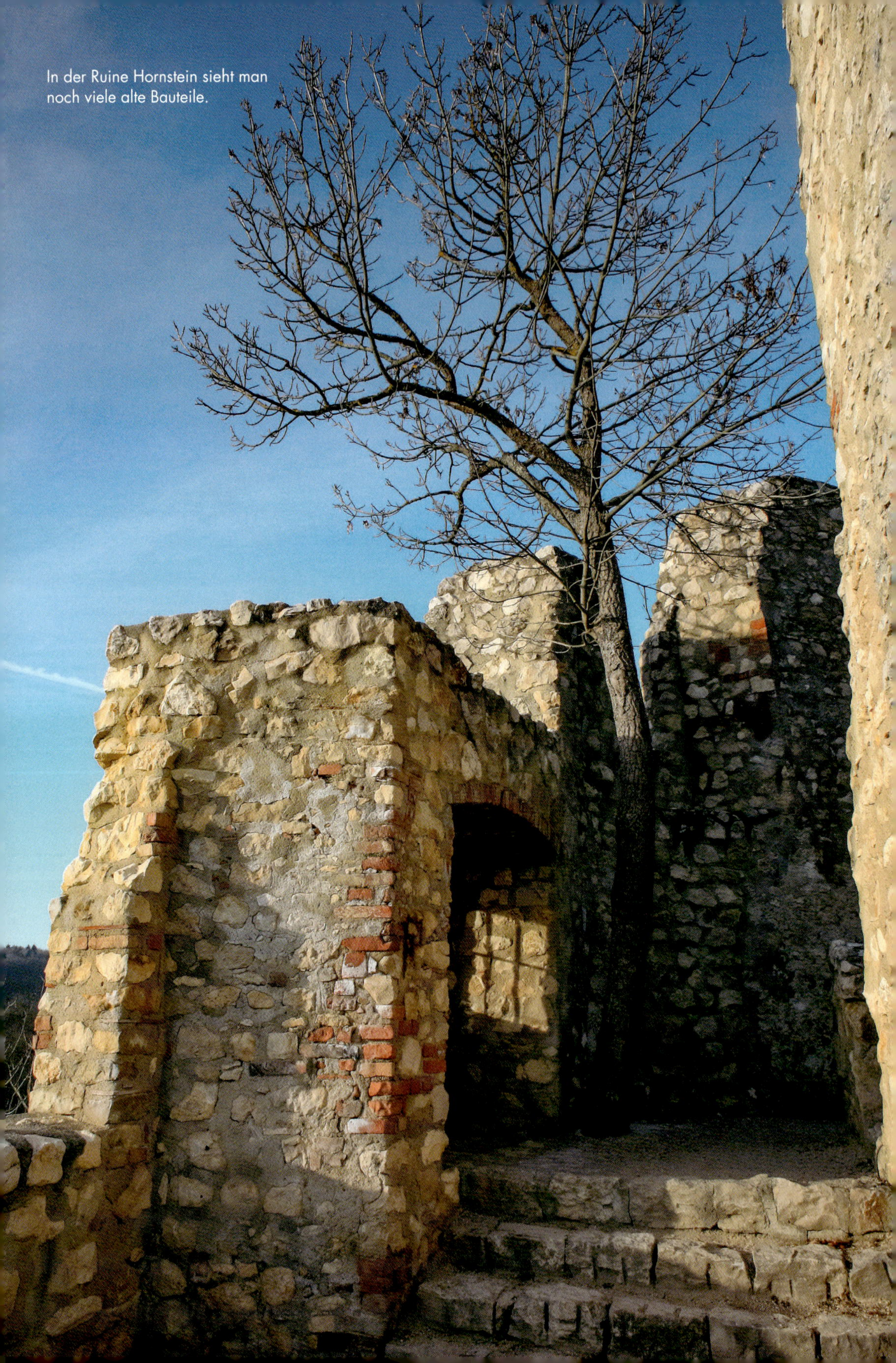

In der Ruine Hornstein sieht man noch viele alte Bauteile.

ner Kapelle. Diese wird zwar verschlossen sein, besitzt in ihrer Tür jedoch ein Guckloch. Wenn man etwas nach rechts geht, kommt man zum Platz der ehemaligen Burg Bittelschieß.

Danach wandern wir im Tal weiter. Wir verlassen bald den Wald und kommen zum **Wanderparkplatz Bittelschießer Täle** ❸. Hinter ihm verläuft die Landstraße. Ihr folgen wir nun eine Weile nach rechts und ignorieren dabei die nächste abgehende Straße.

Wer weiß, warum man auf einer Straße immer entgegen der Fahrtrichtung laufen soll?

Lösung: Damit die Autofahrer uns sehen können – und wir sie.

Nun gehen wir geradeaus in das Dorf **Hornstein** ❹ hinein. An seinem Ende biegen wir an der Wendeplatte rechts ab und kommen zur **Ruine Hornstein** ❺.

Wer entdeckt die Hörner von Hornstein?

Lösung: Auf dem Schild, das den Weg zur Burgruine Hornstein anzeigt, hat der Buchstabe »H« zwei Hörner.

Wir gehen durch die Ruine hindurch und bergab zum Parkplatz Ⓔ. Unterwegs sehen wir nicht nur Tafeln zur Geschichte der Burg, sondern auch verschiedene Steine, auf denen Figuren eingeritzt sind: Als Erstes ist eine Sonne zu sehen, und weitere Figuren stellen ein Haus und eine Lokomotive dar.

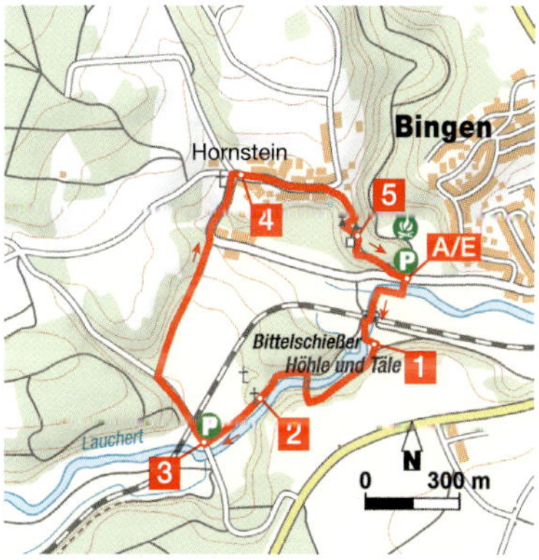

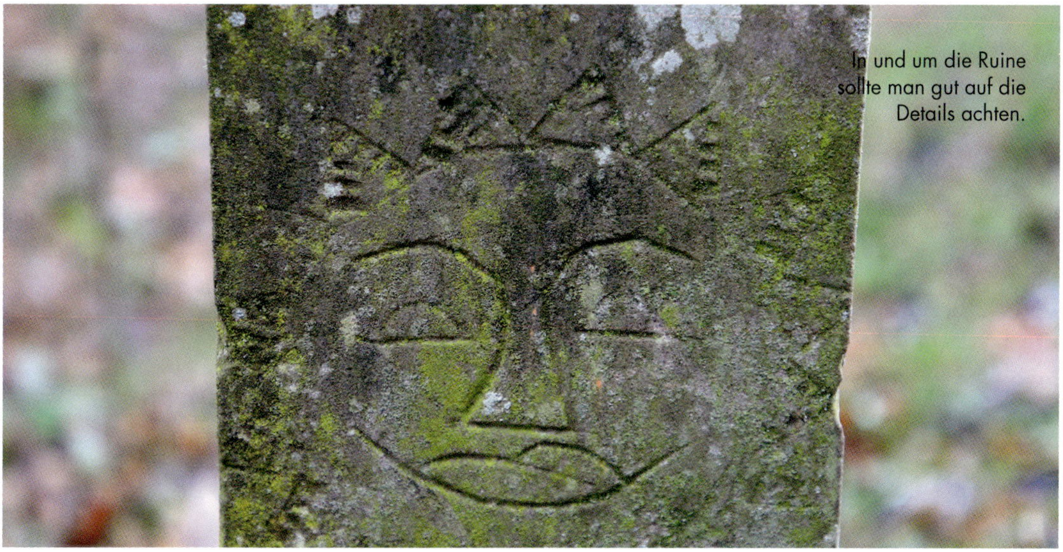

In und um die Ruine sollte man gut auf die Details achten.

Rätselaufgaben

In der Burg – 5 Rätsel zur Ruine Hornstein

- Finde das grüne Fenster.
- Finde den Ritter mit dem Schild, der Wache hält.
- Finde den blauen Pfeil, der in der Mauer steckt.
- Finde das Gespenst.
- Finde die Schmiede.

Lösungen:

Das Fenster befindet sich direkt nach dem Eingang rechts in der Wand. Die Fensterrahmen sind grün angestrichen.

Der Ritter steht etwas nach links versetzt im Burghof.

Der blaue Pfeil steckt rechts gegenüber vom Eingang in der Wand.

Das Gespenst wohnt im Kerker, der sich unter dem Pfeil befindet.

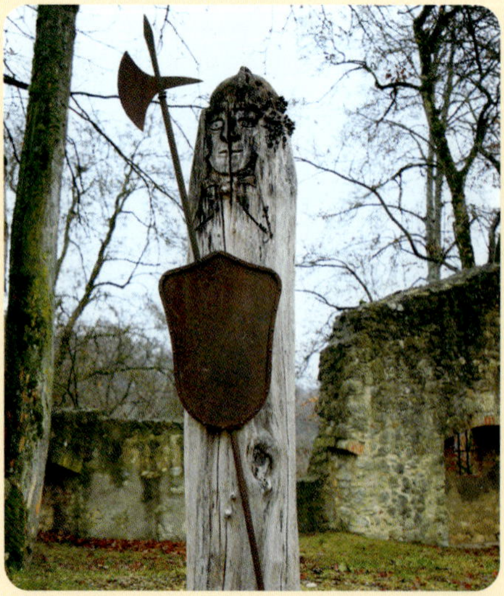

Der Ritter wacht über die Ruine.

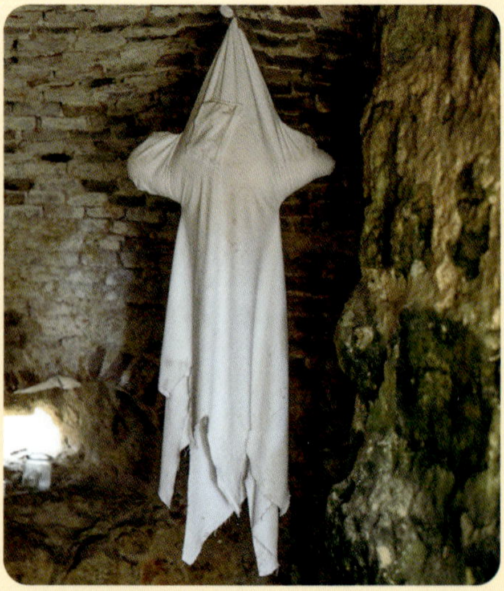

Wer hat Angst vor dem Gespenst?

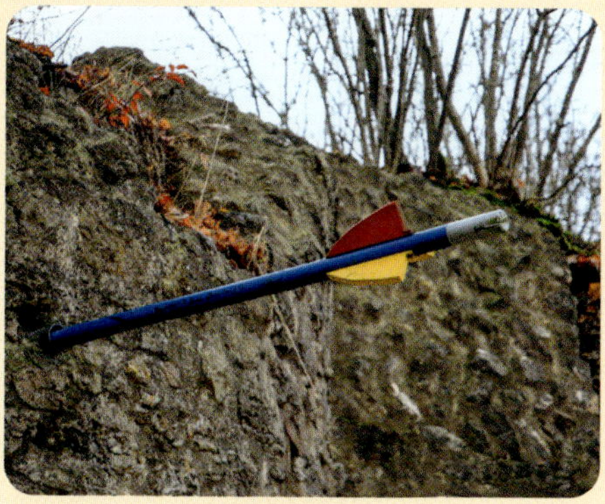

Wie kommt der Pfeil in die Steinmauer?

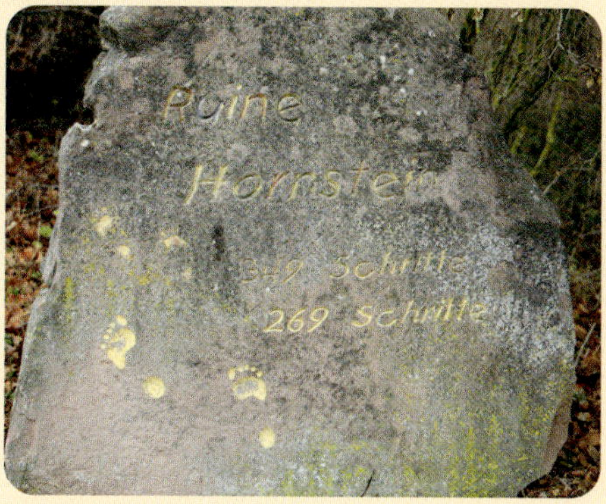

Wie viele Schritte benötigt wohl ihr zur Ruine?

Die Schmiede befindet sich im hinteren Teil der Burgruine, in einem Durchgang links.

5 Aufgaben für den Rückweg

- Zählt eure Schritte zurück bis zum Parkplatz. Kurz davor werdet ihr eure Schrittzahl mit der auf einem Stein angegebenen vergleichen können.
- Findet die steinerne Sonne.
- Findet das Hotel, in dem keine Menschen übernachten können.
- Findet das Haus auf Stein.
- Findet die gelben Fußabdrücke.

Lösungen:

Auf einem Stein kurz vor dem Parkplatz wurde eingraviert, wie viele Schritte Kinder und Erwachsene für die Strecke brauchen.

Die Sonne wurde auf den ersten Grenzstein nach der Ruine eingraviert.

Das Insektenhotel befindet sich nach dem Ausgang der Ruine links am Wegesrand.

Auch das Haus auf Stein wurde in einen der Grenzsteine eingraviert.

Die gelben Fußabdrücke befinden sich auf dem Stein vor dem Parkplatz, auf dem auch die Schrittzahl angegeben wird.

Register